Waterkamp, Rainer:
Sicherheitspolitik zwischen Rüstung und Abrüstung : Geschichte — Begriffe — Probleme. - Opladen : Leske u. Budrich, 1985. - 228 S. : graph. Darst., Kt. - (Reihe Analysen ; 39)
ISBN 3-8100-0471-5

NE: GT

Einführender Überblick über Geschichte und Probleme der Abrüstungsbemühungen 1945—84. (Gkl 4)

Rainer Waterkamp

Sicherheitspolitik zwischen Rüstung und Abrüstung
Geschichte — Begriffe — Probleme

Leske + Budrich · Opladen 1985

Der Autor: Rainer Waterkamp, Diplom-Politologe, Referatsleiter, Bonn. Studium von Politologie, Jura und Publizistik in Berlin, Redakteur bei der Staatlichen Pressestelle des Hamburger Senats, Planungsreferent beim Chef der Hessischen Staatskanzlei Willi Birkelbach, Mitarbeiter von Prof. Dr. Ellwein beim Aufbau der Bundeswehr-Hochschulen am Sozialwissenschaftlichen Institut der Bundeswehr in München, Referatsleiter im Planungsstab des Niedersächsischen Ministerpräsidenten Alfred Kubel.

Veröffentlichung zum Thema: Atomare Abrüstung. Geschichte, Begriffe, Probleme, Berlin 1965 (Colloquium-Verlag)
Die Entwicklungsländer und die Friedenssicherung, Hannover 1967 (Schriftenreihe der Niedersächsischen Landeszentrale für politische Bildung)
Konfliktforschung und Friedensplanung, Stuttgart, Berlin, Köln, Mainz 1971 (Verlag W. Kohlhammer)

Weitere Buch-Veröffentlichungen:
Futurologie und Zukunftsplanung. Forschungsergebnisse und Ansätze öffentlicher Planung, Stuttgart, Berlin, Köln, Mainz 1970, 1971^2 (Verlag W. Kohlhammer).
Herrschaftssysteme und Industriegesellschaft. BRD – DDR, Stuttgart, Berlin, Köln, Mainz 1972 (Verlag W. Kohlhammer)
Taschenbuch der Zukunftsforschung, Wiesbaden 1972 (Schriftenreihe der Hessischen Landeszentrale für politische Bildung)
Zukunftsreport 2000, Hannover 1969 (Verlag für Literatur und Zeitgeschehen)
Computer und öffentliche Verwaltung, Mainz 1972 (v. Hase & Koehler Verlag)
Mit dem Computer leben. Einführung in die Datenverarbeitung, Stuttgart, Berlin, Köln, Mainz 1972 (Verlag W. Kohlhammer)
Interventionsstaat und Planung. Raumordnung, Regional- und Strukturpolitik, Köln 1973 (Verlag Wissenschaft und Politik)
Politische Leitung und Systemveränderung. Zum Problemlösungsprozeß durch Planungs- und Informationssysteme, Frankfurt/Main 1974 (Europäische Verlagsanstalt)
Handbuch Politische Planung, Opladen 1978 (Leske Verlag + Budrich GmbH)
Das zentralstaatliche Planungssystem der DDR. Steuerungsprozesse im anderen Teil Deutschlands, Berlin 1983 (Duncker & Humblot)

CIP-Kurztitelaufnahme der Deutschen Bibliothek

Waterkamp, Rainer:
Sicherheitspolitik zwischen Rüstung und Abrüstung.
Geschichte – Begriffe – Probleme / Rainer Waterkamp. –
Opladen: Leske und Budrich, 1985.
(Reihe Analysen; 36)
ISBN 978-3-322-95491-6   ISBN 978-3-322-95490-9 (eBook)
DOI 10.1007/978-3-322-95490-9
NE: GT

© 1985 by Leske Verlag + Budrich GmbH, Leverkusen
Gesamtherstellung: Hain Druck GmbH, Meisenheim/Glan

Inhalt

Einleitung und didaktische Hinweise 11

1. Begriff von Sicherheit, Abrüstung und Rüstungskontrolle . 20

    – Begriffe von Sicherheit 20 – Abrüstung und Rüstungskontrolle 21 – Rüstung 24

2. Geschichte der Abrüstungsbemühungen bis 1945 (Typologie) 26

    – Die freiwillige einseitige Abrüstung 26 – Die erzwungene einseitige Abrüstung 27 – Abrüstungsvorschläge aus finanziellen Gründen 27 – Abrüstungsvorschläge auf Druck der öffentlichen Meinung 30 – Abrüstungsvorschläge zur Beschränkung überlegener gegnerischer Positionen 31 – Abrüstungsvorschläge wegen erfolgloser eigener Rüstungsanstrengungen 32 – Indirekte Teilabrüstungen 34 – Umrüstungen 34

3. Geschichte und Stand der Abrüstungsbemühungen seit 1945 35

3.1 Die neue Lage 35

    – Erhöhung der Vernichtungskraft von Waffen 35 – Erweiterung der Reichweite von Raketen 36 – Verbesserung der Treffgenauigkeit 39 – Anstieg der Rüstungsausgaben 40

3.2 Entwicklungsphasen der Verteidigungsstrategie/Abrüstung 42

    – Erste Phase 1945-1953: USA-Atommonopol 44 – Zweite Phase 1953-1961: Die atomare Verantwortung 46 – Dritte Phase 1961-1972: Ergebnisse der Entspannungspolitik 49 – Vierte Phase 1972-1977: Gespräche zur paritätischen Abrüstung 57 – Fünfte Phase: Seit 1978: Neuer Rüstungswettlauf 63

4. Problemkreise 76

4.1 Rüstung und Nachrüstung im Mittelstreckenbereich 76

– Unterschiedliche Interessen der USA und ihrer Verbündeten an begrenzter Kriegsführung 83 – Die „eurostrategischen" Pershing und Cruise Missile 83 – Die vorne stationierten Systeme (FBS) 85 – Sinn und Inhalt des NATO-Doppelbeschlusses von 1979 87 – Fragwürdigkeit der Ost-West-Rüstungsvergleiche 90

4.2 Das Problem der Kontrolle strategischer Rüstungspotentiale 93

a) Sowjetische und amerikanische Haltungen zur Kontrollfrage 93

– Die US-Strategie der Abrüstung in den 60er Jahren 93 – Der sowjetische Standpunkt zur Kontrolle in den 60er Jahren 94 – Die neuen Aufklärungs- und Spionagesatelliten 95 – Unterschiedliche Rechtsauffassungen der Supermächte 96 – Gefahren der Satellitenabwehr 98

b) Maßnahmen zur Verhinderung eines nuklearen Überraschungsangriffs 98

– Konventionelle Abschreckungsdoktrin und Raketenabwehrsysteme 99 – Das MX-Raketen- und „Launch-on-Warning"-Konzept der Reagan-Administration 99 – Destabilisierende Folgenden eines Raketenabwehrsystems 100 – Die geplanten BMD-Programme der Supermächte 103

c) Vertrauensfördernde Maßnahmen bei KSZE und KVAE 106

– Das KSZE-Schlußdokument von 1975 106 – Der Geltungsbereich vertrauensbildender Maßnahmen seit 1983 107 – Die KVAE in Stockholm 109 – Das westliche Ziel vertrauensbildender Maßnahmen 110

d) Maßnahmen zur Verhinderung von konventionellen Überraschungsangriffen 110

– Vorstellungen der 50er und 60er Jahre zur Verhinderung von Überraschungsangriffen 111 – Die atomare Abschreckung vor konventionellen Angriffen 112 – Überlegungen zur Anhebung der Nuklearschwelle 114 – Umstrukturierungsvorschläge zur Verbesserung konventioneller Verteidigung 116

4.3 Neutralität, Neutralisierung und Blockfreiheit 118

a) Gewöhnliche und dauernde Neutralität 118

– Die Neutralität der Schweiz 119 – Die Neutralität des Vatikan 120 – Die Neutralität Österreichs 120 – Die Neutralität Finnlands 121 – Die Neutralität Schwedens 122

b) Blockfreiheit 122

– Die fünf Kriterien der Blockfreiheit von 1961 124 – Verteidigungsanstrengungen neutraler und blockfreier Staaten 125

    c) Entmilitarisierte Zonen und neutralisierte Gebiete 129

– Pläne zur Schaffung militärisch verdünnter Zonen in Europa in den 50er und 60er Jahren 131 – Die Nichtbeteiligung der Bundesrepublik Deutschland an der Einsatzentscheidung eurostrategischer Atomwaffen 134 – Optionen der Nuklearpolitik der Bundesrepublik Deutschland 135 – Die deutsche Frage und die europäische Sicherheit 138 – Neutralismus-Modelle für die Bundesrepublik Deutschland 140 – Kritik an den Neutralismus-Plänen 141 – Die gefährdete Gleichgewichtslage in Europa angesichts waffentechnologischer Entwicklungen 142 – Das Bahr-Konzept einer atomwaffenfreien Zone in Europa 143 – Der NATO-Vorbehalt zur Führung eines atomaren Erstschlags 145 – Argumente für die Denuklearisierung 145 – Argumente gegen die Denuklearisierung 146 – Bestehende kernwaffenfreie Zonen 147

4.4   Rüstung und Wirtschaft 149
    a) Die Bedeutung der Rüstungsaufträge für die Wirtschaft . 149

– Beschäftigungspolitische Probleme der Umstellung von Rüstungsindustrien auf Friedensproduktion 151 – Historische Beispiele 152 – Unsicherheitsfaktoren der Rüstungsproduktion 155 – Finanzielle Folgen staatlicher Risikoübernahme für die Rüstungswirtschaft 155 – Regionalpolitische Probleme der Umstellungen bei Rüstungsproduktionen 158 – Abhängigkeit der Branchen von Rüstungsaufträgen 158

    b) Die Bedeutung des Waffenexports 161

– Militärhilfe 161 – Ausrüstungs- und Ausbildungshilfe 164 – Interessen der Industrieländer am Rüstungsexport 166 – Gefahren der Verbreitung moderner Militärtechnologie 168

    Zusammenfassung 175
    Anmerkungen 179

5.   Abkürzungen / Glossarium 187
6.   Literatur 193
7.   Register 198
8.   Dokumente 200

Es sind die Rüstungsausgaben, die steigen, aber nicht das Gefühl der Sicherheit ...

Frieden zwischen Menschen und Völkern fällt uns nicht träumend in den Schoß. Er erfordert von uns mehr als das Überspielen von Gegensatz und Konflikt durch Sehnsucht und Gefühl. Er verlangt gute christliche Tugenden, nämlich Nüchternheit und Aufrichtigkeit.

Der Realist aber muß die Kraft haben, zu erkennen, daß es für die Sicherung des Friedens eben nicht genügt, wenn alles einfach so bleibt, wie es in Europa seit vierzig Jahren ist.

Ich lebe in der Bundesrepublik Deutschland und übe ein Amt im Rahmen unserer Verfassung aus, zu deren freiheitlichen Werten und Zielen ich mich voll bekenne und die ich nicht relativiere. Aber das schließt nicht aus, sondern ein, daß wir zum Beispiel in den Verhandlungen zur Abrüstung und Rüstungskontrolle nicht immer einer Seite das absolut Gute und Richtige, der anderen hingegen das absolut Böse und Falsche zurechnen dürfen. Gut und Böse, Gerechtigkeit und Selbstgerechtigkeit, Irrtum und Schuld gibt es überall.

Zum Frieden gehört es, sich gegenseitig nicht festzunageln auf konfrontative Äußerungen, die es auf jeder Seite gibt. Besser ist es, an positive Ansätze der anderen Seite anzuknüpfen, die auch auf beiden Seiten vorkommen.

Bundespräsident Richard *von Weizsäcker* auf dem 21. Deutschen Evangelischen Kirchentag in Düsseldorf am 8. Juni 1985

Einleitung und didaktische Hinweise

1.

Mit der Stationierung nuklearer Mittelstreckenraketen in der Bundesrepublik Deutschland und der zuvor stattgefundenen ausführlichen öffentlichen Diskussion ist ein wichtiges Kapitel des Themas ,,Sicherheitspolitik zwischen Rüstung und Abrüstung" abgeschlossen. Die Folgen dieses Beschlusses der Bundesregierung vom November 1983 sind zur Zeit (Stand der Untersuchung: Anfang 1984) noch nicht vollends abzusehen. Die Voraussetzungen zur Behandlung dieses Themas sind angesichts der Sensibilisierung weitester Teile der Bevölkerung und angesichts geschaffener politischer Fakten mit der Folge vermutlich mehr versachlichter Diskussionen auf allen Seiten günstig, wenn auch die Lehr- und Lernbedingungen infolge des belasteten Verhältnisses gegenüber den kommunistisch regierten Ländern sowie angesichts vieler Implikationen des Ost-West-Konfliktes (Rüstung, Droh- und Abschreckungspolitik, Overkill-Potentiale, deutsche Spaltung) nicht eben ideal sind. Darüber hinaus wurde die Komplexität des Themas deutlich, seitdem aus der Friedensbewegung heraus auch Konzepte für eine veränderte Sicherheitspolitik formuliert wurden, die — wie etwa das Konzept einer kernwaffenfreien Zone in Europa oder eines neutralen Deutschland — zudem erhebliche deutschlandpolitische Brisanz besitzen.

2.

Sicherheit kann ein Staat theoretisch durch gegenseitig vereinbarte Abrüstung als auch durch vermehrte Rüstung anstreben, um die beiden extremen Positionen zu markieren, innerhalb derer sich Sicherheitspolitik bewegt und die das Thema dieser Arbeit ist. Insofern ist die (bisher von weiten Teilen der Wissenschaft und Politik akzeptierte) Konzeption, durch politische Entspannung und militärische Aufrüstung zu mehr Sicherheit gelangen zu können („Verteidigung plus Entspannung = Sicherheit" lautet ein griffig formulierter Slogan) zumindest inkonsequent. Stringenterweise kann es nur entweder Entspannung und Abrüstung oder Mißtrauen und Aufrüstung geben. Entspannung und gleichzeitig Aufrüstung als Sicherheitskonzept realisieren zu wollen, muß scheitern, da entweder die Entspannungspolitik oder die militärische Stärke als unglaubwürdig erscheinen. Dabei ist deutlich geworden, daß das gegenseitige Mißtrauen eine wesentliche Triebfeder der ständig wachsenden Rüstungen ist, daß diese Rüstungen also eine Folge der durch unterschiedliche ideologische und machtpolitische Vorstellungen begründeten Gegensätze sind und daß demzufolge die Schaffung eines vertrauensbildenden Klimas eine Vorbedingung für kooperatives Handeln und für vertragliche Beziehungen wäre. Zudem ist die Interdependenz zwischen der Struktur des internationalen Systems als Rahmenbedingung für den Rüstungswettlauf (Ost-West-Konflikt) und der Dynamik technologischer Entwicklungen offenkundig geworden. Als sehr fragwürdig erwies sich der Anspruch auf Überlegenheit bzw. Selbstbezogenheit der Sicherheitspolitik, denn die eigene Rüstung wird jeweils als defensiv und als Reaktion auf Maßnahmen der Gegenseite gerechtfertigt.

Es scheint, als müsse zukünftig ein gemeinsames Interesse gesucht werden, das den Abrüstungsprozeß für beide Seiten in ähnlicher Weise in Gang setzt wie das offenbar ausgeprägte Interesse an Sicherheit und Rüstung. Anzuknüpfen wäre vermutlich an Werte der wirtschaftlichen Wohlfahrt. Eine auf Spannungsverminderung ausgerichtete Strategie würde sicherlich keinen innenpolitischen Dissenz bewirken, sondern wahrscheinlich einem (in der Bundesrepublik Deutschland wie in anderen Ländern im Zuge der NATO-Nachrüstung deutlich gewordenen) Konsensverfall entgegenwirken. Eine auf Beeinflussung der Sowjetunion ausgerichtete Strategie müßte jedoch so angelegt sein, daß sie auch wirklich eine Verhaltensänderung bewirkt. Wie der Verzicht des amerikanischen Präsidenten Carter auf den B-1-Bomber

---

Der von US-Präsident Carter in der zweiten Hälfte der siebziger Jahre verkündete Baustopp für den geplanten B-1-Bomber und die „Neutronenwaffe" wurden aus amerikanischer Sicht von der Sowjetunion nicht mit einer ihrerseits vorgenommenen Reduzierung oder Verlangsamung ihrer Mittelstreckenrüstung „honoriert". Aus dem Blickwinkel der UdSSR hingegen hatten beide einseitigen amerikanischen „Nichtaufrüstungsmaßnahmen" wahrscheinlich andere Motive: Auf den B-1-Bomber konnten die amerikanischen

Militärs wegen der fortschreitenden Entwicklung ihrer weitreichenden Marschflugkörper leicht verzichten; die Entscheidung über eine „Nichtproduktion" der Neutronenwaffe war vorrangig auf den Widerstand europäischer NATO-Staaten zurückzuführen und nur ein *vorläufiger,* jederzeit revidierbarer Entschluß.
Umgekehrt wurde die in Ost-Berlin verkündete Breschnew-Initiative vom 6. Oktober 1979 — Abzug von 20 000 sowjetischen Soldaten und 1 000 Panzern aus der DDR — vom Westen eher als taktisches Manöver zur Verhinderung des anstehenden NATO-Doppelbeschlusses interpretiert, das auch von seinem Inhalt her außerdem zu spät komme. Beide einseitigen Maßnahmen haben eher das latente Mißtrauen vertieft als Vertrauen in die Absichten der jeweils anderen Seite geschaffen.
Günther Schmid: Sicherheitspolitik und Friedensbewegung, Akademiebeiträge zur Lehrerbildung, Band 11, München 1982, S. 70

---

am 30. Juni 1977 und der Abzug sowjetischer Truppen aus der DDR beweisen, wäre ein einseitiges Vorgehen ebenso erfolglos, wie der in den Genfer Verhandlungen deutlich gewordene (und gescheiterte) Versuch, die jeweils andere Seite gegen ihren Willen zu einem bestimmten Verhalten zu zwingen. Sichtbar dürfte auch geworden sein, daß die innenpolitische Unterstützung zukünftiger Abrüstungsmaßnahmen (Abrüstungs- hier immer zusammen mit Rüstungskontrollmaßnahmen verstanden) durch die Wähler weniger von der tatsächlichen Symmetrie (in Form einer Gegenüberstellung von Rüstungspotentialen) als vielmehr von der öffentlichen Wahrnehmung ihrer Gerechtigkeit und Ausgewogenheit abhängt.

3.

Mit dem Teil 3 (Geschichte und Stand der Abrüstungsbemühungen) soll zunächst die Einsicht geweckt werden, daß es in den vielen Jahren der Verhandlungen über Abrüstung und Rüstungskontrolle zwar nicht gelungen ist, der fortschreitenden Aufrüstung Einhalt zu gebieten, daß es jedoch an einigen Randzonen zu Teilmaßnahmen der Rüstungsbegrenzung gekommen ist. Dadurch soll der Einstellung entgegengewirkt werden, es lohne sich ohnehin nicht, sich mit diesem Thema zu beschäftigen, da Erfolge sich niemals einstellen. Hier bietet

Zunächst müßte die politische Bildung eine solche Aussage, „ohne Frieden ist alles nichts", auf ihren Sinngehalt, auf ihren Informationswert überprüfen. Wenn ich diesen Satz ganz wörtlich nehme, dann hätte das zum Beispiel für mich die Konsequenz, daß es überhaupt nichts gibt, zu dessen Erhaltung ich Konflikt und letzten Endes sogar einen bewaffneten Konflikt in Kauf nehmen würde. Der Satz hätte also die Konsequenz, daß wir unsere Freiheiten als einen geringeren Wert betrachten als die Erhaltung des Friedens. Ein einzelner kann diese Position sicherlich vertreten. Die Frage ist aber – und da fängt dann wieder politische Bildung an –, ob man seine eigene radikale Position ohne weiteres allen Mitmenschen zumuten kann. Hat nicht ein anderer durchaus das Recht, zu sagen, daß es für ihn Grenzen der Friedenserhaltung gibt, daß er diesen oder jenen Wert nicht aufs Spiel zu setzen bereit ist, nur um des Friedens willen?

Es ist also nur legitim, daß bei der Diskussion über die Erhaltung des Friedens immer auch daran erinnert wird, daß andere Werte wie zum Beispiel die Erhaltung der Freiheit, nicht nachrangig sind und daher auch nicht aufs Spiel gesetzt werden dürfen. Das ist im Grunde der Kern der Argumentation derer, die sagen, solange keine globalen Abrüstungsergebnisse vorhanden sind, wollen wir den Frieden dadurch erhalten, daß wir Waffensysteme haben, die den Krieg so unwahrscheinlich wie möglich machen.

Manfred Hättich: Statt eines Vorwortes, in: Günther Schmid: Sicherheitspolitik und Friedensbewegung, Akademiebeiträge zur Lehrerbildung, Band 11, München 1982, S. 12

sich eine Diskussion über den grundsätzlichen Zusammenhang von Sicherheit und Abrüstung oder Rüstung sowie über die bisherigen Ergebnisse der START-, SALT-, INF- und MBFR- sowie KFZE-Verhandlungen an.

Mit dem Problemkreis 4.1 (Rüstung und Nachrüstung im Mittelstreckenbereich) soll zunächst (aufbauend auf 3.1) die Einsicht in die Auswirkungen von Nuklearwaffen (Grafiken über die Wirkung einer Wasserstoffbombe), in die Größenordnung des gegenwärtigen Arsenals nuklearer und konventioneller Waffensysteme (Tabellen über Wachstum und Stand verschiedener Waffensysteme) und die Interdependenz von Rüstungswettlauf und Abrüstungsverhandlungen (Synopse) vermittelt werden. Es soll die Erkenntnis erwachsen, daß die Nuklearwaffen in alle traditionellen Bereiche der Kriegführung eingedrungen sind und die Abgrenzung zwischen konventionellen, nuklearstrategischen sowie nukleartaktischen Waffen immer fragwürdiger geworden ist. Es gilt auch zu erreichen, daß die Vielfalt und die ständig wechselnden Ungleichgewichte (Vorsprung mal der einen, mal der anderen Seite) erkannt und ihre Auswirkungen auf die Rüstungsbegrenzungsverhandlungen nachgewiesen werden·können. Es soll die Einsicht geweckt werden, daß das gegenseitige Mißtrauen eine wesentliche Triebfeder dieser Entwicklung ist.

Der offensichtliche Widerspruch zwischen den Absichtserklärungen über Rüstungsbegrenzungen und der dennoch fortschreitenden Aufrüstung bedarf der Erklärung. Hierzu dient der Problemkreis 4.2 zum Problem der Kontrolle strategischer Rüstungspotentiale (Verifikation). Angesichts der unterschiedlichen Auffassungen müssen die jeweiligen Argumente zusammengetragen und diskutiert werden. Beachtet werden muß dabei einmal die Struktur des internationalen Systems (in erster Linie der Ost-West-Konflikt, aber auch der Nord-Süd-Gegensatz) als Rahmenbedingung für den Rüstungswettlauf, zum anderen die Dynamik technologischer Entwicklungen, die eine zunächst durch die wechselseitige nukleare Abschreckung gegebene Stabilität immer wieder gefährdet. Diskussionspunkte hier wie unter Problemkreis 4.3 (kernwaffenfreie Zonen) können sein beispielsweise der fragwürdige Anspruch auf Überlegenheit (d. h. das gegenseitige „Hinaufschaukeln") oder die Selbstbezogenheit der Sicherheitspolitik und die eigenen nationalen Sicherheitsinteressen innerhalb von Militärblöcken. Schließlich kann ein Hinweis darauf erfolgen, daß eine Politik der Entspannung und Rüstungsbegrenzung in Ost und West mit gesellschaftlichen Widerständen zu rechnen hat (hier kann zum Teil 4.4 über Rüstung und Wirtschaft übergeleitet werden).

4.

Die Erfahrung hat gezeigt, daß im Gegensatz zum induktiven Weg der deduktive Weg besser geeignet ist, den Gesamtthemenbereich „Sicherheitspolitik zwischen Abrüstung und Rüstung" darzustellen. Es sollte also mit der Frage der Einbettung des Themas in das strategisch-politische Gleichgewichtssystem begonnen werden. Erst danach sollte die Behandlung spezieller Themen wie z. B. Rüstung und Wirtschaft bzw. Neutralität, Neutralisierung und Blockfreiheit erfolgen. Die faktische Bedeutung der unlösbaren Verflechtung von Sicherheit und Abrüstung im gegenwärtigen System internationaler Beziehungen läßt keine andere Wahl. Die Problematik des Theorie-Praxis-Bezugs kann allerdings auch bei diesem Thema nur auf der erkenntnismäßigen kognitiven Ebene gelöst werden, wenn auch eine nicht auszuschließende vor-wissenschaftliche Wertentscheidung (emotional zusammenhängend mit allen Fragen der Rüstung, des Waffenhandels, der Nuklearwaffen sowie des Militärs) eine wichtige Rolle spielt.

Ein so komplexer Gegenstand wie Sicherheit, Abrüstung und Rüstung läßt sich nicht mit einigen wenigen Dokumenten erfassen. Das Thema „Sicherheitspolitik zwischen Abrüstung und Rüstung" bezieht sich zwar nur auf *einen* Aspekt der zwischenstaatlichen Gewaltverhältnisse unserer Zeit, nämlich den Rüstungswettlauf im Ost-West-Konflikt und die Bemühungen um seine Begrenzung, doch wird hier bereits die Fragwürdigkeit des Informations- und Quellenmaterials deutlich. Darauf muß zunächst anhand von Übungen hingewiesen werden auch mit dem Ziel, sich von den jeweils vorgelegten und wechselnden Zahlenmaterialien zu lösen und zu den Kernfragen vorzustoßen. Für die Verlaufsplanung bietet sich eine Teilung an, die am besten mit der Frage nach den Ursachen der Rüstungsdynamik und des Rüstungswettlaufs beginnt. Die Motivation läßt sich erreichen durch einen Vergleich der geradezu absurden Größenordnungen an Vernichtungspotentialen einerseits und den bisher unzulänglichen Versuchen, auch nur das Wachstum dieser Waffenarsenale einzuschränken.

Die Politik der Bergpredigt ist Friedenspolitik.
Friedenspolitik ist mehr als Sicherheitspolitik. Frieden ist mehr als Nichttöten. Frieden ist ein Tun. Frieden und Entwicklung hier und in der Dritten Welt sind untrennbar. Frieden und Ausbeutung der Natur sind unvereinbar. Es könnte ja sein, daß wir das Ende lebenswerten Lebens auf dem blauen Planeten auch ohne Atomwaffen schaffen.
Jesu Friedensprädikate sind: sanftmütig und demütig. Sanftmut, Demut und Güte sind mehr als passive Gewaltlosigkeit. Frieden ist nicht, wenn wir Arbeitsplätze durch Waffenexporte zu sichern suchen. Waffenexport tötet.
Für viele in der Dritten Welt hat der Dritte-Welt-Krieg längst begonnen.
Frieden erfordert generelle Umkehr. Frieden beginnt, wenn wir begreifen, daß wir anders leben müssen, damit andere überhaupt leben können. Nicht nur unsere Waffen töten, auch unser Lebensstil tötet.
Paulus: Man kann nicht Frieden haben mit Gott, wenn man nicht auch Frieden unter Menschen schafft. Frieden ist mehr als Nichtkrieg. Der Frieden der Bergpredigt ist das Gegenteil von Gewalt, nicht nur das Gegenteil von

Krieg. Dieser Frieden ist auch mehr als Entspannung...
Die Bergpredigt schlägt vor, Angst durch Vertrauen zu überwinden, mit allen Mitteln Vertrauen zu schaffen. Die Bergpredigt eröffnet Perspektiven, an die wir Kleinbürger kaum zu glauben vermögen. Mitten in der Bergpredigt steht das „Vater-Unser". Jesus betet in diesem Gebet gegen die Wertskala unserer Zeit an: Gegen Gewalt und Ruhm, Macht und Geld, Sicherheit und Feindschaft. Wer beten möchte und nicht mehr beten kann, bete langsam dieses Gebet, und er wird anfangen, den Bergprediger zu begreifen.
Der Frieden der Bergpredigt ist an Werten orientiert: An radikaler Freiheit und an radikaler Verantwortung. Der Frieden bei Jesus hat seinen Preis: den Einsatz für die Leidenden, Hungernden, Geschundenen und Rechtlosen.
Franz Alt: Frieden ist möglich. Die Politik der Bergpredigt. Serie Piper 284, München 1983, S. 100ff.

5.

Die Problemkreise haben eine systematische und eine historische Dimension, wobei die historische Dimension mit Rücksicht auf den Praxisbezug relativ knapp gehalten ist. Wenn die Materialien auch schwerpunktmäßig Faktenwissen beinhalten, so ist doch auf kritisch-problemorientierte Ausführungen nicht zu verzichten. Immer wenn es zunächst nicht primär auf die Problematisierung der Inhalte, sondern zuerst einmal auf die Vermittlung von Sachinformationen ankommt, sollten zunächst Arbeitsunterlagen für die Vorbereitung projektbezogener Arbeiten angeboten werden. Komplizierte Zusammenhänge werden bei dieser Art der Informationsvermittlung in leicht faßbare Einheiten zergliedert, die in kleinen Lernschritten aufgenommen werden können. Beispielsweise bietet sich an, Einzelthemen bearbeiten zu lassen (z. B. Entwicklung der Militärtechnologie seit 1945 mit Sprengkraft, Reichweite und Menge der Zerstörungspotentiale), einschlägige Zeitungs- und Zeitschriftenaufsätze zu sammeln und auszuwerten, Informationsmaterialien bei staatlichen Behörden und bei Verbänden anzufordern und nach ihren erkenntnisleitenden Interessen hin zu befragen sowie AV-Medien zur Verdeutlichung auszuwählen, wobei es sich anbietet, aktuelle Ereignisse aufzugreifen oder Rundfunk- und Fernsehsendungen zu diskutieren.
Durch Arbeitsgruppen können alternative Standpunkte (z. B. zur

kernwaffenfreien Zone in Europa) erarbeitet und vertreten werden. Dadurch entstehen kooperative Kommunikationsmuster und wird die Kluft zwischen Lehrenden und Lernenden gemindert. Als didaktisches Mittel, das als gemeinsamer Bezugspunkt gelten kann, bietet sich der Einsatz eines Entscheidungsfalles an. Ein „Fall" kann als objektive Zielscheibe der Kritik fungieren, womit auch erreicht werden kann, daß Diskussionen nicht ausufern. Verinnerlichte Werte können in Frage gestellt werden, ohne daß persönlich gezielte Abwehrmechanismen hervorgerufen werden. Als Lernmotivation bietet sich ein ausgewogenes Verhältnis von Identifikations- und Provokationselementen an.

Der Erwerb von Sachinformationen sollte nicht nur als *Voraussetzung* für problemorientiertes Lernen gesehen werden, sondern könnte auch in seiner *Funktion* als Folge von problemorientiertem Lernen betrachtet werden, zumal problemorientiertes Begreifen von Sachverhalten die Teilnehmer motiviert, sich nunmehr auch die grundlegenden Normen- und Interessengegensätze in Form von politischhistorischem Sachwissen anzueignen. Wichtig ist dazu zu befähigen, die sachliche Analyse von der eigenen Stellungnahme zu trennen und dennoch den logischen Zusammenhang zwischen beiden Arbeitsschritten kritisch zu reflektieren.

6.

Da die Literatur zum Themenbereich „Sicherheitspolitik zwischen Abrüstung und Rüstung" mittlerweile unüberschaubar geworden ist, beschränkt sich die Literaturauswahl auf Hinweise zu neueren Erscheinungen, die in der Bundesrepublik Deutschland für jeden interessierten Leser erreichbar und allgemein verständlich geschrieben sind. Einige wenige Standardwerke wurden wegen der dokumentarischen Belege dennoch aufgenommen. Die Auswahl orientierte sich an der Aufgabenstellung der hiermit vorgelegten Publikation: zu einigen ausgewählten Themen für den interessierten Laien die zahlreichen Materialien allgemein verständlich zusammenzutragen und aufzubereiten, um Grundlage für eine eigene Meinungsbildung zu bieten. Weder ist eine wissenschaftliche Aufbereitung intendiert noch ist beabsichtigt, neue Erkenntnisse als Diskussionsgrundlage einer wissenschaftlich orientierten Leserschaft vorzustellen. Vielmehr soll die Sachanalyse in enger Verzahnung mit den Dokumentennachweisen den jeweils aktuellen Problemstand in den ausgewählten vier Themenbereichen zeichnen, wobei die Materialien und Dokumente gleichzeitig als Arbeitsmaterial dienen sollen. Ein Glossar mit den wichtigsten Abkürzungen soll die Arbeit mit den Dokumenten erleichtern. Bereits in meinen Publikationen aus früheren Jahren zu diesem Thema habe ich versucht, die Gefahren zu vermeiden, „die in einer utopischen Friedensforschung liegen, ohne dabei ... einer zynischen und kritiklosen Übernahme militanter Abschreckungssysteme" zu erliegen.[1] Dieser Zielsetzung fühle ich mich auch in dieser Arbeit verpflichtet.

Bonn, im Oktober 1984 *Rainer Waterkamp*

1. Begriff von Sicherheit, Abrüstung und Rüstungskontrolle

Begriffe von Sicherheit

Sicherheitspolitik bezieht sich auf die äußere Sicherheit (im Unterschied zur inneren Sicherheit) von Staaten. Noch auf der Versailler Friedenskonferenz 1919 hatte der amerikanische Präsident Wilson vorgeschlagen, „auf das niedrigste mit der inneren Sicherheit verträgliche Maß" abzurüsten. Auf Vorschlag der japanischen Delegation wurde damals der Begriff „innere Sicherheit" durch „nationale Sicherheit" ersetzt. Das bedeutete eine Abschwächung der Abrüstungsidee, weil das Ausmaß der notwendigen Maßnahmen für die „nationale Sicherheit", also der Schutz gegen einen Angreifer von außen, nicht definiert werden kann, sondern im Ermessen jedes einzelnen Staates liegt. Seitdem taucht der Begriff Sicherheit im Zusammenhang mit Sicherheitpolitik in drei Varianten auf: Der Begriff „nationale Sicherheit" wird verstanden als die Fähigkeit einer Nation, ihre inneren Werte vor äußerer Bedrohung zu schützen. Das Prinzip der „kollektiven Sicherheit" stellt auf gemeinsame Aktionen mehrerer Staaten gegen die Verletzung des Gewaltverbots durch einen Angreifer-Staat ab. Schließlich umfaßt der Begriff der „internationalen Sicherheit" alle zwischenstaatlichen Maßnahmen zur Gewährleistung der äußeren Sicherheit aller Staaten vornehmlich durch Bündnispolitik und Militärallianzen, neuerdings auch durch internationale Organisationen.

Nationale Sicherheit bedeutet für den potentiellen Gegner tendenziell immer Unsicherheit. So führt die Summe der nationalen Sicherheiten nicht zu mehr internationaler Sicherheit, sondern zu mehr internationaler Unsicherheit mit allgemeinem Wettrüsten. Da angesichts der Möglichkeit gegenseitiger atomarer Zerstörung heute Sicherheit nicht mehr *gegen* andere Nationen, sondern nur noch *mit* ihnen erzielt werden kann, wird recht verstandene Sicherheitspolitik zur Friedenspolitik, die den Krieg als Verhaltensregulativ im zwischenstaatlichen Verkehr zu überwinden und die bisherige Bedeutung militärischer Gewalt in der Politik überhaupt abzubauen bemüht sein muß. Das Vegetius-Postulat aus dem Altertum: „Si vis pacem, para bellum" (Wenn Du den Frieden willst, rüste zum Krieg) ist fragwürdiger denn je. Vielmehr ist in die Sicherheitsbetrachtung auch einzubeziehen, was die Friedensforschung mit „struktureller Gewalt" (Galtung) umschrieben hat und mehr oder weniger „soziale Ungerechtigkeiten" sowie „menschenrechtswidrige Gewaltherrschaft" bedeutet. Aus ihnen entstehen immer wieder Gewaltpotentiale und damit sicherheitsgefährdende Bewegungen auch für die anderen Staaten.

Im traditionellen Sinne bezieht sich der Begriff der nationalen Sicherheit auf materielle wie psychologische Sicherheit, die durch innere und äußere Ursachen bedroht sein kann. Ein sicherer Staat ist zweifellos der, der weder militärisch angegriffen oder besetzt wird, noch irgendwelchen diesbezüglichen Drohungen ausgesetzt ist, der ferner Gesundheit und Sicherheit seiner Bürger schützt und ganz allgemein ihren wirtschaftlichen Wohlstand fördert. Es gibt aber auch weniger greifbare, weniger konkrete Dimensionen der Sicherheit. Bürger aller Nationen wollen den Prinzipien und Idealen, auf die ihr Staat gegründet wurde, treu bleiben und ihre Zukunft nach eigener freier Wahl bestimmen können. Nationale Sicherheit hat auch eine internationale Dimension. Das bedeutet, daß das internationale System einer friedlichen und systematischen Veränderung fähig und für einen Gedankenaustausch, für wechselseitige Handelsbeziehungen, Reisen sowie für den Austausch interkultureller Erfahrungen aufgeschlossen sein muß.
Wie wir bereits gesehen haben, erlegen die vermeintlichen Erfordernisse der nationalen Sicherheit den Staaten den Zwang auf, ihre Streitkräfte auf einem Stand zu halten, der der Gefährdung ihrer Sicherheit entspricht – Gefährdungen von innen und außen. In Wirklichkeit aber vermag militärische Stärke allein keine reale Sicherheit zu bieten. Aus jedem Index der militärischen Stärke geht eindeutig hervor, daß die meisten Nationen im Laufe der Jahre immer mächtiger geworden sind. Doch nach den zunehmend lautstarken internationalen und innenpolitischen Erörterungen dieser Probleme zu urteilen, liegt es ebenso klar auf der Hand, daß größere militärische Macht einer Nation nicht zu einem größeren Verständnis für nationale Sicherheit geführt hat.
Quelle: Der Palme-Bericht. Bericht der Unabhängigen Kommission für Abrüstung und Sicherheit „Common Security", Berlin 1982, S. 20

Abrüstung und Rüstungskontrolle

Die ganze Schwierigkeit des Abrüstungsproblems zeigt sich daran, daß es bis heute noch keine international anerkannte Definition des

Begriffs Rüstung – also dessen, was man beseitigen will – gibt. Entsprechend vage ist der Begriff *Abrüstung*. Unter ihm werden heute Maßnahmen für eine teilweise oder vollständige Beseitigung der vorhandenen und geplanten Waffen und Streitkräfte (Disarmament) als auch Maßnahmen der Begrenzung bzw. Kontrolle bestehender Rüstungen (Arms Control) zusammengefaßt, die geeignet sind, bestehende militärische Machtpotentiale zu kontrollieren, zu begrenzen und zu vermindern. Während Ziel der Abrüstung im engeren Sinne

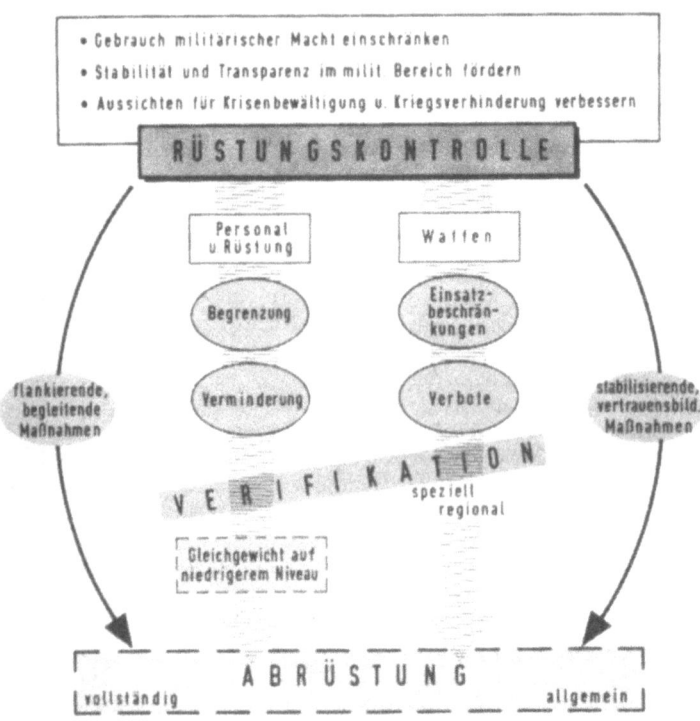

Quelle: Informationen für die Truppe, Heft 11, 1981, S.63

die Vernichtung der Kriegsmittel und damit die Schaffung eines Zustandes ist, in dem es unmöglich ist, einen Krieg zu führen, umfaßt die Rüstungsbegrenzung nur Maßnahmen zur Regulierung oder Einschränkung des Wettrüstens im Hinblick auf Art, Zahl, Stationierung oder Anwendung von bestimmten Waffen oder Streitkräften. In neuerer Zeit wird auch von kooperativer Rüstungssteuerung (Wolf Graf von Baudissin) gesprochen, mit deren Hilfe die Staaten oder Bündnisse trotz aller bestehenden Konflikte ihre jeweiligen Militärpotentiale, Strategien, Strukturen im Interesse ihrer beiderseitigen Sicherheit aufeinander abstimmen. Diese *Rüstungskontrollmaßnahmen* betreffen also den Bereich der militärischen Forschung, Entwicklung und Produktion ebenso wie die Zusammensetzung der Streitkräfte, die Struktur der Kommando- und Kontrollsysteme, die Gewinnung von Informationen und die Herstellung von Kommunikationsmöglichkeiten zwischen den Staaten und Blöcken, zudem Schritte zur effektiven Rüstungsbeschränkung (in Bezug auf Höhe, Verteilung der Art) sowie die Begrenzung ausgebrochener militärischer Konflikte.

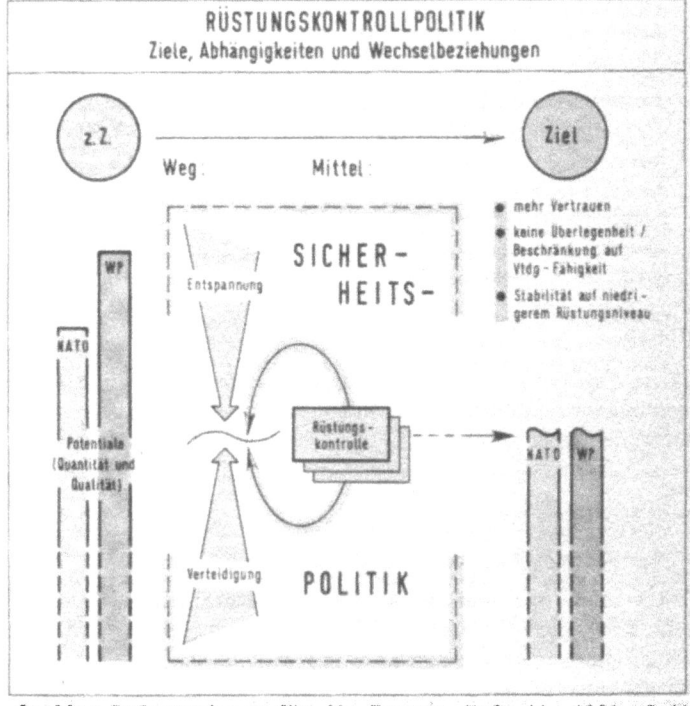

Quelle: Informationen für die Truppe, Heft 11, 1981, S.61

Rüstungskontrolle umfaßt alle jene gemeinsamen zwischenstaatlichen Bemühungen, die dem Ziel dienen, den Gebrauch militärischer Macht einzuschränken und die Gefahren einzudämmen, die von der Existenz militärischer Potentiale ausgehen. Dazu gehören insbesondere

o Rüstungsbegrenzungen und Rüstungsminderungen, die ein stabiles Gleichgewicht auf einem niedrigeren Rüstungsniveau erreichen sollen, z. B. die amerikanisch-sowjetischen Gespräche über die Begrenzung der strategischen (SALT, START) und die Wiener Truppenabbauverhandlungen (MBFR). Folgende Abkommen konnten vereinbart werden:
— Teststoppvertrag von 1963 und Kernwaffensperrvertrag von 1968, die Dämme gegen die Verbreitung von Atomwaffen errichteten,
— Antarktis- (1959), Weltraum- (1967) und Meeresbodenvertrag (1971), die Bereiche abgesteckt haben, in denen keine Massenvernichtungswaffen stationiert werden dürfen,
— Vertrag zur Ächtung bakteriologischer Waffen (1971)

o vertrauensbildende Maßnahmen, z. B. Schaltung des sog. Heißen Drahtes zwischen Moskau und Washington nach der Kuba-Krise von 1962.
— In der KSZE-Schlußakte von 1975 haben sich die 35 Unterzeichnerstaaten z. B. geeinigt, größere Manöver frühzeitig anzukündigen und Manöverbeobachter auszutauschen, um Überraschungsangriffe zu erschweren.

Rüstung

Zum Begriff der *Rüstung* im engeren Sinne gehören unbestritten Menschen und Material, die nicht auch für friedliche Zwecke verwendet werden können:
— die eigentlichen Waffen und ihre Munition, d. h. Kriegsmaterialien allgemein;
— die personellen Bestände der Streitkräfte und deren Verwaltung;
— Rüstungsindustrien und militärische Forschungszentren.

Aber schon hier sind die Definitionen nicht immer eindeutig. Da zum Kriegführen neben dem Rüstungsmaterial im engeren Sinne schon immer auch das Geld gehörte (vgl. z. B. die Rolle der Fugger bei der Finanzierung der Kriege für Kaiser Maximilian, Karl V. und Philipp II.), wird man in einer Zeit, in der ein Krieg mit dem gesam-

ten Potential einer Volkswirtschaft geführt wird, zur Rüstung im weitesten Sinne auch rechnen müssen:
- Menschenreserven,
- Rohstoffe (z. B. Erdöl, Uran),
- Nahrungsmittelreserven,
- Infrastruktur (Verkehrsnetz, Nachrichtenverbindungen usw.),
- Schwerindustrie,
- zivile wissenschaftliche Forschungsstätten,
- die psychologische Bereitschaft der Bevölkerung, als lebenswichtig angesehene Interessen oder Ideale mit Gewalt durchzusetzen oder zu verteidigen,
- im Zeitalter der Atomwaffe schließlich sogar die Unverwundbarkeit gegen nukleare Überraschungsschläge („gehärtete Basen").

In diesem politisch-ideologisch aufgeladenen Gegensatz liegen zugleich Notwendigkeit und Grenzen von Rüstungskontrolle: Die ohne Rüstungskontrolle herrschende Ungewißheit über die zu erwartenden Fähigkeiten und Absichten des anderen verführt zu militärischer Überversicherung, die die Gegenseite als Überlegenheitsstreben wahrnimmt und mit zusätzlichen Rüstungsanstrengungen beantwortet, welche dann dem Gegner als Beleg der Angemessenheit seiner Politik militärischen Vorhaltens dienen und den nächsten Rüstungsschub auslösen. Rüstungskontrolle ist der notwendige Versuch, in diesen Prozeß einzugreifen; ihre Grenzen findet sie darin, daß sie die Rüstungskonkurrenz, die den Systemkonflikt widerspiegelt, nicht abschaffen, sondern „nur" darauf abzielen kann, sie gemeinsam anerkannten Regeln zu unterwerfen.

Eckhard Lübkemeier, Rückblick und Ausblick auf Genf, in: Aus Politik und Zeitgeschichte B 14-15/85 vom 6. April 1985, S. 33

---

2. Geschichte der Abrüstungsbemühungen bis 1945 (Typologie)

Im Laufe der Diskussionen und Verhandlungen haben sich verschiedene Möglichkeiten und Formen der Abrüstung ergeben.

Die freiwillige einseitige Abrüstung

1. Eine Möglichkeit ist die freiwillige einseitige Abrüstung eines Staates in der Hoffnung, daß dieses Beispiel bei den Nachbarn die Furcht beseitigt und dort ebenfalls eine Abrüstung herbeiführt. Das klassische Beispiel für diesen Fall ist das Rush-Bagot-Abkommen zwischen den USA und Großbritannien vom 28./29. April 1817. Schon 1815 rüsteten die USA ihre Binnenflotte auf den Großen Seen, den Grenzgewässern zu dem britischen Kanada, ab und reduzierten ihre Armee auf 10000, im Jahre 1920 auf 6000 Mann. Da in diesem Raum keine Interessengegensätze mehr bestanden, wurde zwei Jahre später die Abrüstung in diesem Grenzgebiet in dem obigen Vertrag verankert. Sie ist trotz zeitweiliger britisch- und kanadisch-amerikanischer Spannungen heute noch in Kraft, weil gelegentliche Interessengegensätze durch die gleichzeitig vereinbarte zwischenstaatliche Schiedsgerichtbarkeit geregelt werden konnten.

Ähnlich wie im Rush-Bagot-Abkommen einigten sich am 28. Mai 1902 und am 12. Januar 1903 Argentinien und Chile auf einen Vertrag zur Verringerung der Flottenrüstungen. Die Rüstungsanstrengungen waren wegen Grenzstreitigkeiten um das Atacama-Gebiet unternommen worden. Dieses argentinisch-chilenische Abkommen sah nicht nur Abrüstungsmaßnahmen vor, sondern gleichzeitig die Bereinigung der den Spannungen zugrunde liegenden Ursachen: Eine gemischte Kommission unter Vorsitz des nordamerikanischen Gesandten in Buenos Aires regelte 1899 die Andengrenze und ein Schiedsspruch des englischen Königs im November 1902 bereinigte den Streit um den südlichen Teil des umstrittenen Gebietes.

Die erzwungene einseitige Abrüstung

2. Eine einseitige Abrüstung kann auch — fast stets als Folge eines Krieges — erzwungen werden. Dadurch soll ein möglicher Krisenherd beseitigt und dem Sicherheitsbedürfnis anderer Mächte Rechnung getragen werden, die dann ihrerseits ebenfalls abrüsten könnten.

Beispiel für diese Möglichkeit ist der Versailler Friedensvertrag, der dem besiegten Deutschland zahlreiche Rüstungsbeschränkungen auferlegte.

Er erfüllte nicht die in ihn gesetzten Erwartungen, weil

o der Geist des Vertrages kaum Ansätze zur Versöhnung und damit zur allgemeinen Abrüstung bot;
o das Sicherheitsbedürfnis bei Deutschlands Nachbarn, vor allem bei Frankreich, bestehen blieb;
o die mit ihm gekoppelte Völkerbundssatzung als Basis kollektiver Sicherheit in entscheidenden Punkten nicht wirksam wurde, zumal mit den USA und der Sowjetunion zwei bedeutende Mächte abseits blieben;
o die anderen Signatarmächte ihrerseits nicht abrüsteten.

Solange kein wirksames internationales Sicherheitssystem geschaffen ist, ruht die internationale Ordnung auf dem Gedanken einer Balance der Kräfte.

Abrüstungsverträge ohne das Prinzip der Gleichberechtigung, also erzwungene Maßnahmen, haben auf die Dauer nicht zu einem soliden Gleichgewicht als Basis für ein friedliches Zusammenleben der Völker geführt.

Abrüstungsvorschläge aus finanziellen Gründen

3. Finanzielle Schwierigkeiten bei der Umrüstung und innenpolitische Schwierigkeiten können Motive für einen Rüstungsstop sein. Erste internationale Bemühungen um eine vertragliche Beschränkung der Rüstungen erfolgten auf der „ersten Friedenskonferenz" in Den Haag. Das Ende der 90er Jahre war durch eine neue Etappe in der Entwicklung der Kriegstechnik und im Rüstungswettlauf gekennzeichnet. Die Initiative ging von Deutschland aus, das 1896 ein Schnellfeuergeschütz einführte. Das deutsche 7,7-cm-Feldgeschütz Modell 1896 gab 6 bis 10 Schüsse in der Minute ab, während bis dahin die Zahl der Schüsse 1 bis 2 betragen hatte. Dem Deutschen Reich folgte Frank-

reich, das die bekannte 7,5-cm-Kanone Modell 1897 einführte. In Rußland und Österreich-Ungarn jedoch stieß die Umrüstung der Artillerie auf den Mangel an finanziellen Mitteln.

Am 24. August 1898 unterzeichnete der russische Zar Nikolaus I. eine Zirkularnote, in der alle Regierungen zu einer Abrüstungskonferenz eingeladen wurden. Der Text dieser Einladung verband Gedanken der Staatsräson mit humanitären Forderungen:

„Die Aufrechterhaltung des allgemeinen Friedens und eine mögliche Herabsetzung der übermäßigen Rüstungen, die auf allen Nationen lasten, stellen sich in der gegenwärtigen Lage der ganzen Welt als ein Ideal dar, auf das die Bemühungen aller Regierungen gerichtet sein müßten . . . Da die finanziellen Lasten eine steigende Richtung verfolgen und die Volkswohlfahrt in ihrer Wurzel treffen, so werden die geistigen und physischen Kräfte der Völker, die Arbeit und das Kapital, zum großen Teil von ihrer natürlichen Bestimmung und in unproduktiver Weise aufgezehrt . . .

Die wirtschaftlichen Krisen sind zum Teil hervorgerufen durch das System der Rüstungen bis aufs äußerste, und die ständige Gefahr, welche in dieser Kriegsstoffansammlung ruht, macht die Armeen unserer Tage zu einer erdrückenden Last, welche die Völker mehr und mehr nur mit Mühe tragen können. Es ist deshalb klar, daß, wenn diese Lage sich noch weiter so hinzieht, sie in verhängnisvoller Weise zu eben der Katastrophe führen würde, welche man zu vermeiden wünscht und deren Schrecken jeden Menschen schon beim bloßen Gedanken schauern machen".

Recht reale Interessen bewogen die politischen und militärischen Berater des russischen Zaren, den polnischen Banker Iwan Bloch, den russischen Kriegsminister Kuropatkin, den Finanzminister Witte und den Außenminister Murawjew, sich für eine Abrüstung einzusetzen.

Tatsächlich spiegelt die Zarennote die schwierige Lage Rußlands zur damaligen Zeit wider, das innenpolitisch sozialen Frieden und in Europa Ruhe brauchte, da es seine Truppen an der chinesischen Grenze zur Besetzung Port Arthurs benötigte. Die Artillerie konnte aus Mangel an Geldmitteln nicht umgerüstet werden.

Immerhin versuchte der Zar, die europäischen Kontinentalmächte gegen Großbritannien zusammenzuschließen, indem er ihnen ermöglichte, einen Teil der durch die Beschränkung der Landrüstungen zu sparenden Mittel für die Flotte zu verwenden. Auch vertrat er die

Auffassung, daß man unbedingt die russische Armee mit schnellfeuernden Geschützen umbewaffnen müsse,

„um den anderen Mächten zu zeigen, daß wir die Frage der Rüstungsbeschränkung nicht aus dem Grunde aufgeworfen haben, weil wir selbst unsere Mittel, die Rüstung weiter fortzusetzen, erschöpft haben".

Zwar fand die russische Anregung einer Abrüstung unter dem Druck der wachsenden Rüstungslasten bis zu einem gewissen Grade Zustimmung, besonders in den angelsächsischen Ländern. Doch genügten die Kräfte der öffentlichen Meinung – soweit sie überhaupt für Abrüstung waren – noch nicht, um die Regierungen zu einer Begrenzung der Rüstungsausgaben zu zwingen.

Am 31. Oktober 1898 teilte der Präsident der französischen Republik dem russischen Kriegsminister Kuropatkin mit, in Frankreich werde man sich „beruhigen", wenn man erfahre,

„daß die Bestätigung der Bestimmungen des Frankfurter Friedensvertrages (1871) nicht zum Aufgabenkreis der Konferenz gehöre, daß man der Armee nicht die von ihr jetzt eingeführten Geschütze nehmen werde, und daß die Frage der Armeestärke nicht berührt werden solle".

Mit anderen Worten: die Revanchepolitik sollte fortgeführt und der Waffenvorsprung beibehalten werden. Noch deutlicher äußerte sich der serbische Außenminister:

„Der Gedanke einer Abrüstung gefällt unserem Volke in keiner Weise. Die serbische Nation ist unter sieben oder acht verschiedene fremde Regierungen zersplittert, und wir können uns nicht zufrieden geben, solange dieser Zustand andauert".

Die Frage der Abrüstung und selbst der Beschränkung der Rüstungen und des Budgets bot vom politischen Gesichtspunkt aus so viele Schwierigkeiten, daß man sie fallen ließ. Es kam zu keiner Einigung, sondern nur zu einer unverbindlichen Erklärung, in der es heißt:

„Die Konferenz erklärt, daß die Einschränkung der Militärausgaben für das Wachstum des materiellen und sittlichen Wohles der Menschheit höchst wünschenswert sei."

Abrüstungsvorschläge auf Druck der öffentlichen Meinung

Auch die zweite Haager Friedenskonferenz wurde sowohl durch die Gefahren verstärkten Rüstungswettlaufs wie durch Druck der öffentlichen Meinung – zumindest in den angelsächsischen Ländern – in Gang gesetzt.

Im Jahre 1905 wurde in Großbritannien ein Panzerschiff eines neuen Typs auf Kiel gelegt, das den Namen „Dreadnought" erhielt. Im Jahre 1908 waren in Großbritannien 12 Dreadnoughts in Dienst bzw. auf den Werften. Im gleichen Jahr ließ Deutschland seine vier ersten Dreadnoughts vom Stapel; insgesamt hatte es schon 8 oder 9 solche Schlachtschiffe im Bau. Großbritanniens Priorität zur See wurde damit ernsthaft bedroht.

Äußerer Anlaß zu diesem neuerlichen Versuch einer Abrüstung war ein Vorstoß des amerikanischen Präsidenten Theodore Roosevelt. Er war im Oktober 1904 von der in St. Louis tagenden Jahreskonferenz der Interparlamentarischen Union gebeten worden, an alle Mächte die Aufforderung zum Zusammentritt einer zweiten Friedenskonferenz zu richten. Unterstützt wurde dieser Vorschlag besonders von Großbritannien, da die britische Regierung glaubte, so den weiteren schnellen Ausbau der deutschen Flotte verhindern zu können. Außerdem berichtete am 8. März 1907 der deutsche Botschafter in London nach Berlin, Sir Edward Grey habe ihm mitgeteilt, die britische Regierung müsse die Abrüstungsfrage mit Rücksicht auf die öffentliche Meinung und auf die von ihr dem Parlament abgegebene Erklärung anregen.

Die Teilnehmerstaaten der Zweiten Friedenskonferenz in Den Haag, die schließlich vom 15. Juni bis 18. Oktober 1907 stattfand, konnten sich zu einer Abrüstung jedoch nicht entschließen. Besonders die ablehnende starre Haltung des Deutschen Reiches erfuhr von fast allen völkerrechtlichen Autoritäten, auch deutschen Gelehrten, eine vernichtende Kritik. Deutschland weigerte sich von vornherein strikt, die Rüstung – wie vorgeschlagen – für 5 Jahre einzustellen und ein Schiedsgericht in allen materiellen Streitfragen obligatorisch zu machen.

Das Problem der Abrüstung blieb in der spannungsgeladenen Zeit vor dem Ersten Weltkrieg ungelöst. Man hat aber stets auf die großen Lasten hingewiesen, die ein hoher Rüstungsstand den beteiligten Staaten auferlegt.

Häufig ist versucht worden, eine allgemeine Abrüstung dadurch zu

erreichen, daß zuerst nur Teilaspekte des Problems diskutiert oder Abrüstungsverträge bzw. Rüstungsbegrenzungsverträge nur für bestimmte Waffen abgeschlossen wurden.
Die Motive für derartige Maßnahmen können zweifacher Art sein.

Abrüstungsvorschläge zur Beschränkung überlegener gegnerischer Positionen

4. Einmal kann dahinter der Wunsch stehen, den Gegner auf dem Gebiet zu beschränken, auf dem man selbst schwach ist.
Im Winter 1869/70 wurde von Frankreich ein Abrüstungsvorschlag zum Gegenstand der diplomatischen Diskussion gemacht, der die Verringerung der französischen und deutschen Heeresstärken vorschlug.
Obwohl Frankreich auf Grund eines Gesetzentwurfes vom 21. März 1970 sein Heereskontingent für das Jahr 1971 um 10 000 auf 90 000 verminderte, konnte dieser Vorschlag zu keinem Erfolg führen. Das eigentliche Motiv Napoleons III. war, die Berliner Regierung diplomatisch zu isolieren und sie dort zu begrenzen, wo sie am verwundbarsten war. Auf Grund seiner geographischen Lage befand sich Preußen in einer schwierigen Lage, so daß es kaum zu einer Heeresverminderung zu bewegen war. Schon 1867/68 hatte sich Napoleon III. vergeblich für die Einführung der allgemeinen Wehrpflicht in Frankreich bemüht, wie sie in Preußen bestand. Mit seinem Vorschlag versuchte er, den Vorteil des preußischen Systems zunichte zu machen.
Tatsächlich hatte Friedrich Wilhelm I. eine Armee von 38 000 Mann geerbt, die sein Vater nur mit Hilfe fremder Subsidien zu unterhalten vermochte. Aber er hinterließ 84 000 Mann, die das arme Land finanziell allein tragen mußte. Friedrich der Große hinterließ sodann seinem Nachfolger bereits 200 000 Soldaten, mehr als das viermal so stark bevölkerte reiche Frankreich. Beim Tode des Soldatenkönigs 1740 war Preußen seinen Einwohnern nach erst der 13. Staat Europas, seiner Rüstung nach jedoch bereits der 4., wenn nicht gar der dritte. Natürlich ging Bismarck nicht auf diesen Vorschlag ein. Er gab zwar seine Bereitschaft zu diplomatischen Verhandlungen bekannt, forderte jedoch gleichzeitig bestimmte Garantien und Bürgschaften. Dadurch war eine Fortsetzung der Verhandlungen aussichtslos. Für Bismarck hatten die Abrüstungsvorschläge keine andere Bedeutung „als in der Fabel der Antrag der Wölfge auf Abschaffung der Schäferhunde".

Wenige Monate später entluden sich die politischen Spannungen zum deutsch-französischen Krieg von 1870/71.

Abrüstungsvorschläge wegen erfolgloser eigener Rüstungsanstrengungen

5. Das andere Motiv für Rüstungsbegrenzungsabkommen auf Teilgebieten kann darin liegen, daß ein weiteres Rüsten auf diesem Sektor den beteiligten Mächten keine Vorteile bringen kann.

Dabei kann es gelingen, zeitlich oder waffenmäßig separate Rüstungsbeschränkungen unabhängig von der allgemeinen politischen Situation zu vereinbaren.

Im ersten Jahr seiner Amtszeit, am 10. Juli 1921, berief der amerikanische Präsident Harding auf Anregung des Senators Borah eine Konferenz der neun am pazifischen Gebiet interessierten Mächte zur Prüfung einer Rüstungsbegrenzung ein.

An der Konferenz nahmen Delegierte aus folgenden Ländern teil: USA, Großbritannien, Frankreich, Italien, Belgien, die Niederlande, Portugal, China und Japan.

Entsprechend dem Vorschlag des amerikanischen Staatssekretärs Hughes vom 12. November 1921 sollten die drei größten Seemächte Schiffe von fast 2 Mill. t Wasserverdrängung vernichten.

Die Vereinigten Staaten hatten ein Interesse daran, den Bau ihrer Flotte zeitweilig zu stoppen, da sie nicht genügend Personal besaßen und nicht über die erforderlichen Stützpunkte verfügten. Schiffe mit großer Wasserverdrängung waren ohnehin für die USA nutzlos, weil diese den Panamakanal nicht passieren konnten. Großbritannien seinerseits unterstützte das amerikanische Projekt, weil es während des Ersten Weltkrieges eine riesige Kriegsflotte gebaut hatte, die vom Staat unmäßige Ausgaben erforderte. Angesichts der britischen Schuldenlast war sowohl eine Einschränkung des Schiffspersonals als auch der Schiffszahl wünschenswert. Die Seemächte einigten sich schließlich auf ein Stärkeverhältnis von 5:5:3 für die USA, Großbritannien und Japan. Am 13. Dezember 1921 wurde der erste Vertrag (Viermächtepakt) unterschrieben. Die vertragschließenden Parteien kamen überein, die Rechte jedes der genannten Staaten (USA, Großbritannien, Japan, Frankreich) auf die insularen Besitzungen im Raume des Stillen Ozeans zu achten. Am 6. Februar 1922 wurde zwischen den USA, Großbritannien, Japan, Frankreich und Italien ein Pakt „Über die Beschränkung der Rüstungen zur See" unterzeichnet, der für die Linienschiffe eine Quote von 5:5:1,75:1,75 festsetzte. Am gleichen Tage unterschrieben die gleichen Mächte ein Abkommen „Zum Schutze des Lebens neutraler und nichtkämpfender Personen in Kriegszeit auf hoher See und zur Verhinderung der Anwendung von schädlichen Gasen und Chemikalien im Krieg". Desgleichen unterschrieben die Teilnehmer der Konferenz einen Vertrag über die Politik in China. Japan wurde gezwungen, den USA in der chinesischen Frage nachzugeben und zu erklären, es werde seine Truppen aus Sibirien zurückziehen.

Der Fünf-Mächte-Vertrag vom 6. Februar ließ allerdings die Frage der Rüstungsbegrenzungen beim Bau von anderen Schiffstypen – Kreuzer, Zerstörer, Unterseeboote – offen.

Frankreich wandte sich kategorisch gegen die Abschaffung der U-Boote und gegen Tonnage-Einschränkungen. Die Gegensätze zu Großbritannien traten offen zutage, als der Leiter der französischen Delegation sarkastisch erklärte:

„England möchte gern die Unterseeboote abschaffen; damit sind wir nicht einverstanden. Wenn aber England die Linienschiffe abzuschaffen wünscht, so werden wir sofort auch mit der Abschaffung der Unterseebootflotte einverstanden sein . . . England hat nicht die Absicht, jemals seine Linienschiffe gegen Frankreich einzusetzen. Es unterhält sie höchstwahrscheinlich zum Sardinenfang. Möge es also auch dem armen Frankreich gestatten, Unterseeboote zu bauen . . . um botanische Untersuchungen auf dem Meeresgrund anzustellen".

So war das Ergebnis der Washingtoner Abrüstungsvereinbarungen im Grunde nur eine Neuverteilung der Seestreitkräfte. Immerhin fiel die britische Kreuzerstärke von 51 im Jahre 1922 auf 47 im Jahre 1926 und betrug 48 im darauffolgenden Jahr. Trotz der Empfehlung des Kabinettsausschusses im Jahre 1925, daß 5 Kreuzer jährlich gebaut werden sollten, setzte Churchill als Schatzkanzler diese Zahl auf 8 Stück in 4 Jahren herab und verringerte das noch durch einen späteren Schritt auf 3.

Die Washingtoner Flottenkonferenz wurde vom 21. Januar bis 22. April 1930 in London fortgeführt. Da sich die italienischen und französischen Vertreter nicht über einen Kompromiß einigen konnten, kam es zu Konferenzbeschlüssen Großbritanniens, Japans und der USA. Folgende Maximal-Tonnageziffern der Flotten hinsichtlich der Kreuzer, Torpedoboote und U-Boote (in 1000 t) wurden vereinbart:

	Kreuzer	Torpedo- boote	U-Boote
Großbritannien	339	150	52,7
USA	323	150	52,7
Japan	209	105	52,7

Das einzige Ergebnis der Londoner Flottenkonferenz war ein Erfolg Japans, das Vorteile bei den Torpedobooten und den U-Booten erreichen konnte. Die Folge war ein verstärkter Bau von japanischen Kriegsschiffen (Programm der „Flottenergänzung") und wachsende Rüstung zur See. Das Mißtrauen und die Spannungen in der Welt wurden nicht beseitigt, sondern sogar noch verschärft.

Das letzte Seerüstungsabkommen 1936 offenbarte bereits die Auflösung dieser partiellen Übereinkommen unter den wachsenden Spannungen der dreißiger Jahre.

Indirekte Teilabrüstungen

6. Als Ergänzung zu derartigen Teilabrüstungen sind auch indirekte Rüstungsbegrenzungen im Gespräch. So forderte – allerdings erfolglos – die zweite Haager Konferenz von 1907, daß die einzelnen Staaten fünf Jahre lang keine Erhöhung ihrer Rüstungsetats vornehmen sollten. In diesem Zusammenhang ist auch vorgeschlagen worden, daß jeder Staat nur einen bestimmten Teil seines Sozialprodukts für Rüstung ausgeben solle.

Umrüstungen

7. In den Diskussionen wird häufig noch zwischen quantitativer, also zahlenmäßiger Rüstungsbeschränkung (z. B. 100000-Mann-Heer in Deutschland nach 1919) und qualitativer Beschränkung (z. B. das damalige Verbot von Tanks, U-Booten und Kriegsflugzeugen für Deutschland) unterschieden. Quantitative Verminderung der Heeresstärken, wie sie etwa Großbritannien 1957 oder die Sowjetunion 1956 vorgenommen haben, stellten nicht immer eine Rüstungsbegrenzung, sondern häufig nur eine Umrüstung dar, in diesen Fällen von der konventionellen auf die atomare Rüstung. Das Zerstörungspotential wird also noch erhöht.

Die Geschichte der Abrüstungsbemühungen zeigt, daß Verhandlungen ohne ein gewisses Maß an Vertrauen und ohne Ausgleich oder Wegfall von Interessengegensätzen erfolglos bleiben. Grundlage für mangelndes Vertrauen ist stets die Sorge um die nationale Sicherheit.

3. Geschichte und Stand der Abrüstungsbemühungen seit 1945

3.1. Die neue Lage

Erhöhung der Vernichtungskraft von Waffen

Die technologische Entwicklung seit dem Einsatz der ersten amerikanischen Atombombe 1945 in Hiroshima (Stärke der Bombe: 15 Kilotonnen TNT, ca. 86 100 Tote, 61 100 Verletzte, 80 % Zerstörung) erzwang Wandlungen nicht nur in den strategischen Konzeptionen, sondern auch im politischen Handeln. Wie niemals zuvor betraf die nationale Sicherheit nun technologische Fragen: Die beiden entscheidenden rüstungstechnologischen Entwicklungen des Atomzeitalters waren die Herstellung der Nuklearsprengköpfe und die Fähigkeit, sie über mehrere tausend Kilometer ins Ziel zu bringen:

o Die Militärtechnologie hat in der Konzentration der Sprengköpfe das Maximum erreicht. Der ICBM-Sprengkopf hat bei einem Eigengewicht von nur 100 kg eine Sprengkraft von 200 KT TNT. Die Hiroshima-Bombe hatte bei einem Eigengewicht von 4 Tonnen nur eine Detonationswirkung von 15 KT.

o Die Nuklearpotentiale sind enorm: Die strategischen Nuklearsysteme der USA sind mit ca. 9800 Gefechtsköpfen bestückt, die eine Sprengkraft von insgesamt 3,4 Mrd. t TNT besitzen. Die strategischen Raketen und Bomber der UdSSR tragen ca. 7000 Gefechtsköpfe mit einer Sprengkraft von insgesamt etwa 4,2 Mrd. t TNT. In den Arsenalen taktischer Nuklearwaffen lagern rund 15 000 sowjetische und ca. 20 000 amerikanische Gefechtsköpfe, die zusammen nochmals rund 4,5 Mrd. t TNT ausmachen. Alles zusammen sind das ca. 12 Mrd. t TNT, was der Vernichtungskraft von etwa 1 000 000 Hiroshima-Bomben entspricht oder ca. 3 t TNT für jeden Mann, jede Frau und jedes Kind auf der Erde.

o Bereits 15 Wasserstoffbomben von je 10 Megatonnen TNT reichen aus, um die Bundesrepublik Deutschland (248 000 qkm) zu vernichten. Würden die beiden Atommächte insgesamt eine Vernichtungskapazität von 150 000 Megatonnen einsetzen, wäre eine Bodenfläche von 62,5 Millionen qkm radioaktiv mit einer tödlichen

Opfer des Zweiten Weltkrieges

Verluste	Soldaten	Zivilbevölkerung	Tote insgesamt
Franzosen	250 000	360 000	610 000
Engländer	350 000	60 000	410 000
Deutsche	4 000 000	3 000 000	7 000 000
Italiener	330 000	85 000	415 000
Polen	120 000	5 300 000	5 420 000
Russen	13 600 000	7 500 000	21 100 000
Sonstige Europäer	1 020 000	3 700 000	4 720 000
Amerikaner	250 000		250 000
Kanadier	42 000		42 000
Japaner	1 700 000	360 000	2 060 000
Chinesen	3 500 000	10 000 000	13 500 000
	25 162 000	30 365 000	55 527 000
Deutsch-Französischer Krieg 1870/1871	98 Prozent	2 Prozent	129 000
1. Weltkrieg 1914/1918	95 Prozent	5 Prozent	10 000 000
2. Weltkrieg 1939/1945	45,3 Prozent	54,7 Prozent	55 500 000
Kriegshandlungen 1945-1979		sehr viele Zivilisten	ca. 25 000 000

Zerstörungen von Städten im 2. Weltkrieg in Prozenten:
Warschau 90 Prozent, Köln 80 Prozent, Dresden 75 Prozent, Leningrad, Berlin und Hamburg 70 Prozent, Neapel und Nürnberg 60 Prozent, Budapest 40 Prozent, London 30 Prozent, Nagasaki 85 Prozent, Hiroshima 80 Prozent, Stalingrad 90 Prozent.

(Pax Christi [Hrsg.], Die Wahrheit, Kraft des Friedens, Frankfurt/Main 1980, S. 22)

Strahlendosis verseucht (zum Vergleich: Europa hat ein Territorium von 11,6 Millionen qkm).

Erweiterung der Reichweite von Raketen

o Während die SRBM nur eine Reichweite unter 800 km hat, erreicht die MRBM bereits 2 400 km, die IRBM 6 400 km und die ICBM sogar mehr als 6 400 km. Die seegestützte SLCM erreicht bis zu 3 200 km (ihre BGM-109 Tomahawk fliegt mit 0,9 Mach,

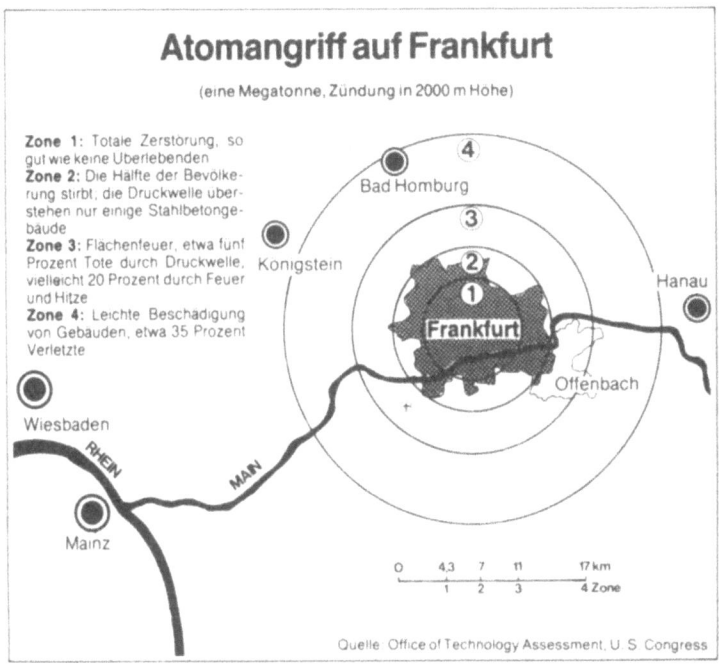

(Die Zeit Nr. 16, 16. 4. 82, S. 11)

ihre Treffgenauigkeit beträgt ca. 10 m), die luftgestützte ALCM bis zu 2400 km und die U-Boot-gestützte SLBM mehr als 11000 km (sie kann bis zu 14 MARV mit je 150 KT tragen).

o Unbestritten unter Fachleuten ist, daß die Welt nach einem weltweiten Nuklearkrieg keine wäre, die sich Ost oder West wünschen könnten. Rauch und Ruß der Feuerstürme in Städten und Wäldern nach einem nuklearen Angriff (bestehend aus zwei Milliarden t Rauch, wovon 180 Millionen t schwarzer Partikel in die Stratosphäre gelangen würden) würden die Atmosphäre schwärzen, das Sonnenlicht schlucken (nur etwa ein Hundertstel des Sonnenlichts würde einen Monat nach einem Nuklearkrieg die Erde erreichen) und die Temperaturen bis zu 24° sinken lassen,

Zerstörungsradius
qkm

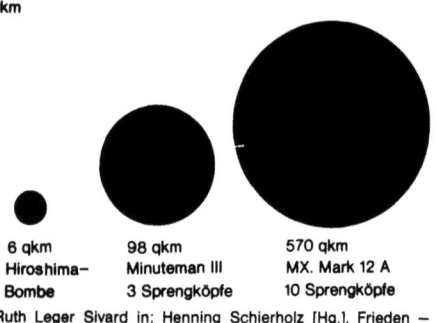

6 qkm	98 qkm	570 qkm
Hiroshima-Bombe	Minuteman III 3 Sprengköpfe	MX. Mark 12 A 10 Sprengköpfe

(Ruth Leger Sivard in: Henning Schierholz [Hg.], Frieden – Abrüstung – Sicherheit, Rowohlt Taschenbuchverlag, Reinbek 1981, S. 67 f.)

sodaß ein „nuklearer Winter" die Folge wäre. Am 40. Tag im Sommer nach einem Nuklearkrieg lägen die Temperaturen in New York bei -50°, in Moskau und Stockholm bei -30° und in Paris bei -20° Celsius. Die Richtung der Höhenwinde würde sich verändern und auch die südliche Erdhalbkugel in Mitleidenschaft ziehen. Überlebende wären vermutlich bei einem weltweiten Nuklearkrieg nur primitive Organismen wie Kakalaken, Ratten und Fliegen.

Doch auch ein nur (unterstellter) sowjetischer Mittelstreckenangriff der 729 sowjetischen SS-20 gegen Westeuropa würde mehr als 100 Megatonnen Sprengkraft freisetzen und mithin einen Nuklearfrost hervorrufen – Europa und die Sowjetunion wären vom Eis bedeckt. Militärisch hätte dies zur Folge, daß Beobachtungssatelliten im Blindflug über den Rauchwolken kreuzen würden, Truppenbewegungen unbeobachtet, Ziele unerkannt blieben. Infrarotsensoren und Radargeräte wären gestört, Nachrichtenverbindungen brächen zusammen, die Überlebensfähigkeit und Zielgenauigkeit von Atomsprengköpfen würden durch die veränderten Bedingungen in den Rauchschwaden beeinträchtigt. Würde ein Angreifer jedoch nur so viele Megatonnen auf den Gegner abschießen, daß der „nukleare Winter" gerade noch vermieden würde, hätte dies vermutlich zur Folge, daß ein Vergeltungsschlag ausbliebe, da die kritische Schwelle zum „nuklearen Winter" dann überschritten würde. Für Gedankenspielereien einiger Militärs ist dies möglicherweise eine Ermutigung zu einem Erstschlag „rationale" Verhaltensweisen der Gegenseite vorausgesetzt.

Die waffentechnologischen Entwicklungen in Hinblick auf Zielgenauigkeit, Mehrfachsprengköpfe, Verringerung der Warnzeiten und Mobilität der Abschußrampen unterhöhlen die Abschreckungsdoktrin, die sich im Kern auf die Doktrin der beiderseitigen gesicherten Vernichtung (mutual assured destruction = MAD) konzentriert.

Verbesserung der Treffgenauigkeit

Die Verbesserung der Treffgenauigkeit und die Veränderung der Zahlenrelation von Waffenträgern zu Sprengköpfen zugunsten der Sprengköpfe infolge der MIRV-Technologie sind die für die Destabilisierung folgenreichsten Folgen:

— Die Verdoppelung der Treffgenauigkeit eines nuklearen Gefechtskopfes hat etwa die gleiche Wirkung wie eine Verzehnfachung seiner Sprengkraft, d. h. des sogenannten Detonationswertes. Bei den in den sechziger Jahren erreichten Treffgenauigkeits-Werten war es noch unerheblich, ob die eine oder andere Seite zahlenmäßig drei- oder viermal so stark war wie ihre Gegner. Mit den Verbesserungen der Treffgenauigkeit wandelte sich jedoch das Bild, denn die Erfindung des Mehrfach-Gefechtskopfes vergrößerte die Möglichkeit einer praktisch hundertprozentigen Vernichtung des angegriffenen Gegners.

— Durch Radar und Entfernungsmeßausrüstung beträgt die Treffgenauigkeit heute (d. h. der Radius eines um das Ziel geschlagenen Kreises, in dem 50 % der mit dem Flugkörper eingesetzten Gefechtsköpfe vermutlich einschlagen werden) 50 m. In den sechziger Jahren waren es noch rund eine Seemeile (1 853 m) gewesen. Heute beträgt die Treffgenauigkeit mit Mikrowellen-Radiometer rund 20 m, durch Standortbestimmung mit Hilfe von Satelliten sowie Infrarot-Suchkopf sogar nur 10 m.

Wenn eine Kernwaffe detoniert, vollziehen sich innerhalb von nur wenigen Sekunden mehrere Prozesse: Zuerst zeigt sich ein kurzer, grellweißer Lichtblitz, der auch bei Tage über viele Kilometer hinweg zum Erblinden führen kann. Dann entsteht ein Feuerball, in dem Temperaturen von ungefähr 10 Mill.° C herrschen und der innerhalb einer Sekunde sein maximales Ausmaß erreicht. Bei einer 1-MT-Bombe hat der Feuerball einen Durchmesser von 2 km. Während der Entstehung des Feuerballs und direkt danach werden 35 % der gesamten bei der Detonation entwickelten Energie in Form von Hitze freigesetzt. Außerdem entsteht eine Druckwelle (50 % der Gesamtenergie), der sofort ein orkanartiger Wind folgt. Hierdurch wird alles, was sich in einem bestimmten Umkreis um die Detonation befindet, zunächst ineinandergedrückt („Hammereffekt") und anschließend ganz oder teilweise weggefegt („Mitschleifeffekt"). Drittens werden bei der Detonation einer Kernwaffe radioaktive Strahlen freigesetzt. Hier muß man zwischen direkter radioaktiver Strahlung in Form von Neutronen- oder Gammastrahlen und zurückbleibender Radioaktivität („fall-out") unterscheiden.

Atomkrieg, in: Meyers Enzyklopädie der Erde, Band 1, Mannheim 1982, S. 230 f

---

Anstieg der Rüstungsausgaben

Die Kosten der Rüstungen erreichten phantastische Höhen:

- Vom SIPRI wurden die Rüstungsausgaben der Welt für 1980 auf etwa 500 Milliarden Dollar zu Tagespreisen geschätzt, allein 70 % der Weltrüstungsausgaben entfielen auf die NATO (43 %) und den Warschauer Pakt (26 %), 15 % auf die Dritte Welt (ohne China). Nach einer Berechnung des gleichen Instituts lagen die Weltrüstungsausgaben zu konstanten Preisen (von 1970) gerechnet, in der Zwischenkriegszeit (1930) bei 23 Milliarden Dollar, zu Beginn des Korea-Krieges (1950) bei 73 Milliarden Dollar und Mitte der siebziger Jahre bei 214 Milliarden Dollar.

- Der Anstieg der Weltrüstungsausgaben in den späten sechziger und in den siebziger Jahren ist weitgehend auf die Aufrüstung der Dritten Welt zurückzuführen. Im Jahre 1960 gaben die Länder der Dritten Welt der amerikanischen Abrüstungsbehörde ACDA zufolge ca. 10 Mrd. US-Dollar für Verteidigungszwecke aus; im Jahre 1980 lag diese Zahl bereits bei 147 Mrd. $. Selbst bei Abzug des Inflationsfaktors bleibt noch immer ein Steigerungseffekt von 300 bis 350 % übrig. Entfielen auf die Entwicklungsländer im Jahre 1960 noch 10 % des Anteils an den weltweiten Militärausgaben, so erhöhte sich dieser bis 1970 auf 17 % und auf knapp 25 % Ende der siebziger Jahre. Das Stockholmer Friedensforschungsinstitut SIPRI schätzt für 1982 den Anteil der Dritten Welt an den weltweiten Militärausgaben auf 16 %, rechnet hierbei die Volksrepublik China jedoch nicht mit ein, die etwa 5 % aller Militärausgaben bestreitet.[1a]

- Ein moderner Panzer kostet etwa eine Milliarde Dollar. Mit diesem Geld könnte man die Lagermöglichkeiten von 100 000 t Reis

Rüstung zerstört bereits im Frieden
(zivile Alternativen für Waffen)

1 Tornado 322 Stück à 87 Mio. DM	= 800 Sozialwohnungen 75 m^2 à 109 Tsd. DM
1 Kampfflugzeug Alpha Jet 175 Stück à 20,3 Mio. DM	= 110 Krankenhaus-Betten Durchschnittswert 190 Tsd. DM
1 AWACS 118 Stück à 82 Mio. DM BRD-Anteil	= 40 Computer-Tomografen medizin. Früherkennungs-System
1 Panzer-Abwehr-Hubschrauber 212 Stück à 4,4 Mio. DM	= 1 Freizeitsport-Zentrum
1 Militär-Hubschrauber 100 Stück à 3,5 Mio. DM	= 1 Rettungs-Hubschrauber
3 Flak-Panzer „Gepard" 432 Stück à 9,8 Mio. DM	= 1 Berufsschule (2000 Schüler) mit modernster Einrichtung 27 Mio. DM
2 Kampfpanzer „Leopard II" 1800 Stück à 4,2 Mio. DM	= 1 Schule 24 Klassen; 8,5 Mio. DM
1 Flak-Panzer „Roland" 143 Stück à 18 Mio. DM	= 120 Sonografie-Geräte Ultraschall zur Erkennung innerer Krankheiten
1 Jagd-Panzer - Umrüstung 316 Stück à 1,4 Mio. DM	= 1 Turnhalle
1 Transporter-Panzer 996 Stück à 725 Tsd. DM	= 3 Schneepflüge Hochleistungs-Schneepflüge
3 Militär-LKW 60 Tsd. Stück à 80 Tsd. DM	= 1 Müllfahrzeug
1 Feldhaubitze (155-1) 216 Stück à 2,0 Mio. DM	= 40 Spielplätze Einrichtungskosten für 2000 m^2 Fläche
1 Hot-Flugkörper 6000 Stück à 37000 DM	= 4 Kindergarten-Plätze à 9000 DM
1 Roland-Flugkörper 5240 Stück à 142 Tsd. DM	= 2 Altenheim-Plätze à 70000 DM
1 Kormoran-Rakete 350 Stück à 2,1 Mio. DM	= 210 Kindergarten-Plätze
1 Fregatte (3 Bord-Hubschrauber) 8 Stück à 470 Mio. DM	= 31 Schwimmhallen mit 50 m-Bahn
1 Schnellboot 10 Stück à 110 Mio. DM	= 440 Notarzt-Wagen voll ausgerüstet

Bei Waffen und Zivilprojekten: Preisstand 1979

Quelle: Fred Schmid, Abrüsten oder totrüsten. Zur Rüstungspolitik der BRD, Frankfurt/Main 1981, S. 72

Verteilung der weltweiten Militärausgaben 1971 und 1980

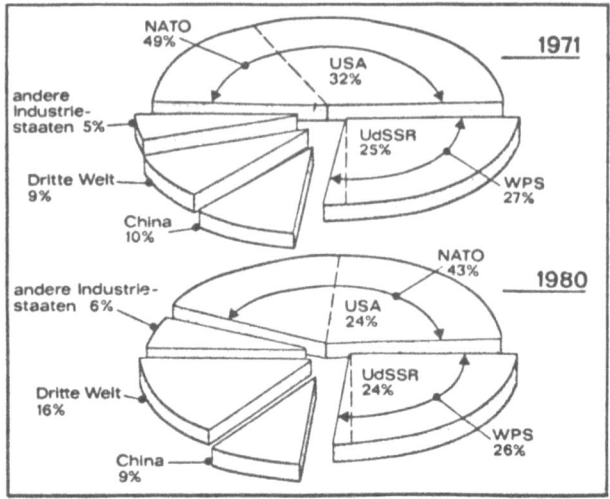

(Quelle: SIPRI; Grafik aus: „aus politik und zeitgeschichte" B 28/1981, S. 12 (WPS = Warschauer-Pakt-Staaten)

verbessern, sodaß der Verderb von jährlich 4 000 t ausgeschaltet würde. Mit demselben Geld könnte man auch 1 000 Klassenräume für 30 000 Schulkinder errichten. Für den Preis eines Kampfflugzeuges (20 Millionen Dollar) könnte man 40 000 Dorfapotheken errichten.[2]

3.2. Entwicklungsphasen der Verteidigungsstrategie / Abrüstung

Die Entwicklungsphasen der Verteidigungspolitik der Bundesrepublik Deutschland wurden weitgehend von der Entwicklung der Waffensysteme beider Weltmächte und den damit zusammenhängenden amerikanischen Strategien bestimmt.

Waffenentwicklung und Strategie
seit Anfang der 50er Jahre

Konventionelle Trägersysteme
(Langstreckenbomber, Trägerflugzeuge)

Beginn
Erste Raketengeneration
(Kurz- bis Mittelstreckenraketen)

Atomares ↓ **Übergewicht der USA**

Konzept der Massiven Vergeltung
(massive retaliation)

seit Anfang der 60er Jahre

Beginn
Zweite Raketengeneration
(Langstrecken-, Interkontinentalraketen, mobile Abschußbasen)

Atomares | **Patt**

↓

Konzept der Angemessenen Reaktion
(flexible response)

seit Anfang der 70er Jahre

Beginn
Dritte Raketengeneration

Neue Waffentechnologien

gewaltiges	Ansteigen der
Vernichtungs-	kapazitäten
(Overkill-	capacities
Hohe Rüstung-	kosten
nahezu nukleare ▼	Parität der Großmächte

Verbessertes Konzept der
Angemessenen Reaktion

(Günter Walpuski, Verteidigung + Entspannung = Sicherheit, Verlag Neue Gesellschaft, Bonn ³1980, S. 35)

Erste Phase 1945 – 1953: USA-Atommonopol

Diese Phase ist gekennzeichnet durch das Atommonopol der USA, wobei die Nuklearwaffen als militärische Ergänzung des politischen Konzepts der Eindämmung (Containment, Truman-Doktrin) dienen sollten. Im sowjetischen strategischen Konzept begann sich die „Geiselfunktion" Europas abzuzeichnen, denn die UdSSR konnte ihre Mittelstrecken-Bomber nur in Europa einsetzen. Interkontinental-Bomber besaß sie zu diesem Zeitpunkt erst wenige.

Aufgrund des Atommonopols waren umfangreiche Abrüstungsmaßnahmen für die USA kein Risiko. Deshalb schlugen sie am 15. November 1945 eine internationale Kommission zur Verhinderung der Verwendung von Atomenergie für kriegerische Zwecke vor. Daraufhin beschloß die UN-Vollversammlung 1946 die Bildung der Atomenergie-Kommission (AEC). In ihrem „Baruch-Plan" vom Juni 1946 forderten die USA eine „internationale Behörde für Atomentwicklung", die nicht nur Betrieb oder Eigentum, Kontrolle und Lizenzerteilung, Entwicklung und Verwendung sowie Aufdeckung mißbräuchlicher (kriegerischer) Benutzung auf allen Gebieten der Atomenergie übernehmen sollte, sondern bei Kontrollen und Sanktionen auch keinerlei Vetorechte der Großmächte vorsah.

Hinter dieser Konstruktion des Baruch-Planes wird das damalige Hauptinteresse der USA deutlich: Verhinderung der nuklearen Nachrüstung der Sowjetunion und Bewahrung des eigenen Vorsprungs auf diesem Gebiet, um die Überlegenheit der UdSSR auf konventionellem Sektor auszugleichen.

Die Sowjetunion hatte keinerlei Interesse an wirklichen Verhandlungen, weil sie gleichzeitig durch Entwicklung eigener Atomwaffen (erste Explosion 1949) die Grundlage für jenes Gleichgewicht legen wollte, das bis heute die Weltlage beherrscht. Sie erreichte 1947 zusätzlich zu der vom Westen angeregten Atomenergie-Kommission (AEC) die Bildung einer Kommission für konventionelle Abrüstung (CCA), die wiederum aus Mitgliedern des Sicherheitsrates der UN bestand, aber ebenfalls wegen der Kontrollfrage keinen Schritt weiterkam.

Eine Neuakzentuierung in den Abrüstungsverhandlungen wurde 1948 durch einen Vorschlag der Sowjetunion zur konventionellen Abrüstung sichtbar. Inhalt des Vorschlages war die Reduzierung der bestehenden konventionellen Streitkräfte um ein Drittel. Dieser Plan war wiederum für die Westmächte kaum annehmbar, weil ihre bereits

1945 ohnehin schon stark reduzierten Streitkräfte dem sowjetischen Potential derart unterlegen gewesen wären, daß die Sicherheitsinteressen ernsthaft berührt gewesen wären.

Die USA, die Anfang 1945 z.B. noch ca. 12 Millionen Mann unter Waffen hatten, verfügten im Jahre 1948 nur noch über knapp 1,5 Millionen Soldaten. In Europa betrug die Stärke der westalliierten Streitkräfte z. Z. der deutschen Kapitulation etwa 5 Millionen Soldaten. Innerhalb eines Jahres wurden die Truppen auf ca. 880.000 Mann reduziert.

	1945	1946
Westmächte	4 720 000	879 000
davon USA	3 100 000	391 000
GB	1 321 000	488 000
Kanada	299 000	–
Sowjetunion	4 500 000	4 500 000[1]

1 Aus: Der Warschauer Pakt, Bundesministerium der Verteidigung, Bonn 1978.

Angesichts der verschärften politischen Situation (Bürgerkrieg in China 1945-1949, Kommunistischer Aufstand in Griechenland 1945-1949, Indochina-Krieg 1946-1954, kommunistischer Staatsstreich in der Tschechoslowakei 1948 als Abschluß des Aufbaues eines Systems von osteuropäischen Satellitenstaaten unter dem Druck der Roten Armee, Berliner Blockade 1948/49) konnten Abrüstungsgespräche nicht erfolgreich sein. Stattdessen suchte der Westen Sicherheit durch die Atomwaffen und durch das klassische Mittel der Bündnispolitik (Truman-Doktrin 1947 als Hilfsangebot „für die in ihrer Freiheit bedrohten Länder", Marshall-Plan 1947 zur wirtschaftlichen und politischen Festigung Europas, Gründung der NATO 1949).

Die kriegerischen Ereignisse in Korea 1950 und der Tod Stalins 1953 beendeten diese erste Phase der Abrüstungsdiskussion, während der die UN-Vollversammlung 1952 noch eine allgemeine Abrüstungskommission für atomare *und* konventionelle Waffen (DC) beschlossen hatte.

Zweite Phase 1953 – 1961: Die atomare Verantwortung

Diese Phase ist gekennzeichnet durch die Einführung thermonuklearer Waffen (H-Bomben), sowjetischer Fernbomber und erster Mittelstrecken- und Interkontinentalraketen. Die anfängliche strategische Überlegenheit der USA wird durch die zunehmende Verwundbarkeit der USA selber aufgrund eines möglichen sowjetischen Überraschungsangriffs infrage gestellt. Angesichts des sich abzeichnenden nuklearen Patts zwischen den Weltmächten wandeln sich die frühen amerikanischen Konzepte massiver nuklearer Vergeltung (massive retaliation) in intensiven Diskussionen um neue Prinzipien der Abschreckung und des taktischen Nuklearkrieges (New Look in den USA). Das im Jahre 1957 gebilligte Overall Strategic Concept for the NATO Area sah im Verteidigungsfall den sofortigen Einsatz taktischer und strategischer Kernwaffen vor, unabhängig davon, ob die Gegenseite beim Angriff konventionelle oder nukleare Waffen einsetzte. Die konventionell gerüsteten „Schild-Streitkräfte" sollten nur Stolperdrahtfunktion haben und durch ihren Einsatz vor allem eine effektive Zielbindung für taktische Kernwaffen ermöglichen. Die Bundeswehrführung machte sich dieses Konzept voll zu eigen und hielt daran noch zu einem Zeitpunkt fest, als die USA bereits davon wieder abrückten. In der Tat ließen das Ende der fünfziger Jahre zustande gekommene Patt und die Verwundbarkeit des amerikanischen Territoriums den Einsatz von Kernwaffen fragwürdig erscheinen, weckten wegen des Eskalationsrisikos aber auch Zweifel an der Richtigkeit der umfassenden Anwendung taktischer Kernwaffen. Die Revision der Doktrin erfolgte auch im Schatten der Berlin-Krise von 1958-1962, die die NATO mit der Möglichkeit begrenzter Kampfhandlungen in Mitteleuropa zur Sicherung der Zufahrtswege nach Berlin konfrontierte. Gerade für diesen Fall schien ein adäquater „flexibler" Einsatz der Waffen und eine Rückführung strategischer Konzepte in die Kontrolle der politischen Führung unerläßlich. Insofern lag auf amerikanischer Seite eine Umkehrung der „Schild-Schwert-Konzeption" nahe, denn nunmehr stellten die nuklearen Waffen bloß noch eine Art „Schild" dar, während die konventionellen Streitkräfte in zunehmendem Maß wieder die Funktion des „Schwertes" der NATO erhalten sollten. Folgerichtig wurde ein möglichst starker deutscher Beitrag im konventionellen Bereich gefordert. Dieser Option, den Einsatz von Nuklearwaffen bis zuletzt offenzuhalten, konnte sich die Bundesrepublik Deutschland zwar nicht verschließen (schon weil ein Kernwaffeneinsatz auf deutschem Boden verheerend wäre), doch wurde eine Abkopplung der konventionellen Verteidigung von der nuklearen Abschreckung befürchtet, die begrenzte Vorstöße auf westdeutsches Territorium verlockend erscheinen ließen.

Gegen Ende der fünfziger Jahre zeichnete sich das Problem der gegenseitigen Verwundbarkeit und der „Geisel Europa" vor allem in den Diskussionen um die Existenz einer „Raketen-Lücke" zwischen den USA und der Sowjetunion ab.

Die sog. Raketenlücke Ende der 50er Jahre, die eine besondere Rolle im amerikanischen Wahlkampf des Jahres 1960 spielte, stellte sich als stark überzogen heraus. Die Sowjetunion besaß zu dieser Zeit nur 35 ICBM gegenüber 18 ICBM und 32 SLBM der USA. Nach Kennedys Amtsübernahme gestanden die Demokraten, daß es keinerlei Raketenlücke gegeben habe.[3]

Wirkliche, zum Teil nichtöffentliche Verhandlungen über Abrüstung begannen erst, als die Abrüstungskommission (DC) 1954 aus den unmittelbar beteiligten Großmächten USA, Sowjetunion, Großbritannien, Frankreich und Kanada einen Fünfmächte-Unterausschuß bildete. Diese Verhandlungen liefen trotz der Krisen (sowjetische Ungarn-Aktion und britisch-französisch-israelische Suez-Aktion 1956) weiter. Hinter allen Vorschlägen und Diskussionen stand jedoch nach wie vor das Kontrollproblem.

Die westlichen Vorschläge sahen immer eine Überprüfung des gesamten Verteidigungspotentials bereits zu Beginn eines Abrüstungsprozesses vor. Die USA wünschten eine Garantie dafür, daß wirklich die gesamten Vorräte an Bombern und Raketen erfaßt sind und bestanden darauf, daß ein wirksames Kontroll- und Inspektionssystem um so notwendiger werde, je tiefer der Einschnitt in die nationalen Rüstungen ist. Westliche Auffassung war es, daß eine Nachprüfung nicht nur sicherstellen müsse, daß bestimmte Einheiten tatsächlich demobilisiert und genau festgelegte Waffentypen wirklich vernichtet worden sind, sondern daß darüber hinaus auch der vorhandene Rest nicht die vertraglich vereinbarten Begrenzungen übersteigt. Eine derartige Kontrolle des gesamten Rüstungsstandes lehnte die Sowjetunion als sicherheitsgefährdend und Spionage ab. Eine Kontrolle des Rüstungsstandes würde alle Informationen liefern, an denen militärische Dienststellen interessiert sind und nur ein Instrumentarium schaffen, das formell ein Organ der UN, faktisch jedoch der USA wäre — angesichts der derzeitigen UN-Struktur ein nicht ganz unbegründetes Argument. Entscheidungen, welche die Lebensinteressen von Staaten berühren, dürften nicht durch Mehrheitsbeschlüsse erzwungen werden, sondern müßten die souveränen Rechte der Staaten anerkennen – womit die Staaten wieder Richter in eigener Sache gewesen wären. Immerhin mußte der Tatsache Rechnung getragen werden, daß ein Rüstungsvorteil leichter hätte erreicht werden können bei einem geringen Rüstungsniveau, denn dann hätte bereits eine einzige H-Bombe u.U. ausgereicht, der Gegenseite den eigenen Willen aufzuzwingen. Der Grund für die zähflüssigen, im Kreise verlaufenden Abrüstungsdiskussionen und -vorschläge („Open Skies"-Luftinspektionsplan Präsident Eisenhowers und Eden-Plan zur gemeinsamen Inspektion der Streitkräfte beiderseits des Eisernen Vorhangs 1955) wurde allmählich deutlich: Die Weltmächte befanden sich in einer Phase der Umrüstung von der konventionellen auf die atomare Bewaffnung, ein Abschluß der modernen Waffenentwicklung etwa im Hinblick auf Reichweite (Raketen) und Steuerung (Elektronik) schien noch nicht abzusehen.

Unter dem Eindruck der zahlreichen Atomversuche und des erfolgreichen sowjetischen Erdsatelliten „Sputnik" 1957 entsprach die UN-Vollversammlung dem sowjetischen Wunsch nach Erweiterung der Abrüstungskommission auf 26 Mitglieder. Dennoch verlagerte sich das Schwergewicht der Verhandlungen 1958 auf Experten außerhalb der UN. Es tagte in Genf eine paritätisch von Ost und West besetzte Expertenkonferenz über Kontrollmöglichkeiten und Kernwaffenversuche und eine Expertenkonferenz über Maßnahmen zur Verhütung von Überraschungsangriffen. Beide Konferenzen lieferten wertvolle technische Erkenntnisse, mußten jedoch scheitern, weil der Westen nur technische Fragen erörtern wollte, der Osten aber darauf bestand, politische Fragen wie deutsche Atombewaffnung, Ächtung der Atombomben oder atomwaffenfreie Zonen (Rapacki-Plan 1957 für eine atomwaffenfreie Zone in Mitteleuropa) zu erörtern.

Immerhin kam es auf dem seit 1957 weltweit diskutierten Gebiet der atomwaffenfreien Zonen zu einem Übereinkommen für ein entlegenes Gebiet, nämlich die Antarktis. Nach einer amerikanischen Initiative vom Mai 1958 unterzeichneten alle Interessenten einschließlich der Sowjetunion am 1. Dezember 1959 in Washington ein Abkommen, das unabhängig von den bestehenden Rechten die Nutzung des antarktischen Kontinents ausschließlich für friedliche Zwecke erlaubt. Beobachter jeder Vertragsmacht (1980: 21 Staaten) haben jederzeit Zutritt zu allen Einrichtungen aller Staaten. Bei Streitfällen soll der Internationale Gerichtshof entscheiden.

Dritte Phase: 1961 – 1972: Ergebnisse der Entspannungspolitik

Diese Phase ist gekennzeichnet durch den Ausbau der Raketensysteme, den Schutz (Härtung und Streuung) der strategischen Offensiv- und Vergeltungskräfte und durch Modifizierung der strategischen Doktrin. Nach Großbritannien werden jetzt auch Frankreich und China Nuklearmächte.

Das Konzept der Abschreckung (Androhung nuklarer Vergeltung gegen die gesamte feindliche Nation einschließlich Zivilbevölkerung, als counter-city strategy von der Marine vertreten, deren Polaris-Raketen mit ihrer halben Megatonne Sprengkraft nur gegen Städte wirksam einsetzbar waren; als nukleare Vergeltung nur gegen militärische Ziele, als counter-force strategy am entschiedensten von der Luftwaffe mit ihren Bombern und Minuteman-Raketen vertreten) wurde durch die Sicherung der nuklearen Zweitschlagskapazität stabilisiert. Die Möglichkeit, den Raketenbasen einen hohen Grad von Unverwundbarkeit zu geben, brachte die Unterscheidung zwischen Erstschlagsfähigkeit, die den Kernwaffenkrieg auslösen soll, und zwischen der Fähigkeit zum zweiten Schlag, unter der man die Chance versteht, nach einem feindlichen Angriff noch zurückzuschlagen (second strike). Die Problematik der Verwundbarkeit durch einen gegnerischen Nuklearschlag und der daraus resultierenden Furcht vor einem Überraschungsangriff wurde gemildert. Durch die Formulierung einer neuen Strategie der angemessenen Reaktion (flexible response) versuchte die neue Kennedy-Administration, die politische Kontrolle über alle möglichen Formen der Konfrontation mit der Sowjetunion zurückzuerlangen.

Angesichts der prekären Lage, in der sich die Bundesrepublik Deutschland gegenüber der amerikanischen Schutzmacht befand, hat die Bundesregierung verschiedene Lösungen für ihre Verteidigungspolitik zu geben versucht. Alle Versuche, eine von den USA langfristig losgelöste Kernwaffenstreitmacht im NATO-Rahmen zu schaffen (MLF), scheiterten. Als Ausweg bot sich eine stärkere Beteiligung an der Einsatzplanung im Rahmen der Nuklearen Planungsgruppe (NPG) und des 1968 ins Leben gerufenen Defense Planning Committee (DPC) der NATO an, das 1969 „allgemeine Richtlinien für das Konsultationsverfahren beim Einsatz von Nuklearwaffen" und „vorläufige politische Richtlinien für den defensiven taktischen Einsatz von Nuklarwaffen durch die NATO" verabschiedete.

Da sowohl die amerikanischen Truppen in der Bundesrepublik als auch die britischen Truppen und die Bundeswehr mit taktischen Kernwaffen ausgerüstet wurden, war die befürchtete Entkopplung von nuklearer Abschreckung und konventioneller Verteidigung praktisch unmöglich geworden. Gleichzeitig hatte man sich aber doch die Option offengehalten, in einer ersten Phase nur mit konventionellen Waffen zu reagieren.

Anfang der sechziger Jahre konzentrierten sich die Abrüstungsverhandlungen auf drei Themenkomplexe: allgemeine Abrüstung, Verhinderung von Überraschungsangriffen und Einstellung der Kernwaffenversuche. Neue Impulse gaben eine Vereinbarung der USA und der Sowjetunion (McCloy-Sorin-Erklärung von 1961 über vereinbarte Grundsätze für Abrüstungsverhandlungen) und eine Resolution der Generalversammlung der UN.

Zwar kam es im Laufe der Verhandlungen in gewissen Fragen zu beträchtlichen Annäherungen der Standpunkte, doch blieben in wichtigen Streitfragen die grundlegenden Differenzen zwischen den Weltmächten bestehen. Eine dieser Kontroversen bezog sich beispielsweise auf die Frage der Reduzierung der Nuklearstreitkräfte in den einzelnen Phasen bis zur vollständigen Abrüstung. Die Sowjetunion konnte sich nicht auf den von den USA vorgeschlagenen Phasenplan mit der ihm eigenen Progression einlassen, da sie befürchtete, dadurch bereits in der ersten Abrüstungsphase das Potential zur Minimalabschreckung zu verlieren. Die USA wiederum glaubten den sowjetischen Abrüstungsplan nicht annehmen zu können, weil er ihnen aufgrund der Auswahl der in den einzelnen Stufen zu vernichtenden Kernwaffen möglicherweise eine qualitative ,,Raketenlücke'' beschert hätte. Im März 1962 begann die Genfer 18-Mächte-Abrüstungskonferenz (ENDC), die sich aus je fünf Staaten des Westens und des Ostblocks sowie acht Vertretern der blockfreien Staaten zusammensetzte (Frankreich verfolgte jedoch eine ,,Politik des leeren Stuhls'') und die 1969 auf 25 Mitglieder erweitert und in Konferenz des Abrüstungsausschusses (CCD) umbenannt wurde.

Vorläufer dieser Konferenz als einer Art Nebenorgan der ständigen Abrüstungskommission der UN war 1960 eine Genfer 10-Mächte-Konferenz gewesen. Auftrag der 18-Mächte-Konferenz war die umfassende Erörterung der Abrüstungsprobleme mit Vorschlägen auch für Teilmaßnahmen wie der Errichtung atomwaffenfreier Zonen, Verbot der Stationierung von Atomwaffen im Weltraum, Reduzierung von atomaren Waffensystemen und einer Konvention gegen die Weiterverbreitung von Atomwaffen. Auf Initiative der USA befaßte sich 1958 eine Genfer Konferenz von acht Staaten speziell mit der kontrollierten Einstellung von Kernwaffenversuchen, die allerdings technische, nicht politische Fragen zu klären hatte. Die militärstrategische Entwicklung und die bisherige Erfolglosigkeit der Abrüstungsverhandlungen führten zu der Überlegung, wie bei einer Fortdauer der Konfrontation durch eine Politik der kleinen Schritte dennoch Risiken verringert werden könnten. Ein erster Schritt dieser so genannten Rüstungskontrolle (Arms control) war der nach der Kuba-Krise am 20.6.1963 vereinbarte *„Heiße Draht"* zwischen Washington und Moskau, denn die kritischen Tage dieser Krise hatten gezeigt, wie wichtig funktionierende Nachrichtenverbindungen waren, um den Ausbruch eines dritten Weltkrieges aus Versehen oder Fehleinschätzung zu vermeiden.

Seit dieser Zeit ist unter kooperativer Rüstungssteuerung eine politisch-militärische Strategie zu verstehen, mit der Staaten oder Bündnisse trotz aller bestehenden Konflikte dennoch ihre Militärpotentiale, Strategien, Umfang, Strukturen, Dislozierung und sogar taktischen Einsatz im Interesse beiderseitiger Sicherheit aufeinander abstimmen. Die Rüstungskontrollverhandlungen verdeutlichten, wie die USA den Verlust ihrer strategischen Überlegenheit und der politisch dominierenden Bipolarität zu nutzen suchten. Da diese Entwicklung die strategische Bilateralität USA–UdSSR fixierte und die amerikanische Schutzmachtfunktion möglicherweise relativieren konnte, während Konflikte unterhalb des nuklaren Patts in Europa dennoch nicht ausgeschlossen wurden, erschienen Auswirkungen auf die westeuropäische Sicherheitssituation unausweichlich. Die Folge waren westeuropäische Überlegungen, wie durch politische Initiativen (MBFR, KSZE) diese Wandlungen aufgefangen und die Sicherheit konsolidiert werden könnten.

Am 5. August 1963 wurde der Vertrag über die Einstellung der Kernwaffenversuche in der Atmosphäre, im Weltraum und unter Wasser unterzeichnet.[4] Dieser Vertrag sollte sowohl den durch Atomwaffenversuche verursachten radioaktiven Niederschlag beenden als auch der Weiterverbreitung von Kernwaffen begegnen. Er ließ jedoch den Atommächten völlig freie Hand, die Entwicklung der Kernwaffen durch unterirdische Tests voranzutreiben. Zudem blieben China und Frankreich diesem Vertrag fern; auch erlaubt der Vertrag jedem Partner den Rücktritt vom Vertrag „in Ausübung seiner nationalen Souveränität". Führten die Atommächte zwischen 1945 und 1962 insgesamt 477 Atomtests durch (379 in der Atmospähre und 98 unterirdisch),

A- und H-Waffen-Mächte
(jeweils das Datum der ersten erfolgreichen Versuchsexplosion)

	A-Waffen	H-Waffen
USA	seit 16. 7.1945	seit 1.11.1952
UdSSR	seit 29. 8.1949	seit 12. 8.1953
Großbritannien	seit 3.10.1952	seit 15. 5.1957
Frankreich	seit 13. 2.1960	seit 29. 8.1968
VR China	seit 16.10.1964	seit 17. 6.1967
Indien	seit 18. 5.1974	

Zur Zeit verfügen 19 Staaten über Kernkraftwerke und in etwa 50 Ländern gibt es Versuchsreaktoren. Der Betrieb von Kernkraftwerken und die Produktion atomarer Restprodukte geben zunehmend auch politisch wenig gefestigten Staaten Möglichkeiten, offen oder geheim Kernwaffen zu entwickeln. Die Plutoniumserzeugung auf der Erde soll 1977 16 Tonnen betragen haben, sie wird bis 1985 auf ca. 80 Tonnen jährlich ansteigen. Damit können zahlreiche atomare Sprengköpfe hergestellt werden. Die weltweite Verbreitung von Atomwaffen scheint eine schreckliche Realität zu werden. Beim Import von Kernkraftwerken interessiert oft mehr das zu gewinnende Plutonium als der atomar erzeugte Strom.

(Günter Walpuski, Verteidigung + Entspannung = Sicherheit. Verlag Neue Gesellschaft, Bonn ³1980, S. 36)

Bekannte und vermutete Kernwaffen-Detonationen bis 31. Dezember 1979

A = Detonationen in der Atmosphäre; U = Unterirdische Detonationen; G = Gesamtzahl

Staat	16. Juli 1945 bis 4. Aug. 1963			5. Aug. 1963 bis 31. Dez. 1979			Gesamtzahl		
	A	U	G	A	U	G	A	U	G
Verein.Staaten v. Amerika	193	110[a]	303	–	362	362	193	472	665
Sowjetunion	161	3	164	–	262	262	161	265	426
Großbritannien	21	2	23	–	7	7	21	9	30
Frankreich	4	4	8	41	37	78	45	41	86
China	–	–	–	21	4	25	21	4	25
Indien	–	–	–		1	1	0	1	1
Insgesamt	379	119	498	62	673	735	441	792	1233

[a] Einige dieser Detonationen fanden nach dem 5. August 1963 statt.

(Die UNO-Studie, Kernwaffen, München 1982, S. 115)

so kam es zwischen 1963 und 1973 bereits zu 457 Kernwaffenexplosionen.[5] Die Idee, so wie sie im *Teststop-Vertrag* niedergelegt ist, nämlich „so schnell wie möglich ein Abkommen über eine allgemeine und vollständige Abrüstung zu erreichen", ist denn auch in der Folgezeit stillschweigend aufgegeben worden durch die Vorstellung von Teilmaßnahmen und den Begriff der Rüstungskontrolle.

Auch der *Weltraumvertrag* vom Jahre (27.1.) 1967 mit dem Verbot, Massenvernichtungs- und vor allem Kernwaffen in Erdumlauf zu bringen oder auf Himmelskörpern zu installieren, gehört zur Gruppe der Nicht-Rüstungsabkommen dieser Phase. Bereits 1957 hatte Präsident Eisenhower in seiner State of the Union Message die Bereitschaft der USA erklärt, ein Abkommen zur internationalen Kontrolle des Weltraumes abzuschließen. Die Zielrichtung des amerikanischen Vorschlags lag auf der Hand: Die Vereinigten Staaten fühlten sich durch den anfänglichen Vorsprung der Sowjetunion (Sputnik) bedroht. Auf Betreiben der USA gründeten die UN einen vorbereitenden Sonderausschuß zur friedlichen Weltraumnutzung, der 1959 in einen permanenten Ausschuß umgestaltet wurde (UNCOPUOS) und aus 24 Mitgliedstaaten bestand. Im Jahre 1961 wurde die Mitgliederzahl auf 28 erhöht, 1962 die Bildung zweier Unterausschüsse für wissenschaftlich-technische Fragen und für Rechtsfragen beschlossen.

Die Großmächste haben bei der Unterzeichnung des Weltraumvertrages (27.1.1967) allerdings keinen Zweifel daran gelassen, daß sie nur die Satellierung im Weltraum von Kern- und anderen Massenvernichtungswaffen (nukleare MOBS) als verboten betrachteten. Damit sind alle den außeratmosphärischen Raum nur als Teilorbit durchquerenden Systeme rechtlich auch dann nicht erfaßt, wenn sie atomare Gefechtsköpfe tragen (FOBS, ICBM, Cruise missiles). Auch wurde kein wirksames Überwachungs- und Kontrollsystem geschaffen.

Im Jahre (16.1.) 1968 wurde das sog. *Rettungsabkommen* geschlossen, das die Vertragsparteien zur Rettung und Rückführung notgelandeter Raumfahrer und zur Rückerstattung von Weltraumfahrzeugen verpflichtet. Im Jahre (29.3.) 1972 schloß sich die Verabschiedung des 3. universellen Weltraumabkommens (sog. *Weltraumhaftungsabkommen)* an; im gleichen Jahr wurde in den SALT-Vereinbarungen u. a. festgestellt, daß Aufklärungssatelliten zur Überwachung der Einhaltung von Vertragsbestimmungen geschützt sind.

Die Abrüstungsverhandlungen, die teils im ENDC, teils bilateral zwischen den USA und der UdSSR geführt wurden, konzentrierten sich in dieser Phase aber besonders auf das Problem der Weiterverbreitung von Kernwaffen. Sowjetisches Ziel war es, nicht nur eine Weitergabe an Nichtnuklearstaaten (N-Staaten), sondern auch kollektive Regelungen zu verhindern, durch die eine Teilhabe der Bundesrepublik Deutschland an nuklearer Verfügungsgewalt möglich wurde. Dem standen anfangs westliche Pläne zur Bildung einer multilateralen Atomstreitmacht (MLF) entgegen. Dadurch, daß die USA diesen Plan fallen ließen, wurde 1968 schließlich der *Atomwaffensperrvertrag* (Unterzeichnung am 1. Juli 1968, Inkrafttreten am 5. März 1970) möglich, der dazu beigetragen hat, die militärische Umwelt in dem Sinne zu stabilisieren, daß nach 1969 kein nukleares Schwellenland offen eine Atomrüstung betrieben hat.[6]

Die Wirksamkeit des Nichtverbreitungsvertrages wird allerdings durch die Tatsache geschmälert, daß bestimmte Kernwaffenstaaten (China, Frankreich) wie auch eine Reihe von Schwellenmächten (N-Mächte) dem Vertrag bisher nicht beigetreten sind, obwohl sie sowohl Kenntnisse wie Potentiale zum Erwerb und zur Herstellung von Kernwaffen besitzen wie beispielsweise Argentinien, Brasilien, Israel, Südafrika, Indien und Pakistan.

Der Vertrag über das *Verbot der Entwicklung, Herstellung und Lagerung bakteriologischer (biologischer) und Toxin-Waffen sowie ihre Vernichtung* (Unterzeichnung am 9. April 1972, Inkrafttreten am 26. März 1975) ist das einzige Abkommen, in dem eine Abrüstungsmaßnahme wirklich beschlossen wurde. Es wurde möglich, weil in den USA selbst aus innenpolitischen Gründen bereits mit der Beseitigung biologischer Kampfstoffbestände begonnen worden war, ehe das Abkommen auf der diplomatischen Ebene unterzeichnet werden konnte. Die chemischen Waffensysteme wurden jedoch nicht einbezogen, obwohl (oder weil) sie in der Kriegführung (wie in Vietnam) als militärstrategisch relevanter gelten können.

Als relativ leicht erreichbar erschienen Rüstungsbegrenzungen in weniger spannungsgeladenen Räumen, außerhalb des Ost-West-Konflikts, also in den Entwicklungsländern selber. Hier sind von Bedeutung die Resolution 14 afrikanischer Staaten von 1961 für ein *atomwaffenfreies Afrika* (praktisch bedeutete das eine Aktion gegen die französischen Atomwaffenversuche in der Sahara) und der 1967 von 14 lateinamerikanischen Staaten unterzeichnete Vertrag für ein *kernwaffenfreies Lateinamerika*. Schließlich ist der *Vertrag über das Verbot der Anbringung von Kernwaffen und anderen Massenvernichtungswaffen auf dem Meeresboden und im Meeresuntergrund* (Unterzeichnung am 11. Februar 1971, Inkrafttreten am 18. Mai 1972) zu erwähnen, der die feste Stationierung von Massenvernichtungsmitteln außerhalb der eigenen Hoheitsgewässer untersagt.

Der Sperrvertrag gegen die Benutzung des Meeresbodens für die Anlage von festen Abschußstellungen und Lagern für Massenvernichtungswaffen ließ jedoch den Atommächten das Recht, innerhalb ihrer 12-Seemeilen-Küstengewässer unterseeische Raketenbatterien und Nuklearwaffendepots einzurichten. Durch ein neues Waffensystem der USA (Undersea-Long Range Missile System = ULMS) wurde denn auch die Unterwasserrakete Poseidon abgelöst von einem MIRV-System mit größerer Reichweite (6000 km gegenüber 4600 km der Polaris A 3) und etwa dreifacher Wirkung.

Insgesamt war jedoch ein tragfähiges Fundament für Rüstungsbegrenzungsmaßnahmen geschaffen worden, das durch die politischen Entspannungsprozesse (Beginn der Ost- und Deutschlandpolitik der Bundesrepublik) noch verstärkt wurde.

Deswegen sei zusammenfassend noch einmal gesagt, was „Entpannung" – bei all ihren Vorzügen – eben nicht automatisch ist und was von Entspannungspolitik jedenfalls nicht automatisch (die Betonung liegt hier jeweils auf den Wörtern „nicht automatisch") bewirkt wird:

- Entspannung ist nicht mit einer Konvergenz der Systeme gleichzusetzen, und Entspannungspolitik führt diese auch nicht herbei;
- Entspannung ist nicht identisch mit einer für beide Seiten gleichermaßen nützlichen und ungefährlichen Interdependenz, die auch nicht durch einen funktionalistisch verstandenen Automatismus einer Entspannungspolitik hergestellt wird;
- durch Entspannung wird weder die Konkurrenz der Systeme noch die Rivalität der Mächte aufgehoben;
- Entspannungspolitik kann eine Veränderung des Systems der Gegenseite nicht unmittelbar erzwingen und sollte sie daher vernünftigerweise auch nicht anstreben; sie führt aber auch nicht notwendigerweise zur Aufweichung des eigenen Systems;
- in Anbetracht der fortbestehenden Unterschiedlichkeit der Systeme und des Anhaltens der machtpolitischen Rivalität werden auch eventuell vereinbarte politische „Spielregeln" die eigensüchtige Ausnutzung zeitweilig günstiger Konstellationen und hysterische Überreaktionen auf vermeintlich bedrohliche Veränderungen in extremen Situationen nicht zuverlässig ausschließen können;
- auch wenn in einer Haltung der Entspannung hysterische Überreaktionen und Mißverständnisse vermieden oder entschärft werden können und die intersystemare Kommunikation zunimmt, verschwinden Vorurteile nicht automatisch und werden irrationales Handeln und Fehleinschätzungen nicht automatisch zu Abrüstung oder auch nur Rüstungskontrolle, kann diese aber erleichtern; eine eigenständige „militärische Entspannung" als angeblich notwendige Ergänzung zur politischen Entspannung gibt es nicht;
- Entspannung ist nicht gleichbedeutend mit dem Verschwinden von Kriegsgefahr und bietet keine umstößliche Garantie für Sicherheit;
- in einem Zustand der Entspannung können konkrete Konflikte an Bedeutung verlieren und damit leichter lösbar werden; Entspannung bedeutet jedoch nicht schon die Lösung solcher Konflikte an sich;
- Entspannung entsteht nicht aus der Beseitigung der „Spannungsursachen", die auf beiden Seiten jeweils der Gegenseite zugeordnet werden, schon weil Spannungen und Konflikte der menschlichen Natur immanent sind und daher nicht prinzipiell ausgeschlossen werden können;
- Entspannung ist niemals „unumkehrbar", sie wird aus vielfachen objektiven und subjektiven Gründen immer wieder – zumindest vorübergehend – der akuten Spannung weichen.

Josef Füllenbach und Eberhard Schulz: Entspannung am Ende?, München und Wien 1980, S. 359f

Vierte Phase: 1972 — 1977: Gespräche zur paritätischen Abrüstung

Am 26. Mai 1972 wurde das erste SALT-Abkommen unterzeichnet. Am Beginn der Verhandlungen hatte die Einsicht der beiden Großmächte gestanden, daß die Fortsetzung des Rüstungswettlaufs keiner Seite militärischen Nutzen und mehr Sicherheit bringen konnte, sondern daß wegen der enormen Belastungen beider Volkswirtschaften das Risiko wirtschaftlicher und gesellschaftlicher Instabilität ständig vergrößert wurde. Entscheidend war, daß die USA ihre Doktrin aufgaben, in jedem Fall und auf allen Gebieten die eigene militärische Überlegenheit über die Sowjetunion zu bewahren. Das Abkommen über die Begrenzung der Offensiv-Raketen im Rahmen von *SALT I* war aber auch zustandegekommen, weil die USA über das Monopol bei den Mehrfachsprengköpfen verfügten. Eine Einbeziehung der MIRV-Systeme wurde von den USA abgelehnt. Es wurden also diejenigen Komponenten erfaßt, bei denen die USA relativ schwach waren (Zahl der land- und unterseebootgestützten Interkontinentalraketen), während diejenigen Bereiche ausgeklammert wurden, bei denen die USA eindeutig im Vorteil waren (Zahl der Sprengköpfe, Bomber und FBS). Eine Einigung war dennoch relativ einfach, weil sich die USA entschlossen hatten, der Sowjetunion einen Überhang von rund 500 Offensivwaffensystemen zuzugestehen, den sie mit ihrer neu entwickelten Waffentechnik MIRV (mehrere Sprengköpfe mit einer einzigen Rakete) auszugleichen gedachten. Wie wenig SALT I die Rüstung begrenzte, läßt sich allein schon aus dem Anstieg der Verteidigungshaushalte in Ost und West ablesen: Der Verteidigungsetat der Sowjetunion schnellte von 84,4 Milliarden Dollar im Jahre 1972 auf 133 Milliarden im Jahre 1977 empor; der Verteidigungsetat der USA erhöhte sich in derselben Zeit von 77,6 auf 104 Milliarden Dollar.

Sicherheitspolitisch blieb beiden Seiten die Fähigkeit erhalten, den „ersten Schlag" gegen das eigene Land mit einem „zweiten Schlag" auf das Land des Angreifers zu beantworten. Das nukleare Patt war damit vertraglich abgesichert.

Am 26. Mai 1972 schlossen die USA und die Sowjetunion einen Vertrag zur Beschränkung von ABM-Systemen, der im 1972 unterzeichneten Zusatzprotokoll für jede Seite nur noch einen ABM-Komplex zuläßt. Ein solches ABM-System besteht aus ABM-Abfangraketen, -Launchern und -Radargeräten. Nach den Vertragsbestimmungen soll ein solcher ABM-Komplex höchstens 100 ABM-Launcher mit je einer ABM-Abfangrakete und neben höchstens 6 Radargeräten noch 18 kleinere Radars besitzen. Er darf nur innerhalb eines Kreises mit 150 km Radius liegen. Durch diesen Vertrag soll verhindert werden, daß eine Erstschlagsfähigkeit der jeweiligen anderen Seite durch ABM-Systeme geschaffen wird.

Fünf Jahre nach dem „Signal von Reykjavik" am 25.6.1968 begannen auch Verhandlungen über eine Truppenreduktion in Mitteleuropa *(MBFR)*.

Diese Wiener MBFR-Verhandlungen von 19 Ländern wurden am 30.10.1973 offenbar deshalb begonnen, weil durch den Zwang zur Parität der Truppenstärken die NATO-Kontingente, vor allem die amerikanischen, nicht reduziert werden durften. Die jahrzehntelange Diskussion über einen Rückzug von Truppen der USA aus Europa (Mansfield-Resolution) war jedenfalls mit dem Beginn der MBFR-Gespräche schlagartig beendet. Angesichts des Ungleichgewichts in Mitteleuropa zu Lasten der NATO ging es dem Westen von vornherein um eine ausgewogene Verringerung, die bei den Landstreitkräften eine ungefähre Parität erzielen sollte, wobei er seine Forderung auf die Personalstärken bezog.

MBFR-Raum für Reduzierungen

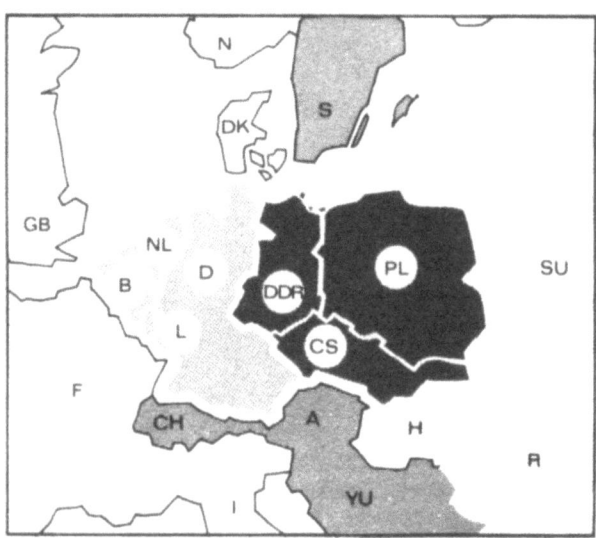

Quelle: Weißbuch 1975/76, S. 78

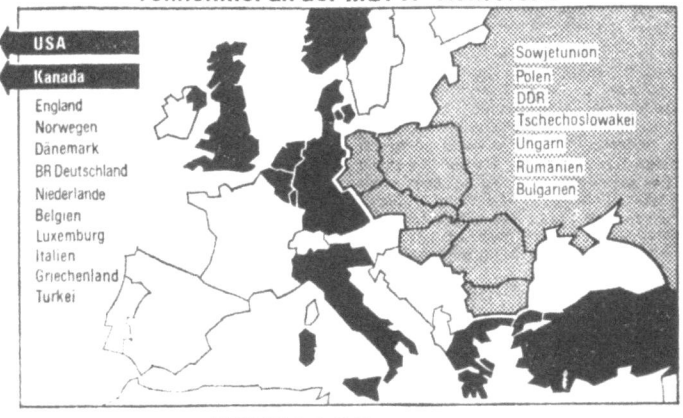

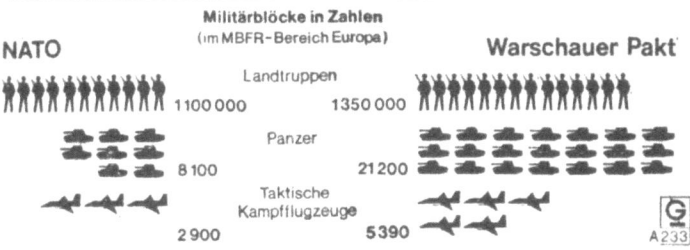

Allerdings ist die Überlegenheit des Ostens aufgrund verschiedener Faktoren (z. B. größere Nachschubprobleme im Westen) bei den Personalstärken am geringsten. In dem für wechselseitige Truppenverringerungen vorgesehenen Gebiet (ohne Ungarn) betrug die Relation zu Beginn der MBFR-Verhandlungen 1973 nach westlicher Einschätzung 925 000 zu 777 000 Mann. Seit 1976 beziffert die NATO das Verhältnis auf 962 000 zu 791 000 Soldaten.

Zusätzlich drang der Westen darauf, daß die UdSSR einseitig die Panzerausstattung einer gesamten Armee (zunächst 1 400 – 1 500 später ca. 17 000 Kampfpanzer) abziehen sollte. Seit Dezember 1974 bot die NATO dafür einen einseitigen Verzicht auf 1 000 taktischnuklare Sprengköpfe mit zugehörigen Systemen an. Die UdSSR wandte sich mit ihren Verbündeten gegen die westliche Formel der „Ausgewogenheit". Ihre Vorschläge liefen auf eine gleichmäßige Verringerung beider Seiten hinaus. Es sollte das „historisch entstandene" bestehende Kräfteverhältnis beibehalten und lediglich auf eine niedrigere zahlenmäßige Ebene gesenkt werden. Deshalb schlug der Osten zum Auftakt der Gespräche vor, die Streitkräfte auf beiden Seiten schrittweise um je 17 % zu verringern. Erst ab Sommer 1977 begannen die Vertreter des Warschauer Paktes bei den MBFR-Verhandlungen das Paritätsargument gelten zu lassen. Sie betonten jedoch, in Mitteleuropa bestehe bereits annähernde Parität.

Im Jahre 1974 wurde auch der Teststop-Vertrag durch den amerikanisch-sowjetischen Vertrag über die Begrenzung unterirdischer Kernwaffenversuche erweitert. Dieser Vertrag *(„Schwellenvertrag")* verpflichtet die beiden Vertragspartner, „ab 31. März 1976 unterirdische Kernwaffenversuche mit einer Sprengkraft von mehr als 150 KT an jedem ihrer Hoheitsgewalt oder Kontrolle unterstehenden Ort zu verbieten, zu verhindern und zu unterlassen". Allerdings hatten 1963 bis 1973 nur 7 % der amerikanischen und 10 % der sowjetischen Atomtests eine größere Sprengkraft als 150 KT, sodaß hier eine Einigung leicht fiel. Als einziges Beispiel einer regionalen Initiative zur Rüstungskontrolle in der Dritten Welt in dieser Phase ist die *Erklärung von Aracucho* vom Dezember 1974 zu nennen. Darin bekundeten die Staatsoberhäupter von 8 lateinamerikanischen Staaten ihre Absicht, Bedingungen zu schaffen, welche effektive Rüstungsbegrenzung in Lateinamerika im Interesse der ökonomischen und sozialen Entwicklung erlauben würden und den Verzicht auf den Erwerb von Waffensystemen für offensive Zwecke. Doch hat sich am Wachstum der Rüstungshaushalte dieser acht Staaten nach ihrer gemeinsamen Erklärung überhaupt nichts geändert.

Auch in dieser Phase zeigte sich, daß der Ehrgeiz, die Lücke zwischen dem erreichten Stand der Waffentechnik und dem, was technologisch möglich ist zu schließen, eine der wichtigsten Triebkräfte des Rüstungswettlaufs geworden ist. Angesichts der Tatsache, daß Satelliten durch vertragliche Regelungen kaum vor einer Beeinträchtigung durch einen Gegner geschützt waren, entsprechende Regelungen sich auch nicht abzeichneten, entwickelte sich die Satellitenabwehr zu einem neuen Feld des Wettrüstens. Allein von 1975 bis 1979 setzte die Sowjetunion 451 und die USA 90 militärische Satelliten ein. 1980 wurden 103 Militärsatelliten gestartet (14 von den USA, 89 von der UdSSR). Damit wuchs die Zahl aller seit 1957 gestarteten Militärsatelliten auf 1801.

Zugleich gingen die Bemühungen um Rüstungskontrolle weiter. Dazu gehörten nicht nur Rüstungsbegrenzungen und Rüstungsvermin-

Phase I	1945-47 Vorbereitendes Geplänkel	
	1 Internationale Stellung	USA im Vorteil
	2 Militärmacht	wahrscheinlich sowjetischer Vorteil
	3 Wirtschaftsmacht	überwältigender Vorteil der USA
	4 Innerpolitische Basis	beiderseits ungewiß
Phase II	1948-52 Initiative der Sowjetunion	
	1 Internationale Stellung	USA im Vorteil
	2 Militärmacht	marginaler Sowjetvorteil?
	3 Wirtschaftsmacht	USA entscheidend im Vorteil
	4 Innerpolitische Basis	USA im Vorteil
Phase III	1953-57 Initiative der Vereinigten Staaten	
	1 Internationale Stellung	USA im Vorteil
	2 Militärmacht	USA im Vorteil
	3 Wirtschaftsmacht	USA im Vorteil
	4 Innerpolitische Basis	USA im Vorteil
Phase IV	1958-63 Initiative der Sowjetunion	
	1 Internationale Stellung	nachlassender USA-Vorteil
	2 Militärmacht	ungewisser USA-Vorteil
	3 Wirtschaftsmacht	USA im Vorteil
	4 Innerpolitische Basis	wahrscheinlich USA im Vorteil
Phase V	1963-68 Initiative der Vereinigten Staaten	
	1 Internationale Stellung	marginaler USA-Vorteil
	2 Militärmacht	klarer USA-Vorteil
	3 Wirtschaftsmacht	USA im Vorteil
	4 Innerpolitische Basis	nachlassender USA-Vorteil
Phase VI	1969 Initiative der Sowjetunion	
	1 Internationale Stellung	etwa gleich
	2 Militärmacht	marginaler USA-Vorteil
	3 Wirtschaftsmacht	USA im Vorteil
	4 Innerpolitische Basis	sowjetischer Vorteil

Starts militärischer Satelliten 1975 – 1979 durch USA und UdSSR

	USA					UdSSR				
	1975	1976	1977	1978	1979	1975	1976	1977	1978	1979
Fernmeldeverbindungen	6	11	4	6	3	37	29	16	42	27
Photoaufklärung	4	4	3	2	2	34	34	33	35	35
Elektronische Aufklärung	–	1	–	1	1	7	9	5	2	1
Ozeanüberwachung	1	4	4	1	–	6	2	3	–	1
Frühwarnung	2	1	1	2	2	2	1	3	2	2
Wetteraufklärung	4	3	2	4	2	6	5	6	–	8
Geodäsie	1	1	–	–	–	2	1	1	1	–
Navigation	1	1	1	4	–	4	8	8	8	6
Zieldarstellung	–	–	–	–	–	–	3	3	–	2
Inspektions-/Jagdsatellit	–	–	–	–	–	–	4	4	1	–

Quelle: SIPRI Yearbooks 1976 - 1980

derungen, die ein Gleichgewicht auf einem niedrigeren Rüstungsniveau erzeugen sollen (SALT, MBFR), sondern auch vertrauensbildende Maßnahmen, wie sie von der Konferenz für Sicherheit und Zusammenarbeit in Europa (KSZE) vorgeschlagen wurden. So haben sich die 35 Unterzeichner-Staaten der KSZE-Schlußakte von 1975 beispielsweise geeinigt, größere Manöver frühzeitig anzukündigen und Manöverbeobachter auszutauschen, um Überraschungsangriffe zu erschweren.

Fünfte Phase: Seit 1978: Neuer Rüstungswettlauf

Seit Ende der siebziger Jahre wurde die Schadenswirkung der nuklearen Massenvernichtungsmittel (bezogen auf die einzelnen Sprengköpfe) zwar ständig vermindert. Gleichzeitig wuchs jedoch die Zerstörungswirkung konventioneller Waffensysteme, die ihre zerstörerische Wirkung auch flächendeckend entfalten können. Dieser Trend zu kleineren, zahlreicheren, zielgenaueren, beweglicheren und deshalb zugleich weniger verwundbaren Waffensystemen bewirkt neben Schadensbegrenzung zielsichere Schläge und läßt die Grenzen zwischen globalstrategischen, regionalstrategischen (eurostrategischen) und konventionellen Streitkräfte-Kategorien verwischen.

Die neuen Raketen in Ost und West

Typ	Standort	Anzahl	Sprengköpfe	Start von:	Überschallgeschw.	Unterschallgeschw.	Reichweite km
SS-20	UdSSR	mehr als 220	3		•		4500-5000
Pershing II	geplant Westeuropa ab 1983	geplant 108	1		•		1800
Cruise Missile		geplant 464	1			•	2500-3000

Nachdem sich Ende der siebziger Jahre der Vorsprung der USA im Bereich nuklearer Offensivwaffen verringert hatte, versuchten die Vereinigten Staaten neue überlegen Waffensysteme aufzubauen (MX, Cruise Missiles). Da eine neue Verhandlungsrunde im Rahmen von SALT II der Sowjetunion nicht mehr bei der Verringerung des Rückstandes gegenüber den USA helfen konnten, verlor dieser Aspekt für

Die atomare Abschreckung hat bisher funktioniert. Das Risiko eines Atomkriegs hat den „großen Krieg" zwischen Ost und West verhindert. Aber der Versuch der beiden Supermächte, durch Verbesserung und Vergrößerung des Atomarsenals ihre Position zu stärken hat nur zu kostspieligerer Rüstung geführt, nicht zu mehr Sicherheit. Ein Beispiel dafür ist die Vermehrung der strategischen Atomsprengköpfe im letzten Jahrzehnt. 1971—1975 produzierten die USA jährlich 1 000 neue Gefechtsköpfe, 1976—1981 zogen die Sowjets nach.

Diesem Wettrüsten sollen die Verhandlungen zwischen den Supermächten, die am 29. Juni 1982 in Genf begonnen haben, ein Ende setzen: Strategic Arms Reduction Talks (START). Ihr Ziel ist nicht nur ein Stopp der strategischen Atomrüstung, sondern die Herstellung eines Gleichgewichts auf niedrigerem Niveau. Nach amerikanischen Vorstellungen sollte die Zahl der Gefechtsköpfe auf je 5 000, die der Raketen auf je 850 reduziert werden. Dabei sollte nicht mehr als die Hälfte der Gefechtsköpfe für die landgestützten Interkontinentalraketen bestimmt sein. Von einem Abbau dieser Waffen wären, wie aus unserer Darstellung hervorgeht, die Sowjets stärker betroffen als die NATO. *Globus* die UdSSR an Interesse. In ihren SALT-Abmachungen haben sich die beiden Supermächte demzufolge nur auf einen Gleichstand der interkontinental-strategischen Waffen (Reichweite über 5500 km) geeinigt. SALT II (am 18.6.1979 unterzeichnet) bezieht sich nur auf die Langstrecken-Systeme der beiden Großmächte, mit denen jede Seite das gesamte Territorium der anderen treffen kann. Sowjetische Systeme wie die SS-20, die ganz Europa treffen können, unterliegen dagegen keinerlei Beschränkungen.

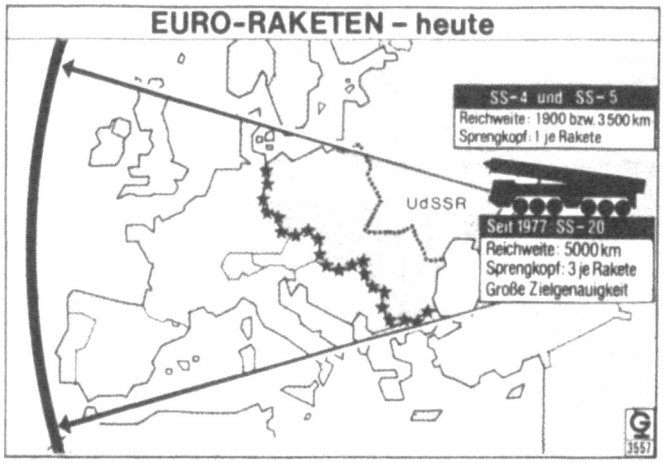

Von der Sowjetunion akzeptiert wurde dagegen ein amerikanischer Vorschlag zur Senkung der strategischen Waffensysteme auf 2250 zum 1. Januar 1981.

Im Verlauf der SALT-II-Verhandlungen

- erreichte die UdSSR, daß die dem NATO-Oberkommandierenden zugeordneten „Poseidon"-Kernwaffenträger (die sowohl global-strategische als kontinental-(euro-)strategische Funktionen erfüllen können) der global-strategischen Balance zugeordnet wurden und damit unter die SALT-Begrenzung fallen,
- blieb der schwere sowjetische Nuklearbomber „Backfire", der global-strategische Missionen ausführen kann, entgegen amerikanischen Forderungen außerhalb der SALT-Beschränkung,

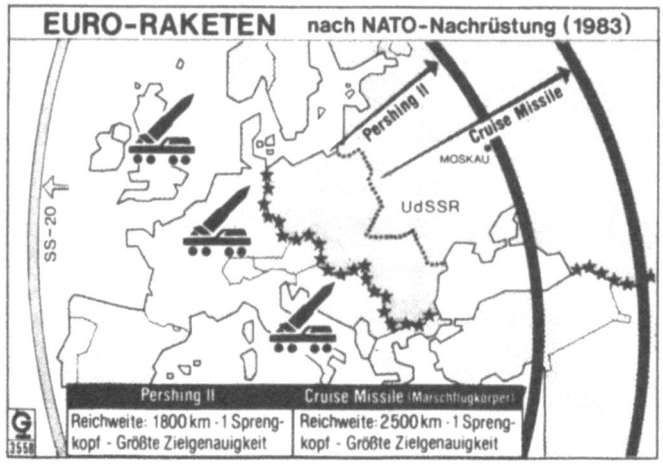

- verpflichteten sich beide Seiten, keine zusätzlichen strategischen Kapazitäten außerhalb des SALT-Geltungsbereichs aufzubauen, mit denen eine Seite die andere bedrohen könnte,
- war die Verringerung des amerikanischen Vorsprungs im Bereich der Marschflugkörper (Cruise Missiles) ein wichtiges Ziel der UdSSR, weshalb im Protokoll des SALT-II-Vertragswerks die see- und landgestützten Cruise Missiles bis 1981 auf 600 km Reichweite begrenzt wurden.

Politisch zeigte sich an der Wende 1979/1980 eine gefährliche Verhärtung der Ost-West-Beziehungen (Einmarsch sowjetischer Truppen in Afghanistan, Polen-Krise, Regierungswechsel in den USA). Kennzeichnend hierfür auf militärstrategischem Gebiet ist die damals erneut von den USA in die Diskussion gebrachte Neutronen-Waffe. Sie wäre *die* typische Nuklearwaffe, da sie überwiegend Kern- oder Primärstrahlung abgibt. Die Neutronenwaffe (ERW = Enhanced Radiation Weapon) von 1 KT hat die gleiche Wirkung gegen Menschen wie eine 10 KT-Fissionswaffe, die daneben aber erhebliche Kollateralschäden hervorruft, also über die militärisch erforderliche Zielsetzung hinausgehende Nebenwirkungen mit sich bringt. Eine Nuklearwaffe von gleichem KT-Wert wie eine Neutronenwaffe übt je nach Detonationshöhe nur eine halb so große bzw. gar keine Wirkung auf Personen aus, bewirkt jedoch größere Materialschäden als die Neu-

Inhalt des SALT II-Abkommens

(ab 1.1.1982 vorgesehene Begrenzungen)

Schwere Bomber

U-Boot-gestützte ballistische Raketen

Landgestützte Interkontinental-Raketen

Marschflugkörper

Ausrüstung mit Mehrfachsprengköpfen

Luft-Boden-Raketen

Gesamt-Höchstgrenze
für interkontinental-strategische nukleare Trägerwaffen aller Typen: 2250

2250

Untergrenze 1
Keine Seite darf mehr als eine kombinierte Gesamtzahl von 1320 folgender Waffenarten haben:
1) Bodengestützte Interkontinental-Raketen mit Mehrfachsprengköpfen
2) U-Boot-gestützte Raketen mit Mehrfachsprengköpfen
3) Schwere Bomber mit Marschflugkörpern großer Reichweite
4) Luft-Boden-Raketen mit Mehrfachsprengköpfen

1320

Untergrenze 2
Keine Seite darf mehr als eine kombinierte Gesamtzahl von 1200 folgender Waffenarten haben:
1) Bodengestützte Interkontinental-Raketen mit Mehrfachsprengköpfen
2) U-Boot-gestützte Raketen mit Mehrfachsprengköpfen
3) Luft-Boden-Raketen mit Mehrfachsprengköpfen

1200

Untergrenze 3
Keine Seite darf mehr als 820 landgestützte Interkontinental-Raketen mit Mehrfachsprengköpfen haben.

820

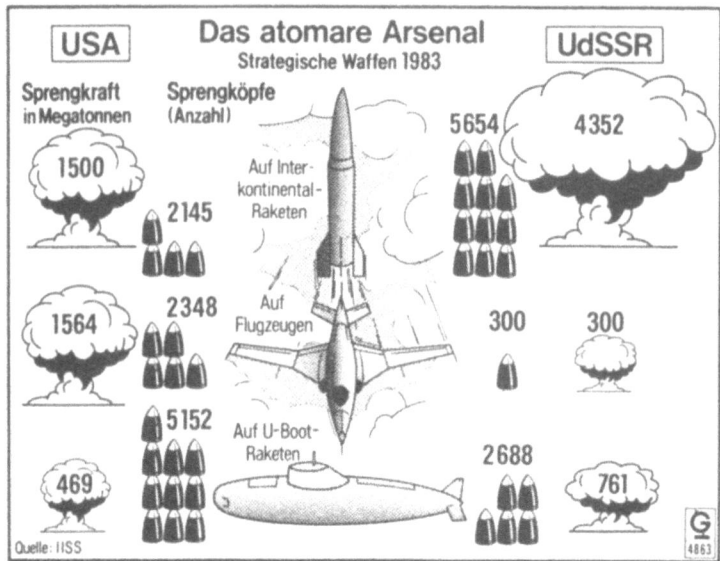

tronenwaffe. Zum Beispiel soll die RRR (Reduced Residual Radiation Bomb) beim Aufschlag oder nach Eindringen in den Boden große Krater schaffen, Bunker zerstören bzw. eine Sperrwirkung erzielen. Demgegenüber durchdringt die bei einer Kernspaltung freigesetzte Strahlung einer Neutronenwaffe fast alle Materialien und verändert beim Auftreffen auf organisches Leben dessen Struktur und Funktionsweise, wobei die Gesundheitsschädigung bzw. der Tod von der aufgenommenen Dosis abhängt. Um jemanden innerhalb von 5 Minuten kampfunfähig zu machen, muß er 3000 bis 4000 Roentgen equivalent man aufnehmen. Bei einer 1-KT-Neutronenwaffe wird diese Dosis innerhalb eines Kreises von etwa einem km-Radius abgegeben.

Während die Befürworter der Neutronenwaffe auf das erreichbare Gegengewicht gegen die Überlegenheit des Ostens mit konventionellen Waffen in Europa und die geringe Eigengefährdung beim Einsatz dieser Waffe hinwiesen, befürchteten die Gegner dieser Waffe insbesondere eine Senkung der Nuklearschwelle, einen neuen Rüstungswettlauf und langfristig eine Tendenz, die regionale militärische Auseinandersetzungen unter Einschluß von Nuklearwaffen in Europa als möglich erscheinen läßt. Am 7. April 1978 verfügte Präsident Carter die vorläufige Einstellung des Baues der Neutronenwaffe.

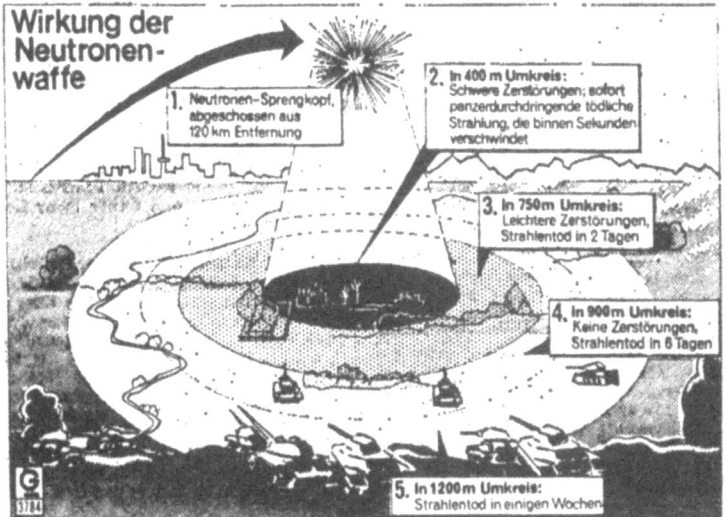

Vor allem um das Thema „Neutronenwaffe" geht es bei den Meinungsverschiedenheiten zwischen Mitgliedern der Redaktion ARD-aktuell und Chefredakteur Edmund Gruber. Das obige Schaubild verdeutlicht die Wirkungsweise dieser Waffe. In einem Interview mit dem dänischen Fernsehen sagte Bundeskanzler Helmut Schmidt, er wisse nicht, wie auf die Dauer das Gleichgewicht gegenüber der enormen sowjetischen Rüstung durch die USA hergestellt werden solle. Man könne nicht auf der einen Seite den Schutz Amerikas für selbstverständlich halten, zu allen konkreten Schritten der USA, die einem nicht passen, aber immer nur nein sagen.

Gleichzeitig bekräftigte der Kanzler jedoch, daß er gegenwärtig die Stationierung der Neutronenwaffe in Europa und in der Bundesrepublik ablehne. Und ich sehe auch nicht, daß wir morgen ja sagen, fügte er hinzu. Er äußerte seine Sorge über die Rüstung der UdSSR im Mittelstreckenbereich und betonte das Interesse der Bundesregierung, in Europa ein Gleichgewicht auf niedrigem Niveau der Rüstung herzustellen. Als beste Möglichkeit bezeichnete es der Kanzler, wenn die Sowjets ihre Raketen wieder abwracken. Dies wäre das Ideale. In seinem politischen Leben habe er jedoch gelernt, daß die Ideale nicht alle immer restlos verwirklicht werden. Er werde jedoch seine ganze Kraft einsetzen, um dazu beizutragen, ein großes Stück von diesem Ideal verwirklicht zu sehen.

Die größte und repräsentativste Zusammenkunft, die es jemals zum Thema Abrüstung gegeben hat, fand im Sommer 1978 in New York statt; die Sonder-Generalversammlung der Vereinten Nationen. Sie fand 1982 zum zweitenmal statt und befaßte sich ausschließlich mit Rüstungskontroll- und Abrüstungsfragen.

Die Abrüstungskommission (UNDC) wurde für Zeiten außerhalb der Sitzungsperioden geschaffen und gilt als Forum zur Erörterung von Abrüstungsvorschlägen. Die Teilnehmerzahl des Genfer Abrüstungsausschusses (CD) wurde zugunsten der Dritten Welt auf bis zu 40 Staaten erweitert. Das System der Kopräsidentschaft von Sowjetunion und USA wurde abgelöst; seitdem übernehmen alle Teilnehmerstaaten in monatlichem Wechsel die Präsidentschaft. Seit 1979 hat auch Frankreich an den Beratungen teilgenommen; die Volksrepublik China ist seit 1980 offiziell vertreten. Die Genfer Abrüstungskonferenz ist zwar auch jetzt formal kein UN-Organ, doch ist sie faktisch mit der UN eng verknüpft. Zwar konnte die CD seit dem Abschluß des Umweltkriegs-Verbotsabkommens im Jahre 1977 kein konkretes Verhandlungsergebnis mehr erzielen, doch stehen seit 1979 Verhandlungen über nukleare Abrüstung sowie chemische und andere Massenvernichtungswaffen im Vordergrund. Die Arbeit der 1982 eingesetzten Arbeitsgruppe „Teststopp" konzentrierte sich auf die wichtige Verifikationsproblematik. Die zum Thema radiologische Waffen im Jahre 1980 eingesetzte Arbeitsgruppe wurde am 17. April 1984 in einen Ad-hoc-Ausschuß für radiologische Waffen umbenannt, wobei das im sowjetischen Vertragsentwurf vorgesehene Verbot einer Stationierung von Waffen im Weltraum sich vor allem gegen das von Präsident Reagan 1983 initiierte „Strategische Verteidigungssystem" der USA (Strategic Defense Initiative = SDI) richtete. Die Bundesrepublik Deutschland setzt sich hier dafür ein, eine spezielle Arbeitsgruppe für Rüstungskontrolle im Weltraum zu schaffen. Schließlich hat der Westen im Rahmen der MBFR-Verhandlungen Ende 1979 eine Reihe von „Begleitenden Maßnahmen" vorgelegt, welche die Stabilität und Sicherheit in Europa zusätzlich festigen sollen. Es geht vor allem um die sogenannte „Verifikation", um Maßnahmen also, die jeder Seite die Überprüfung der vereinbarten Verringerungen erlauben. Militärische Übungen und Bewegungen sollen angekündigt und Beobachter der jeweils anderen Seite eingeladen werden.

Im Oktober 1977 hatte der damalige deutsche Bundeskanzler Schmidt in London erklärt: „Durch SALT neutralisieren sich die strategischen Nuklearpotentiale der USA und der Sowjetunion. Damit wächst in Europa die Bedeutung der Disparitäten auf nukleartaktischem und konventionellem Gebiet zwischen Ost und West". Die noch unter Präsident Carter im Herbst 1980 erfolgten amerikanisch-sowjetischen Konsultationen über die Mittelstreckenraketen (INF = Intermediate Range Nuclear Forces) führten fast zwei Jahre nach dem NATO-Doppelbeschluß vom 12. Dezember 1979 (siehe Kapitel 4.1.) zu den Verhandlungen in Genf (Beginn: 30. November 1981). Die Gründe für diese zeitliche Verzögerung liegen in der anfänglichen sowjetischen Weigerung, sich überhaupt auf Verhandlungen einzulassen, und in dem Regierungswechsel in den USA, denn die Reagan-Administration hatte in ihren ersten Haushaltsvorlagen im März 1981 Steigerungsraten des Verteidigungshaushalts von über 10 % beantragt und den SALT-II-Vertrag als „fatally flawed" zurückgewiesen.

Der Eröffnungsvorschlag der USA beruhte auf einer Null-Lösung, d. h. der Konzentration auf landgestützte Mittelstreckenraketen, der globalen Anwendung (Einbeziehung der SS-20 östlich des Urals), Abkehr von der nach Abschußvorrichtungen zu vereinbarenden Obergrenze und Hinwendung zu den „Gefechtsköpfen". Zudem sollte der UdSSR kein Ausgleich für die gegen sie gerichteten britischen, französischen und chinesischen Nuklearwaffen zugestanden werden und die sowjetischen Kurzstreckenraketen (SS-21, SS-22 und SS-23 mit Reichweiten zwischen 120 und ca. 900 km) ebenfalls beschränkt werden.

Die Sowjetunion antwortete mit einem Vorschlag, der nicht nur die landgestützten Mittelstreckenflugkörper, sondern auch alle übrigen INF (auch die nuklearen Gefechtsfeldwaffen) einbeziehen wollte, sich auf „Objekte in Europa" beschränkte, die Arsenale Frankreichs und Großbritanniens als „gegen die UdSSR gerichtete" Systeme miteinbezog und auf den Zusammenhang von strategischen und INF-Verhandlungen Wert legte, weil die amerikanischen INF-Systeme auch eine strategische Qualität hätten, da sie sowjetisches Territorium erreichen.

Der im Juli 1982 offenbar auf eigene Faust der beiden Chefunterhändler in Genf versuchte Ausweg auf einem Waldspaziergang enthielt als Kompromiß auf amerikanischer Seite die Verringerung einer Nachrüstung von 572 auf 75 Systeme, den Verzicht auf die Pershing-II-Raketen, das Fallenlassen des globalen Geltungsbereichs und den Verzicht auf umfassendes Vorgehen durch Einbeziehung von Flugzeugen. Auf sowjetischer Seite enthielt der Kompromiß die drastische Reduzierung ihres INF-Potentials trotz Nachrüstung der NATO, keine Einbeziehung der britischen und französischen Systeme und die Festlegung ungleicher regionaler Untergruppen für Europa. Dieser Kompromiß ist sowohl in den USA wie in der Sowjetunion verworfen worden.

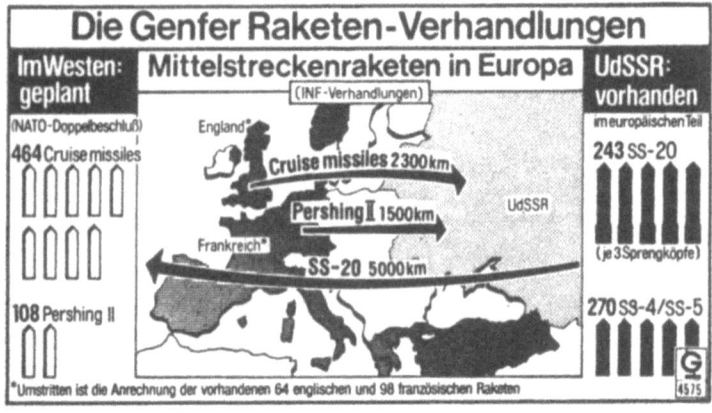

Seit dem 29. Juni 1982 liefen die sog. START-Gespräche (START = Strategic Arms Reduction Talks), eröffnet durch Vorschläge der Reagan-Administration, die Zahl der Sprengköpfe auf strategischen Raketen um etwa ein Drittel während einer 10-Jahres-Periode bis zu einer Höchstgrenze von 5000 zu reduzieren, die Zahl strategischer Abschußvorrichtungen auf insgesamt nicht mehr als 850 zu verringern sowie eine Höchstgrenze für Sprengköpfe auf landgestützten strategischen Raketen von 25000 einzuführen. Dieser Plan verfolgte nicht nur eine erhebliche Umstrukturierung der sowjetischen Streitkräfte, sondern hätte den USA zugleich weiterhin die Durchführung ihres Modernisierungsprogramms erlaubt, denn er schloß z. B. Cruise Missiles und strategische Bomber aus und gab den USA die Möglichkeit zur Stationierung zusätzlicher landgestützter Raketen wie MX.

Die Sowjetunion antwortete mit einem Vorschlag zur Einführung einer Höchstgrenze von 1 800 strategischen Trägersystemen (Bomber, ICBM und SLBM) bei gleichzeitigem Einfrieren der Produktion neuer strategischer Waffen. Der sowjetische Vorsprung in der Nutzlast wäre also erhalten geblieben.

Am 26. Oktober 1983 erklärte die Sowjetunion ihre Bereitschaft, beim Inkrafttreten eines sich auf Europa beziehenden Abkommens über Mittelstreckenraketen und unter der Voraussetzung, daß in Asien keine Änderung der strategischen Lage eintreten würde, ihre im östlichen Teil der UdSSR stationierten SS-20 einseitig einzufrieren.

Am 24. November 1983 erklärte Generalsekretär Andropow, die Sowjetunion halte nach dem Stationierungsbeginn amerikanischer Mittelstreckenflugkörper in der Bundesrepublik Deutschland ihre weitere Teilnahme an den INF-Verhandlungen für unmöglich. Nach Abschluß der 5. Verhandlungsrunde hat die UdSSR am 8. Dezember 1983 auch die START-Verhandlungen unterbrochen.

Als neues Forum für den Sicherheitsdialog in Europa wurde am 27. Januar 1984 in Stockholm die KVAE durch die Außenminister der 35 Teilnehmerstaaten eröffnet. Im Rahmen der KSZE ist diesem neuen Forum die Aufgabe gestellt, die Vertrauensbildung in ganz Europa durch die Aushandlung konkreter Maßnahmen im militärischen Bereich zu fördern. Die Einberufung der KVAE erfolgte auf der Grundlage des Konferenzmandats, das als Teil des Abschlußdokuments des Madrider KSZE-Folgetreffens am 6. September 1983 vereinbart wurde. Ein Vorbereitungstreffen in Helsinki hatte vom 25. Oktober bis 11. November 1983 die Tagesordnung, den Zeitplan und prozedurale Regelungen festgelegt.

Das nächste Folgetreffen der KSZE, das ab 4. November 1986 in Wien zusammentritt, wird die bis dahin erzielten Fortschritte der KVAE beurteilen.

Im April 1984 wurde von der amerikanischen Regierung die SDI-Organisation eingerichtet, um die Forschungsarbeiten der Strategischen Verteidigungsinitiative (Strategic Defense Initiative = SDI) zu koordinieren, die der amerikanische Präsident Reagan bereits am 23. März 1983 angekündigt hatte, um ballistische Raketen zuverlässig abzu-

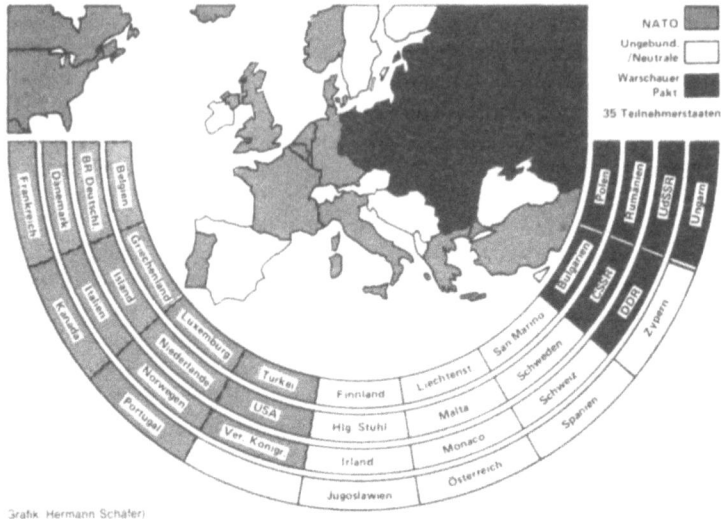

wehren. Dafür hat die amerikanische Regierung 26 Mrd. $ eingeplant, wozu noch etwa 100 Mrd. $ für Forschungen der Industrie und Universitäten kommen dürften. Mit dem Aufbau eines solchen Defensivsystems könnte die jeweilige Gegenseite mit der Drohung eines Einsatzes der Offensivwaffen erpreßt werden, da eine Vergeltung nicht mehr zu fürchten wäre. Da jedoch Raketen kürzerer Reichweite nicht abgewehrt werden können und die konventionelle Überlegenheit der Sowjetunion bestehen bleibt, wächst die Gefahr, daß die Sowjetunion bei zunehmender Neutralisierung der global- und regionalstrategischen Nuklearwaffen unter ihrem eigenen strategischen Schutzschirm das konventionelle Übergewicht ausspielen und regional begrenzte Aktionen in Europa riskieren könnte, zumal die Androhung der NATO mit einem politisch kontrollierten selektiven Ersteinsatz nuklearer Waffen ihren Abschreckungswert verlieren würde, sollte die UdSSR ebenfalls einen ähnlichen strategischen Abwehrschirm aufbauen.

Der historische Überblick zeigt also:
Abrüstungsverhandlungen können nur unter der Bedingung erfolgreich sein, daß ihre Vereinbarungen zuverlässig ein größeres Maß an

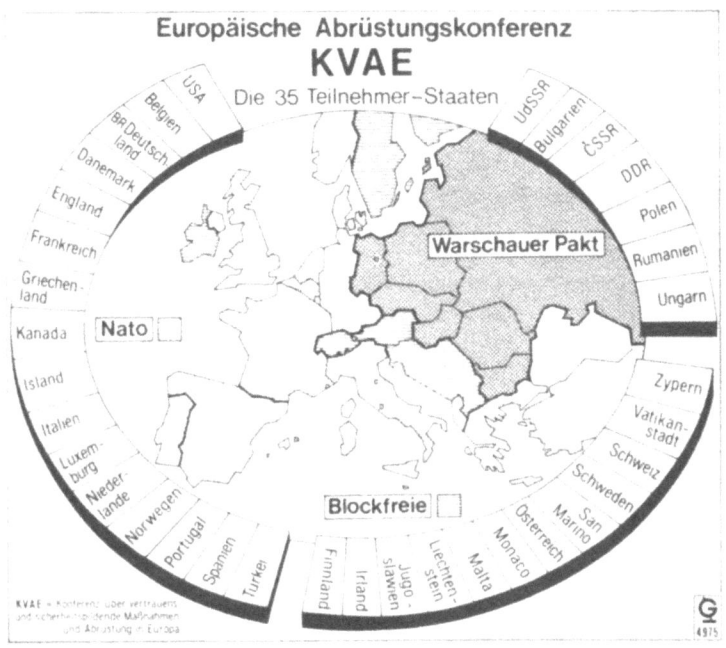

Sicherheit schaffen, als es durch Rüstungen, Bündnisse und Abschreckungsstrategien erreicht werden könnte.

Die Vorschläge einer allgemeinen und vollständigen Abrüstung, wie sie Ende der fünfziger und Anfang der sechziger Jahre bei den Vereinten Nationen diskutiert wurden, gelten heute als nicht realisierbar. Die gegenwärtigen Verhandlungen konzentrieren sich im Rahmen einer Politik der kleinen Schritte auf Rüstungskontrollmaßnahmen („kooperative Rüstungssteuerung").

4. Problemkreise

4.1. Rüstung und Nachrüstung im Mittelstreckenbereich

Ausgangslage: Anhand grafischer Darstellungen und Karten kann ermittelt werden, daß das Territorium der USA nur von den strategischen Waffen der UdSSR erreicht werden kann. Dagegen liegt die Sowjetunion im Wirkungsbereich nicht nur der amerikanischen strategischen Waffen, sondern auch von in Westeuropa und im Mittelmeer stationierten Mittelstreckensystemen der USA.

Daraus ergibt sich: Während in Westeuropa nur rund 15 % der präsenten amerikanischen Truppen den sowjetischen nichtstrategischen Atomwaffen ausgesetzt sind, können in Osteuropa rund 60 % des sowjetischen Militärpotentials mit Hilfe der taktischen Atomwaffen bekämpft werden. Im Operationsbereich der NATO liegen die 30 größten Städte der Sowjetunion mit einer Einwohnerzahl von 42 Millionen, einer Industriekapazität von 40 % und einem Flächenareal von ca. 3400 Quadratmeilen. Andererseits ergibt sich, daß ein bilateraler Vergleich der beiden Weltmächte problematisch ist, da zwischen beiden Weltmächten gewisse Zwischenzonen einseitig verminderter Sicherheit entstehen können, deren Lage zu krisenträchtigen Mißverständnissen und Verwicklungen führen könnte.

Ein Vergleich des interkontinentalen und des kontinentalen Nuklearpotentials in Europa zeigt:

— Im *interkontinentalen* Nuklearbereich besteht eine Art „Gleichgewicht der Ungleichgewichte". Die größere Zahl sowjetischer landgestützter Interkontinentalraketen, seegestützter Interkontinentalraketen und Nuklear-U-Boote wird ausgeglichen durch die Überlegenheit der USA in bezug auf die Zahl der schweren Bomber, der nuklearen Sprengköpfe und damit der Ausstattung von Nuklearträgern mit mehreren Nuklearsprengköpfen, die unabhängig voneinander in verschiedene Ziele gebracht werden können. Die USA und die UdSSR hatten 1984 ihr nuklear-strategisches Waffenpotential sehr unterschiedlich auf ihre Trägersysteme verteilt. So hatte die Sowjetunion

74 % ihrer Gefechtsköpfe auf ICBM stationiert, bei den USA waren es nur 24 %. Demgegenüber trugen bei den USA die SLBM 55 % der strategischen Gefechtsköpfe; bei der UdSSR waren es lediglich 22 %. Die Bomber der US-Luftwaffe trugen 21 % der amerikanischen strategischen Gefechtsköpfe, während nur 4 % der sowjetischen Gefechtsköpfe auf Bomberflugzeugen installiert waren.

— Im *kontinentalen* Nuklearbereich besteht eine gewisse Überlegenheit der Sowjetunion. Die NATO einschließlich Frankreich verfügt zwar über mehr seegestützte Nuklearraketen als der Warschauer Pakt, doch sind diese im Vergleich zu den landgestützten Raketen weniger treffgenau und deshalb für den großflächigen Einsatz gegen die Städte („counter cities strategy"), nicht jedoch für den präzisen Einsatz gegen die militärischen Anlagen („counter forces") geeignet. Allerdings haben die USA die Hälfte ihrer Sprengköpfe auf U-Booten stationiert, während die Sowjetunion 75 % ihrer Sprengköpfe auf Landraketen montiert hat. Bereits 1964 führten die USA im seegestützten Bereich der Mittelstrecken-Raketen die „Polaris" ein, 1971 die „Poseidon", 1979 die „Trident 1". Erst nachdem die USA im Bereich der Mittelstreckenpotentiale der Sowjetunion nahezu Parität zugestanden hatten (allerdings unter Wahrung technologischer Vorteile wie Steuerungssysteme, Zielerfassung, Treffgenauigkeit, MIRV, MARV

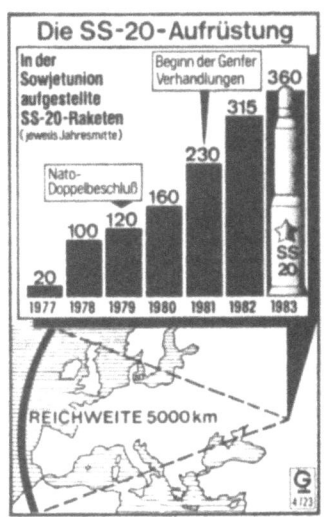

Schätzung der strategischen Atomgefechtsköpfe

	Vereinigte Staaten					Sowjetunion		
System	Zahl der Stationierungen	Gefechtsköpfe pro Starter	Gefechtsköpfe gesamt		System	Zahl der Stationierungen	Gefechtsköpfe pro Starter	Gefechtsköpfe gesamt
ICBM					**ICBM**			
Minuteman II	450	1	450		SS-11	570	1[a]	570
Minuteman III	550	3	1650		SS-13	60	1	60
Titan	52	1	52		SS-17 Mod. 1	150	4	~600
					SS-17 Mod. 2	wenige	1	
					SS-18 Mod. 1		1	
					SS-18 Mod. 2			
					SS-18 Mod. 3	308	8	2500[b]
					SS-18 Mod. 4		1	
					SS-19 Mod. 2	310	10	~1500[c]
					SS-19 Mod. 3		6	
SLBM								
Poseidon C-3	304	10[d]	3040		SS-N-5 Mod. 1	57	1	57
Trident C-4	216	8[d]	1728		SS-N-6 Mod. 2	400	1	~400[e]
					SS-N-6 Mod. 3		2	
					SS-N-8 Mod. 1	292	1	~300[f]
					SS-N-8 Mod. 2		1	

	Zwischenzahl (ICBM und SLBM)			
SS-NX-17		Mod. 3	12	3
SS-N-18		Mod. 2	208	1
		Mod. 3		3
				7
Zwischenzahl (ICBM und SLBM)	6920			~4040[a]
Flugzeuge				
B-52 D	75	4[i]	300	
B-52 G	151	8[i]	1208	
B-52 H	90	8[i]	720	
FB-111 A	60	2[i]	120	
				~7000[h]
Flugzeuge				
Tu-95			105	2[i]
Mya-4			45	2[i]
				210
				90
Gesamt	9268			~7300[h]

a Es gibt 2 Modelle, aber Modell 1 hat einen einfachen Gefechtskopf. Die drei MRV auf Modell 2 werden als Einzelgefechtskopf gezählt.
b Die Schätzung basiert auf der Annahme, daß die Masse der SS-18 zum Modell 2 gehört. Während die Modelle 1 und 3 einen großen Gefechtskopf haben, dürften die Modelle 4 und 5 (noch nicht aufgestellt) 10 Gefechtsköpfe tragen.
c Schätzung, daß etwa 75 % Modell 3 sind.
d Dürften bis zu 14 Gefechtsköpfe tragen.
e Nur sehr wenige Modell 3 im Dienst. Nicht gezählt.
f Nur sehr wenig Modell 3 sollen im Dienst stehen.
g Annahme, daß die Hälfte Modell 2, die andere Hälfte Modell 3 sind.
h Wegen Schätzung keine genauen Daten in der Tabelle.
i Annahme, daß B-52 D 4 Freifallbomben und keine SRAM tragen, B-52 G/H dürften 4 Freifallbomben und 4 SRAM tragen, FB-111 A 2 Freifallbomben. Es sind Einsatz-, nicht Maximallasten. SRAM zählen als Gefechtsköpfe.
j Annahme 2 Freifallbomben oder Luft-Boden FK.

Quelle: Streitkräfte 1982/83. Die „Military Balance" des Internationalen Instituts für Strategische Studien London, München 1983 (= Reihe Bernard & Graefe Bd. 33), S. 347f

Nukleare Systeme großer und mittlerer Reichweite für den Einsatz in Europa

Kategorie und Typ	Reichweite Kampfradius (km)a	Erstaufstellg.	Bestand	Faktoren Gefechtsköpfe pro System (ca.)	nukleare Verwendung	Klarstand
Warschauer Pakt						
IRBM						
SS-20	5000	1977	315^i	3	0,66	0,9
SS-5 Skean	4100	1961	16^i	1	1,0	0,75
MRBM						
SS-4 Sandal	1900	1959	275^i	1	1,0	0,7
SRBM						
SS-12 Scalebd.	900	1969	70	1	1,0	0,8
Scud A/B	300	1965	450	1	1,0	0,8
Scud B/C	300	1965	143	1	1,0	0,8
SS-22	1000	1978	(100)^j	1	1,0	0,8
SS-23	350	1980	(10)^j	1	1,0	0,8
SLBM						
SS-N-5 Serb	1400	1964	57^i	1	1,0^k	0,45^j
Raketen Zwischenzahl			1436			
Flugzeuge						
Tu-22M/26 Backfire B	4025	1974	100^m	4no	0,4	0,8
Tu-16 Badger	2800	1955	310	2°	0,4	0,7
Tu-22 Blinder	3100	1962	125	2°	0,4	0,7
Su-24 (Su-19) Fencer	1600	1974	550	2	0,2	0,8
MiG 27 Flogger D	720	1971	550^m	1	0,4	0,8
Su-17 Fitter C/D	600	1974	688	1	0,2	0,8
Su-7 Fitter A	400	1959	265	1	0,2	0,7
MiG-21 Fishbed J-N	400	1970	100^m	1	0,2	0,8
Luft-Boden-Waffen Zwischenzahl			2688			
Warschauer Pakt gesamt			4124			
NATO						
IRBM						
SSBS-3	3000	1971/80	18	1	1,0	0,9
SRBM						

Quelle: Streitkräfte 1982/83. Die Military Balance, S. 338 und 339

Gefechts- köpfe, verfüg- bar (ca.)	Indikatoren			durch- kommen- de Gef.- köpfe (ca.)[h]	Einsatzländer und Bemerkungen
	Überle- bensfä- higkeit[e]	Zuverläs- sigkeit[f]	Ein- dring- fähigkt.		
561	0,9	0,8	1,0	404	Alle angeführten Gefechts- köpfe in sowjet. Bestand unter Kontrolle d. UdSSR
12	0,6	0,7	1,0	5	MIRV (?) Nachladefähigkt.
193	0,5	0,65	1,0	63	
56	0,7	0,75	1,0	29	
360	0,7	0,75	1,0	189	
114	0,7	0,75	1,0	60	alle Paktländer
8	0,8	0,8	1,0	5	
8	0,8	0,8	1,0	5	
26	0,8	0,6	1,0	12	auf 13 G-II, 6 H-U-Booten
1338					
128	0,7	0,85	0,7	53	
174	0,7	0,75	0,5	46	
70	0,7	0,8	0,55	22	
176	0,55	0,8	0,65	50	
176	0,6	0,8	0,65	55	
110	0,55	0,8	0,65	31	Polen
37	0,5	0,7	0,5	6	CSSR, Polen
16	0,5	0,8	0,6	4	
887				267	
2225				1085	
16	0,6	0,8	1,0	8	Frankreich

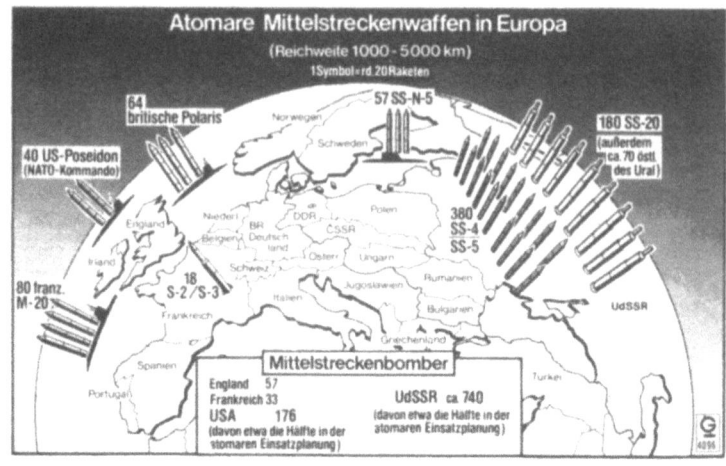

und Cruise Missiles), begann die UdSSR bei den nuklearen Mittelstreckenpotentialen neue Systeme (Rakete SS-20[6a], Bomber „Backfire") zu entwickeln, um die veralteten Systeme aus den 60er Jahren zu ersetzen und zugleich den neuen amerikanischen Systemen (Cruise Missiles, „Pershing 2", Neutronensprengkopf) etwas entgegenstellen zu können. Allerdings machte die Sowjetunion damit (neben ihrer konventionellen Überlegenheit im mitteleuropäischen Raum) auf dem Gebiet der taktischen Nuklearwaffen mit der SS-20 einen qualitativen Sprung. Die Abschreckung der NATO (nämlich die Unterlegenheit bei den Mittelstreckenpotentialen durch die strategischen Systeme der USA mit Massenvernichtungswaffen auszugleichen) wurde damit unglaubwürdig, denn diese Vernichtungswaffen waren nur dazu gut, einen Angriff der einen Supermacht auf die andere abzuschrecken. Ein sehr präziser und begrenzter Nuklearschlag gegen einzelne Objekte in Westeuropa würde jedoch die Gefahr heraufbeschwören, daß Westeuropa angesichts der vermutlichen Katastrophe eines gegenseitigen Vernichtungsschlages der Supermächte erpreßbar wäre.

Unterschiedliche Interessen der USA und ihrer Verbündeten an begrenzter Kriegführung

An einer begrenzten Kriegführung können die europäischen Verbündeten der USA (ebenso wie die europäischen Warschauer-Pakt-Staaten) kein Interesse haben. Für sie muß es darauf ankommen, einen Krieg zwischen den beiden Supermächten und Militärblöcken in jeder Form auszuschließen, sollen ihre Länder nicht zum Schlachtfeld werden. Deshalb zielte die NATO-Strategie jahrzehntelang darauf ab, die Abschreckung sowohl für den regionalen wie für den globalen Ernstfall zu gewährleisten. Im Falle eines zunächst begrenzten Konflikts in Europa sollten die USA gezwungen sein, auch ihr globalstrategisches Potential zum Einsatz zu bringen. Da insbesondere für die Bundesrepublik Deutschland ein begrenzter Krieg selbstmörderisch wäre, mußte es auf eine möglichst frühzeitige Abschreckungsdrohung durch strategische Kernwaffen ankommen, um so jeden Angriff für den potentiellen Gegner zum kalkuliert unvergleichlich höheren Risiko der Selbstvernichtung werden zu lassen – vorausgesetzt eine Erstschlagskapazität bzw. eine Unverwundbarkeit eigener Raketenstellungen wären nicht gegeben.

Diese Koppelung funktionierte reibungslos, solange die USA nuklear unverwundbar waren. Seitdem aber die globalstrategischen Potentiale der Supermächte sich gegenseitig neutralisieren (weil jede Seite noch die Möglichkeit eines vernichtenden Gegenschlages behält), haben die USA ein (aus ihrer Sicht verständliches) Interesse daran, möglichst spät mit ihrem eigenen Territorium in einen Krieg in Europa hineingezogen zu werden. Sie gehen daher von der Überlegung aus, daß ein nuklearer Schlag gegen Westeuropa nur mit den dort stationierten Nuklearwaffen abgeschreckt werden soll.

Die „eurostrategischen" Pershing und Cruise Missile

Andererseits bestünde bei einer Abkoppelung der Europäer von der gemeinsamen NATO-Strategie die Gefahr, daß die Westeuropäer erpreßbar würden.

– Die „Pershing 2" soll das ändern, denn damit wird ein begrenzter Atomwaffeneinsatz „machbar" und glaubhafter. Der neue Gefechtskopf mit seinem Radarauge und seinem computergesteuerten Endanflug-System trifft auf 30 Meter genau; die Zielabweichung der „Pershing 1 A" beträgt demgegenüber mehr als 400 Meter. Der Spreng-

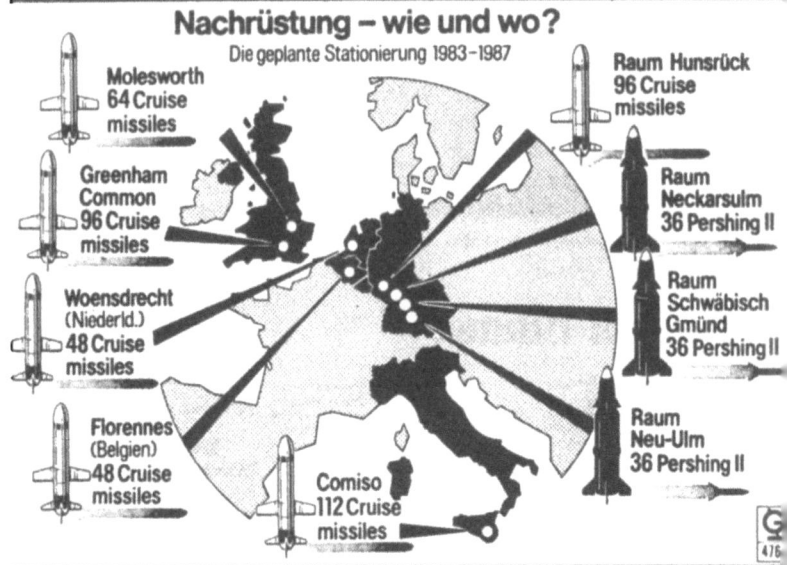

kopf der neuen Pershing soll von maximal 10 Kilotonnen TNT (Hiroshima-Bombe: 15 KT) bis zu einer Kilotonne tragen können. Damit wächst aber auch die Versuchung, eine solche Waffe mit relativer Begrenzung einzusetzen.

Insofern destabilisiert der NATO-Beschluß die Situation, denn aus sowjetischer Sicht muß er als neuartige Bedrohung ihres Territoriums und als Bruch der stillschweigenden Übereinkunft nach der Kuba-Krise 1962 interpretiert werden, keine landgestützten Raketen außerhalb des eigenen Landes zu stationieren, die das Territorium der anderen Supermacht erreichen können.

Die Stationierung der Pershing 2 XR kann zudem angesichts der extrem kurzen Flugzeit (die die Vorwarnzeit für die Sowjetunion auf 5 Minuten reduziert) und der hohen Treffsicherheit (die mindestens zehnmal so groß ist wie die der SS-20) in einer schweren politischen Krise möglicherweise zu einem sowjetischen vorbeugenden Erstschlag und damit in die nukleare Katastrophe führen.

— Die andere Waffe, die aufgrund des NATO-Nachrüstungsbeschlusses von 1983 an in der Bundesrepublik Deutschland stationiert worden ist, ist die „Cruise Missile". Sie steigt nicht wie die Pershing sehr schnell auf 240 km Höhe, um sich von dort mit 20 000 km/h unaufhaltsam auf ihr Ziel zu stürzen. Vielmehr pirscht sie sich in nur 30 bis 60 m Höhe relativ gemächlich ins Feindesland hinein, gelenkt von einer komplizierten Kombination von Trägheits-Navigation und Radar-Geländeabtastung. Sie soll vorprogrammiert Haken schlagen und bis zuletzt verschleiern, welches Ziel sie ansteuert. Die Waffe trägt eine Sprengladung bis zu 200 KT und hat eine Zielabweichung von 30 bis 50 m.

Die Cruise Missiles verfügen also (im Gegensatz zu den sowjetischen SS-20) über militärtechnisch geradezu revolutionäre Eigenschaften, vor allem, was ihre Präzision, ihre mit Radar fast nicht zu ortende Größe und Flughöhe, ihre unterschiedlichen Reichweiten und die Vielfalt möglicher Abschußvorrichtungen betrifft. Zudem verwischen die Eigenschaften dieses Flugkörpers die ohnehin fließenden Grenzen zwischen den strategischen und taktischen Waffensystemen, zwischen nuklearen und konventionellen Waffen vollends.

Die neuen Systeme (SS-20, Cruise Missiles) gehen über die Funktion taktischer nuklearer Systeme weit hinaus und erreichen strategische Bedeutung (Vernichtung der Voraussetzungen für jede Gefechtsführung, also von Bevölkerung, Industriepotentiale, Infrastruktur). Aus diesem Grunde werden sie auch als „eurostrategische Waffen" bezeichnet. Hinzu kommt, daß diese Systeme, da sie weder zu den Langstreckenwaffen noch zu den Gefechtsfeldwaffen zählen, bisher weder bei den SALT- noch bei den MBFR-Verhandlungen erfaßt worden sind. Sie liegen in einer grauen Zone, daher auch die Bezeichnung „Grauzonenwaffen".

Die vorne stationierten Systeme (FBS)

Die Sowjetunion hatte vor allem die „vorne stationierten Systeme" (forward based systems, FBS) in die SALT-Verhandlungen einbeziehen wollen. Diese vorne stationierten Systeme sind das wichtigste Element im Rahmen der strategischen Balance auf westlicher Seite. Sie können von Flugplätzen in Westeuropa und der Türkei sowie von Flugplätzen im Mittelmeer auch Ziele in der Sowjetunion atomar bekämpfen. Nach sowjetischer Auffassung gehören diese peripheren Trägersysteme der USA und ihrer NATO-Verbündeten ebenfalls zur

strategischen Gleichung. Da die eigene Militärmacht an dem Verhältnis zu derjenigen der USA gemessen werden müsse, könne die UdSSR die andere Weltmacht nur mit ihrem global-strategischen Potential erreichen, während diese sowohl über ihre im eigenen Land stationierten global-strategischen Träger als auch über die in Westeuropa und Ostasien stationierten FBS verfüge. Daher stünden die beiden Weltmächte nur dann in einem Verhältnis gleicher Parität zueinander, wenn entweder die FBS beseitigt würden oder das global-strategische Potential und die FBS auf amerikanischer Seite zusammen gegen das global-strategische Potential der UdSSR aufgerechnet würden.

Diese Einbeziehung der FBS-Systeme in die SALT-Verhandlungen war der Sowjetunion nicht gelungen. Als Antwort baute sie daher mit den SS-20-Mittelstreckenraketen (4500 km Reichweite) ein System auf, das von mobilen Abschußrampen abgefeuert und durch die Zielabdeckungspläne der amerikanischen „Minuteman" nicht erfaßt werden kann. Außerdem ist ein rasches Nachladen der Startgeräte möglich. Auch läßt sich die SS-20 durch eine dritte Antriebsstufe in eine SS-16 von interkontinentaler Reichweite verwandeln. Die SS-20 besitzt jeweils drei voneinander unabhängige Sprengköpfe[7] (Sprengladung je 150 KT) und eine im Vergleich zu früheren Systemen auf das Sechs- bzw. Dreifache gesteigerte Treffgenauigkeit (Abweichung bis 300 m). Damit wurde eine neue Stufe der Qualität sowjetischer Rüstung erreicht, die wiederum aus der Sicht des Westens Nachrüstungsmaßnahmen erforderlich machte.

Sinn und Inhalt des NATO-Doppelbeschlusses von 1979

Am 12. Dezember 1979 faßte die NATO daher den sogenannten Nachrüstungsbeschluß. Seit November 1983 werden in Großbritannien, Belgien, Italien, den Niederlanden und der Bundesrepublik Deutschland 108 Abschußvorrichtungen für „Pershing-2-Raketen" (bis zu 1800 km Reichweite) und 464 landgestützte Marschflugkörper (Reichweite bis zu 2500 km), versehen mit jeweils einem Kern-

---

NATO-Nachrüstungsbeschluß

Im Laufe der Jahre hat der Warschauer Pakt ein großes und ständig weiterwachsendes Potential von Nuklearsystemen entwickelt, das Westeuropa unmittelbar bedroht und eine strategische Bedeutung für das Bündnis in

Europa hat. Diese Lage hat sich innerhalb der letzten Jahre in besonderem Maße durch die sowjetischen Entscheidungen verschärft, Programme zur substantiellen Modernisierung und Verstärkung ihrer weitreichenden Nuklearsysteme durchzuführen. Insbesondere hat die Sowjetunion die SS-20-Rakete disloziert, die durch größere Treffgenauigkeit, Beweglichkeit und Reichweite sowie durch die Ausrüstung mit Mehrfachsprengköpfen eine bedeutende Verbesserung gegenüber früheren Systemen darstellt, und sie hat den „Backfire"-Bomber eingeführt, der wesentlich leistungsfähiger ist als andere sowjetische Flugzeuge, die bisher für kontinentalstrategische Aufgaben vorgesehen waren. Während die Sowjetunion in diesem Zeitraum ihre Überlegenheit bei den nuklearen Mittelstreckensystemen (LRTNF) sowohl qualitativ als auch quantitativ ausgebaut hat, ist das entsprechende Potential des Westens auf demselben Stand geblieben. Darüber hinaus veralten diese westlichen Systeme, werden zunehmend verwundbarer und umfassen zudem keine landgestützten LRTNF-Raketensysteme ...
Die Minister haben daher beschlossen, das LRTNF-Potential der NATO durch die Dislozierung von amerikanischen bodengestützten Systemen in Europa zu modernisieren. Diese Systeme umfassen 108 Abschußvorrichtungen für Pershing II, welche die derzeitigen amerikanischen Pershing I a ersetzen werden, und 464 bodengestützte Marschflugkörper (GLCM). Sämtliche Systeme sind jeweils mit nur einem Gefechtskopf ausgestattet. Alle Staaten, die zur Zeit an der integrierten Verteidigungsstruktur beteiligt sind, werden an diesem Programm teilnehmen. Die Raketen werden in ausgewählten Ländern stationiert, und bestimmte Nebenkosten werden im Rahmen von bestehenden Finanzierungsvereinbarungen der NATO gemeinsam getragen werden. Das Programm wird die Bedeutung nuklearer Waffen für die NATO nicht erhöhen ...
Die Minister sind der Auffassung, daß auf der Grundlage des mit SALT II Erreichten und unter Berücksichtigung der die NATO beunruhigenden Vergrößerung des sowjetischen LRTNF-Potentials nun auch bestimmte amerikanische und sowjetische LRTNF in die Bemühungen einbezogen werden sollten, durch Rüstungskontrolle ein stabileres umfassendes Gleichgewicht bei geringeren Beständen an Nuklearwaffen auf beiden Seiten zu erzielen. Dies würde frühere westliche Vorschläge und die erst kürzlich geäußerte Bereitschaft des sowjetischen Staatspräsidenten Breshnew aufnehmen, solche sowjetischen und amerikanischen Systeme in Rüstungskontrollverhandlungen einzubeziehen. Die Minister unterstützen voll die als Ergebnis von Beratungen im Bündnis getroffene Entscheidung der Vereinigten Staaten, über Begrenzungen der LRTNF zu verhandeln und der Sowjetunion vorzuschlagen, so bald wie möglich Verhandlungen auf der Grundlage der folgenden Leitlinien aufzunehmen, die das Ergebnis intensiver Konsultationen innerhalb des Bündnisses sind:

a) Jede künftige Begrenzung amerikanischer Systeme, die in erster Linie

für den Einsatz als TNF bestimmt sind, soll von einer entsprechenden Begrenzung sowjetischer TNF begleitet sein.
b) Über Begrenzungen von amerikanischen und sowjetischen LRTNF soll Schritt für Schritt bilateral im Rahmen von SALT III verhandelt werden.
c) Das unmittelbare Ziel dieser Verhandlungen soll die Vereinbarung von Begrenzungen für amerikanische und sowjetische landgestützte LRTNF-Raketensysteme sein.
d) Jede vereinbarte Begrenzung dieser Systeme muß mit dem Grundsatz der Gleichheit zwischen beiden Seiten vereinbar sein. Die Begrenzungen sollen daher in einer Form vereinbart werden, die de jure Gleichheit sowohl für die Obergrenzen als auch für die daraus resultierenden Rechte festlegt.
e) Jede vereinbarte Begrenzung muß angemessen verifizierbar sein ...

Die Minister haben sich zu diesen beiden parallel laufenden und komplementären Vorgehensweisen entschlossen, um einen durch den sowjetischen TNF-Aufwuchs verursachten Rüstungswettlauf in Europa abzuwenden, dabei jedoch die Funktionsfähigkeit der Abschreckungs- und Verteidigungsstrategie der NATO weiterhin zu erhalten und damit die Sicherheit ihrer Mitgliedstaaten weiterhin zu gewährleisten.

Kommuniqué über die Sondersitzung der Außen- und Verteidigungsminister der an der integrierten Verteidigungsstruktur beteiligten Mitgliedsstaaten des Nordatlantikpakts in Brüssel am 12.12.1979, in: Europa-Archiv 1980, S. D 35

---

sprengkopf, stationiert. Die NATO argumentiert, die UdSSR könne mit der SS-20 zum ersten Mal mit zielgenauen und beweglichen Mittelstreckenraketen militärische Ziele in Westeuropa angreifen. Die Sowjetunion erwidert, der Westen habe dies in bezug auf die UdSSR mit dem vorgeschobenen Mittelstreckensystem FBS schon lange gekonnt. Mit der Beschaffung der „Pershing 2" und „Cruise Missiles" verbessere er die Fähigkeit noch, verkürze die Vorwarnzeit und mache obendrein deutsches Territorium zur Abschußrampe.

Die Westeuropäer hoffen mit der Einführung von Mittelstreckenraketen in Westeuropa, daß diese amerikanischen Raketen die USA stärker an den potentiellen europäischen Kriegsschauplatz anbinden werden. Die USA wiederum sehen in ihnen eine Möglichkeit, den nuklearen Angriff aus dem Osten abwarten und auf den europäischen Raum begrenzen zu können.[8]

Die Behauptung, die Sowjetunion habe während der Entspannungspolitik nur Positionen ausgebaut, ist nachweisbar unrichtig. Zwar war die Sowjetunion imstande, gewisse Positionen zu verbessern. Aber von einseitigen Gewinnen kann schon deswegen nicht gesprochen werden, weil ein sehr wichtiger Faktor der Weltpolitik, nämlich die Volksrepublik China, sich während der siebziger Jahre zunehmend dem Westen angenähert hat.
Die Sowjetunion hat auch in anderen Ländern Positionen aufgeben müssen. Beispiele hierfür sind Ägypten und Somalia ebenso wie eine Reihe wichtiger Staaten in Westafrika.
Die Behauptung, erst die Entspannungspolitik habe der Sowjetunion die Möglichkeit gegeben, einseitig ihre militärische Position zu stärken, ist so ebenfalls nicht begründbar.
Richtig ist vielmehr, daß die Sowjetunion ihre militärische Stärke unabhängig von Kaltem Krieg oder Entspannung kontinuierlich ausgebaut hat. Und richtig ist ebenfalls, daß die militärische Stärke der Sowjetunion und deren strategische Bedeutung während der siebziger Jahre erheblich gewachsen sind.

Klaus von Dohnanyi: Deutsche Friedenspolitik zu Beginn der 80er Jahre, in: Sicherheitspolitik am Scheideweg?, hrsg. von Dieter S. Lutz, Schriftenreihe der Bundeszentrale für politische Bildung, Band 191, Bonn 1982, S. 53

Fragwürdigkeit der Ost-West-Rüstungsvergleiche

Bei den Vergleichen militärischer Potentiale zwischen Ost und West werden bewußt Potentiale auf der eigenen Seite nicht erwähnt, um die Bedrohung durch die andere Seite zu dokumentieren. So wird z. B. das sowjetische Mittelstreckenpotential als eine Bedrohung der Westeuropäer bewertet, dem auf westlicher Seite nichts Vergleichbares entgegengesetzt werden könne. Nach dem Weißbuch der Bundesregierung aus dem Jahre 1979 standen im euronuklearen Mittelstreckenbereich den 1 300 Mittelstreckensystemen der UdSSR nur 386 der NATO gegenüber. Doch wurden hier die der NATO assignierten, auf U-Booten stationierten „Poseidon"-Raketen mit Mehrfachsprengköpfen verschwiegen.[9] Zwar erscheinen die Abschußvorrichtungen für diese Raketen bei den SALT-Vereinbarungen als strategische Waffen und nicht als eurostrategische Mittelstreckenwaffen. Doch diese vertragsrechtlichen Formulierungen können nicht die Tatsache außer Kraft setzen, daß diese Raketen der NATO speziell für Ziele in der Sowjetunion zugeteilt wurden, von dieser also auch so bewertet werden müssen. Auch wurde im Weißbuch verschwiegen, daß etwa ein Viertel der sowjetischen Mittelstreckenraketen nicht für einen Krieg in Europa vorgesehen ist, sondern für eine Auseinandersetzung mit der VR China.

Die dem Streben nach dem Gleichgewicht der Kräfte innewohnende Logik treibt jeden der Gegner zum Versuch, sich ein gewisses Maß an Überlegenheit zu verschaffen aus Angst, einmal in eine benachteiligte Lage zu geraten. Diese Logik hat – zusammen mit dem unglaublichen Fortschritt der Menschheit auf den Gebieten der Wissenschaft und der Technik – zur Erfindung von immer raffinierteren und mächtigeren Vernichtungswaffen geführt. Sie haben sich angehäuft, und kraft eines fast autonomen Prozesses zeugen sie sich fort in unaufhörlicher Eskalation quantitativer wie qualitativer Art unter unermeßlicher Verschwendung von Menschen und Mitteln. So stellen sie heute ein Potential dar, das mehrfach ausreicht, alles Leben auf unserem Planeten zu vernichten.
Die Entwicklung der Atomwaffen stellt ein besonderes Kapitel dar, und zwar gewiß das typischste und eindruckvollste Beispiel für dieses Bemühen um Sicherheit durch ein Gleichgewicht der Kräfte und des Schreckens. Aber darf man darüber den „Fortschritt" übersehen, der leider auf dem Gebiet anderer Massenvernichtungswaffen erzielt wurde und weiter erzielt wird, wie auch bei Waffen, die ganz besonders schweren Schaden anrichten können, aber gerade deswegen als besonders gutes Abschreckungsmittel angesehen werden?
Aber selbst wenn das „Gleichgewicht des Schreckens" dazu dienen konnte und noch für einige Zeit dazu dienen kann, das Schlimmste zu verhüten, wäre es doch eine tragische Illusion, zu meinen, der Rüstungswettlauf könnte bis ins Unendliche so weiter gehen, ohne eine Katastrophe heraufzubeschwören.
Papst Paul VI.: Botschaft an die Abrüstungskonferenz der Vereinten Nationen, in: Kirche und Frieden, Texte 3, hrsg. von der Kirchenkanzlei der EKD, Hannover 1982, S. 101

Wenn man zudem nur die sowjetischen und amerikanischen Überwasserschiffe im Nordatlantik und vor Norwegen zählt, führte die Sowjetunion mit 157 zu 78. Vergleicht man jedoch die NATO und den Warschauer Pakt, dann lag die NATO mit 246 zu 160 vorn. Bei diesem Beispiel kommt es weniger auf die präzisen Zahlen an als darauf zu verdeutlichen, wie man durch unterschiedliche Zählweise zu verschiedenen Aussagen kommt.[10]

Die wichtigsten rüstungstechnologischen Neuerungen der USA und UdSSR seit 1945.

	Jahr der Einführung	
Waffensysteme	USA	UdSSR
Atombombe	1946	1950
Wasserstoffbombe	1953	1957
Langstreckenbomber	1953	1957
Mittelstreckenraketen (MRBM)	1953	1959
taktische Nuklearwaffen	1955	1956
Interkontinentalraketen (ICBM)	1955	1957
Atom-U-Boote	1956	1962
U-Boot-Raketen, unterwasserabgeschossen (SLBM)	1959	1968
Anti-Raketen-Raketen (ABM)	1960	1961
ICBM mit Feststoffantrieb	1962	1969
Raketen mit Mehrfachsprengköpfen (MRV)	1964	1972
Raketen mit mehrfachen, einzeln lenkbaren Sprengköpfen (MIRV)	1970	1975
Marschflugkörper, neue Generation (Cruise Missile)	1976	--
Raketen mit mehrfachen, nachträglich noch einzeln steuerbaren Sprengköpfen (MARV)	1985	--

Quelle: SIPRI Yearbook 1977, Uppsala 1977, S. 5 f: SIPRI Yearbook 1978, London 1978, S. 445-451; Borst, G./Walter, F., Langfristige Tendenzen im Rüstungswettlauf USA – UdSSR, in: Osteuropa 2/1973, S. 98 bis 101; Borst, G., Nuklearstrategische Waffensysteme, in: Militärwesen in der Sowjetunion, Wehrforschung aktuell Bd. 5, München 1977, S. 66 f.

Festzuhalten bleibt, daß immer eine Lücke bestand zwischen dem erreichten Stand der Waffentechnik und dem, was die Experten für technologisch noch möglich ansahen. Der Ehrgeiz, diese Lücke zu schließen, war und ist eine der wichtigsten Triebkräfte des Rüstungswettlaufs – und nicht nur im Mittelstreckenbereich.

,,Solange es technologische Innovation gibt (und geben wird, solange wir in einer Gesellschaft leben, die sich dem technischen Fortschritt verschrieben hat), wird jede einmal erreichte Stabilitätsebene sich selbst untergraben, weil jeder technische Durchbruch die Alternative zwischen Überleben und Untergang in sich trägt. Solange es

Bipolarität gibt, ist die internationale Aggregation von militärischer Macht (wie im ‚balance-of-power'-Modell) nicht möglich, was wiederum die Notwendigkeit von sich gegenseitig destabilisierenden internen Anstrengungen verschärft."[11]

Und ganz offensichtlich nehmen Transparenz und Überschaubarkeit der Kräfteverhältnisse auf euronuklearer Ebene mit der Ausrichtung der Waffensysteme auf größere Reichweiten ab. Ausschlaggebende Bedeutung gewinnen und entsprechende Berücksichtigung finden müssen Kriterien wie die Zuverlässigkeit der Trägersysteme über große Entfernungen (reliability), die Breite der Einsatzmöglichkeiten (flexibility), die Fähigkeit, die gegnerische Abwehr über längere Strecken zu durchbrechen (penetration), die Überlebensfähigkeit bei einem gegnerischen Erstschlag (survivability), die Treffgenauigkeit über größere Entfernungen (accuracy), die Fähigkeit zur Mobilität (mobility) in einem größeren Areal und damit verbunden die Frage der Dislozierung (deployment).[12]

4.2. Das Problem der Kontrolle strategischer Rüstungspotentiale

a) Sowjetische und amerikanische Haltungen zur Kontrollfrage

Die Frage der Inspektion und Kontrolle des Rüstungsstandes bzw. der tatsächlich erfolgten Rüstungsverminderung (Verifikation) spielte bei allen Abrüstungsmaßnahmen und -verhandlungen zwischen den USA und der Sowjetunion eine entscheidende Rolle. Die Abrüstungsverhandlungen seit dem Ende des Zweiten Weltkrieges zeigen, daß das Haupthindernis für eine Einigung im gegenseitigen Mißtrauen und in den verschiedenen Ansichten der beteiligten Weltmächte über Kontrolle und Inspektion zu suchen ist.

Die US-Strategie der Abrüstung in den 60er Jahren

– Bereits während der ernsthaften Abrüstungsdiskussionen der sechziger Jahre ging die amerikanische „Strategie der Abrüstung" davon aus, daß bei Vereinbarungen über Rüstungsbegrenzungen die Bestände der Rüstungen und Streitkräfte nachgeprüft werden müssen. Diese Nachprüfung bestünde darin, „die Richtigkeit der erteilten Informationen durch Inspektionen an Ort und Stelle zu überprüfen und festzustellen, ob alle bestehenden militärischen Einheiten und Einrichtungen in der anfänglich erteilten Information enthalten waren. Im Anschluß daran muß nach möglichen heimlichen Tätigkeiten wie der geheimen Produktion von Kernmaterial oder den Bau von Fernlenkwaffen gefahndet werden".[13] Die Nachprüfung der über die Raketenbestände und -einrichtungen erteilten Informationen soll zunächst in einer direkten Prüfung der Produktionsanlagen sowie Befragungen der mit der Produktion, der Entwicklung und dem Betrieb von Raketen befaßten Personen bestehen. In dieser Phase würden unter Einsatz der Luftaufklärung und anderer Methoden in den Gebieten, die der Inspektion offenstehen, Kontrollen durchgeführt werden. Sobald die Beteiligten die vereinbarten Informationen erteilt haben, wäre es die Aufgabe des Kontrollorgans, sie auf Richtigkeit und Vollständigkeit hin zu prüfen.

Die amerikanischen Planer waren deshalb an dieser Kontrolle des Rüstungsstandes so brennend interessiert, weil in einer Situation des atomaren Patts bei einem hohen Rüstungsniveau ein Überraschungsangriff kaum durchführbar sei. Denn die heimliche Reserve, die das Gleichgewicht überwinden soll, müsse so groß sein, daß sie kaum unbemerkt organisiert werden könne. Ein Angriff sei jedoch erfolgversprechend, wenn das Rüstungsniveau aller Staaten niedrig ist, da es leichter sei, eine verhältnismäßig kleine Waffenreserve zu bilden, die ausreicht, der übrigen Welt den eigenen Willen aufzuzwingen.[14]

Der sowjetische Standpunkt zur Kontrolle in den 60er Jahren

– Dem wurde von sowjetischer Seite mit dem Argument widersprochen: „Eine solche Kontrolle, die im Grunde genommen eine militärische Aufklärung darstellt, könnte lediglich zur Verstärkung des Mißtrauens und Argwohns zwischen den Staaten führen."[15] Ausgehend von der Koexistenz-Theorie und der völkerrechtlichen Auffassung von der staatlichen Souveränität widerstrebt die Sowjetunion einer Majorisierung durch internationale Kontrollinstanzen: „In der gegenwärtigen Phase der historischen Entwicklung, in der zwei verschiedene Gesellschaftssysteme . . . nebeneinander bestehen, müssen bei der Tätigkeit der Kontrollorgane wie auch aller anderen internationalen Organe und Organisationen die Rechte und Interessen jedes dieser Systeme berücksichtigt werden. Unter diesen Umständen dürfen Entscheidungen, die die Lebensinteressen verschiedener Staaten berühren, in den Kontrollorganen nicht in der Form getroffen wer-

den, daß man Forderungen einfach durch Mehrheitsbeschlüsse erzwingt, sondern die Beschlüsse sind durch Vereinbarungen herbeizuführen, die die Rechte und Interessen eines jeden Staates berücksichtigen".[16]
Kontrollmöglichkeiten bei gewissen Abrüstungsphasen wurden auch von der Sowjetunion nicht von vornherein abgelehnt. Sie wandte sich nur gegen „allumfassende Kontrollen" bei Teilmaßnahmen, da eine solche Kontrolle nicht die Aufgabe erfülle, die sie zur ausschließlichen Gewährleistung dieser Abrüstungsmaßnahmen besitzen müsse. Daraus ergebe sich, daß Kompetenz und Funktion des Kontrollorgans übereinstimmen müßten.

Die neuen Aufklärungs- und Spionagesatelliten

Bei der heutigen militärischen Raumfahrtnutzung liegt das Schwergewicht im Einsatz von Spionagesatelliten, deren erste bereits 1960 gestartet wurden. Satelliten sind nicht nur lebenswichtige Elemente zur Erhaltung des strategischen Gleichgewichts, sondern auch die wichtigsten Mittel zur Verifikation von Rüstungskontrollvereinbarungen. So können die Photoaufklärungssatelliten, die sich auf einer Umlaufbahn zwischen 125 und 300 km befinden (Close-look-Satellites), Objekte von bis zu 15-30 cm auflösen. Satelliten, die in Umlaufhöhen zwischen 300 und 500 km kreisen, haben zwar eine geringere Bodenauflösung, dafür jedoch einen weiteren Gesichtswinkel, so daß sie sich für die Überwachung weiter Gebiete eignen (Area Surveillance Satellites).
Artikel XII der SALT-Vereinbarung vom 26. Mai 1972 verbot die Behinderung und Beeinträchtigung der „nationalen technischen Verifizierungsmittel". Diese Vereinbarung bedeutet, daß die Aufklärungssatelliten zur Überwachung der Einhaltung der Vertragsbestimmungen geschützt sind.[17] Nach wie vor beharrt die Sowjetunion jedoch darauf, daß die Verifikation von Rüstungskontrollabkommen auf nationale technische Mittel beschränkt sein soll. Die Entsendung westlicher Beobachter in die Sowjetunion zur Überwachung der Einhaltung von Rüstungskontrollvereinbarungen ist von der Sowjetunion bisher strikt abgelehnt worden. So sind Abkommen dann zustande gekommen, wenn nationale technische Mittel der Verifikation von westlicher Seite als ausreichend betrachtet wurden und daher auf Inspektionen vor Ort verzichtet werden konnte. Der wesentliche Grund, beim SALT-Abkommen auf Startanlagen und nicht auf Ge-

fechtsköpfe abzustellen, lag in der relativ leichten Verifikation zumindest stationärer Startanlagen durch Aufklärungssatelliten.

Unterschiedliche Rechtsauffassungen der Supermächte

Unbestritten ist, daß ohne ausreichende Verifikation sich kein um nationale Sicherheit bedachter Staat in der Lage sieht, rüstungskontrollpolitische Verträge abzuschließen. Gerade auf nuklearem Gebiet ist Verifikation (über)lebensnotwendig. Ob das Einverständnis der Sowjetunion bei der Genfer Abrüstungskonferenz im Februar 1984, die Zerstörung der angehäuften C-Waffen permanent durch ein internationales Kontrollteam überwachen zu lassen, hier einen Wandel einleitet, kann zum gegenwärtigen Zeitpunkt noch nicht beurteilt werden. Jedenfalls scheint die Sowjetunion bereit zu sein, Zugang zu jenen Fabriken zu gewähren, in denen supertoxische Substanzen für zivile Zwecke hergestellt werden, denn nach amerikanischer Ansicht war die Überwachung allein durch automatische Meßgeräte nicht zufriedenstellend. Allerdings ist die UdSSR der Auffassung, der beschuldigte Staat müsse sein Einverständnis erklären. Im Satellitenbereich umstritten ist zudem immer noch die Zulässigkeit der Weltraumspionage, die von der Sowjetunion grundsätzlich als völkerrechtswidrig verstanden wird. Die Rechtsauffassung der USA ist dagegen die, daß kein wesentlicher Unterschied zwischen der Beobachtung eines fremden Landes durch Agenten und derjenigen durch Luft- und Raumfahrzeuge besteht. Spionage ist weder nach allgemeinem Völkerrecht noch nach weltraumrechtlichen Grundsätzen verboten.

Auslegungsdivergenzen zwischen den Großmächten bestehen auch in der Frage hinsichtlich der Bedeutung der Bezeichnung „friedlich", die in UN-Resolutionen und Vertragsentwürfen eine Rolle spielt. Während die UdSSR „friedlich" mit „nicht bewaffnet" gleichsetzt (in Anlehnung an Artikel 2 des Gründungsabkommens der Internationalen Atomenergiebehörde in Wien, wo „friedliche" Nutzung der Kernenergie ohne Zweifel „nicht militärisch" bedeutet), stellen die USA darauf ab, daß das Gewaltverbot der UN-Charta in gewissem Umfang Präventivhandlungen zuläßt. Nicht jede Betätigung von Militärpersonen könne als „nicht friedlich" angesehen werden.

Die wesentlichsten Gedanken der weltraumrechtlichen Entschließungen der UN (z. B. der Resolution vom 13. Dezember 1963) wurden zwar in den Weltraumvertrag vom 27. Januar 1967 übernom-

Quelle: Der Spiegel, Nr. 46, 1984, S. 145

men. Doch sind alle den außeratmosphärischen Raum nur auf Teilorbit durchquerenden Systeme rechtlich auch dann nicht erfaßt, wenn sie atomare Gefechtsköpfe tragen (wie es bei FOBS, ICBM, aber auch Cruise missiles der Fall ist). Ein Abschuß ist also rechtlich nicht untersagt.

Gefahren der Satellitenabwehr

Seit Beginn der in erster Linie militärischen Nutzung des Weltraumes bemühen sich die Großmächte, eine Fähigkeit zur Ausschaltung der jeweiligen gegnerischen Satelliten zu entwickeln. Damit ist nicht nur zu befürchten, daß sich die Satellitenabwehr zu einem Feld des Wettrüstens entwickeln wird — die rasante Entwicklung neuer Technologien erschwert auch zunehmend eine eindeutige Verifikation. „Trotz aller Fortschritte in der Aufklärungstechnologie ist daher zu befürchten, daß die ... Rüstungskontrollziele an den gleichen Schwierigkeiten scheitern werden wie die Abrüstungsverhandlungen der fünfziger und frühen sechziger Jahre".[18]

b) Maßnahmen zur Verhinderung eines nuklearen Überraschungsangriffs

Das Problem der Sicherung gegen Überraschungsangriffe im Rahmen der Abrüstungsverhandlungen trat erst zu jenem Zeitpunkt in den Vordergrund der Verhandlungen, zu dem das Problem der Stabilisierung der Rüstungen an Bedeutung gewann, das wiederum mit der Situation des nuklearen Patt verknüpft war. Vorstellbar erschien jetzt eine Reihe von Situationen, bei denen durch „unberechtigtes oder übertriebenes gegenseitiges Mißtrauen" eine Krise herbeigeführt werden konnte.[19] Der Zusammenhang zwischen dem strategischen Problem der Verhinderung eines Überraschungsangriffs und dem Problem vertrauensbildender Maßnahmen des gegenseitigen Beispielgebens ist evident. Dazu kommt seit Ende der siebziger Jahre, daß beide Großmächte durch den Aufbau neuer Satellitenabwehrsysteme und die damit mögliche Verhinderung eines Vergeltungsschlages zunehmend beunruhigt sind.

Konventionelle Abschreckungsdoktrin und Raketenabwehrsysteme

„Die konventionelle Abschreckungslogik postuliert, daß der Schlüssel zur Abschreckungsstabilität die gegenseitige Zweitschlagsfähigkeit ist, d. h. jede Seite wird vom ersten Schlag abgeschreckt durch den Glauben, daß das Opfer eines Erstschlages anschließend noch genug Atomwaffen besitzt, um dem Initiator des atomaren Schlagabtauschs einen akzeptablen Schaden zuzufügen. Waffen, die einen Überraschungsangriff überleben können, tragen deshalb zur Abschreckungsstabilität bei, während verwundbare Waffen destabilisierend wirken ..."[20]

Mit dem tatsächlichen Aufbau von ABM-Systemen würde die Möglichkeit eröffnet, daß eine Seite durch einen massiven Aufbau ihres Raketenabwehrsystems die „assured destruction capability" der anderen Seite beseitigt oder stark beeinträchtigt. Damit wäre die relative Stabilität gestört.

Das MX-Raketen- und „Launch-on-Warning"-Konzept der Reagan-Administration

In den Jahren 1977/78 hatte sich in den USA die Überzeugung durchgesetzt, daß der bis dahin angenommene Vorsprung der Vereinigten Staaten bei der Treffgenauigkeit strategischer Trägermittel weitgehend verlorengegangen war und daß spätestens Mitte der achtziger Jahre mit einer bedrohlichen Gegenschlagsfähigkeit sowjetischer landgestützter ICBM gerechnet werden müsse. Die amerikanische Reagan-Administration entschied sich daher für die Stationierung von MX-Raketen (mit jeweils 10 Gefechtsköpfen Mark-12 a von einer Explosionsstärke von 335 KT und einem CEP von 400 Fuß = 0.07 nautischen Meilen) in verhältnismäßig dicht beieinander liegenden extrem gehärteten Stellungen (streifenförmige Stellungen mit einer Größe von 1,8 x 25 km bei einem mittleren Abstand der einzelnen Silos von rund 500 m). Den Vorteil dieser Stationierungsform sieht sie offenbar darin, daß im Angriffsfall die erste Explosion später eintreffende feindliche Gefechtsköpfe zerstören würde, sodaß wenigstens ein Teil der angegriffenen Raketen den Angriff unbeschadet überstehen würde. Die Reagan-Administration scheint auch zu einer Taktik des „Launch-on-Warning" zu neigen, d. h. eines Starts der landgestützten ICBM bei Vorliegen zuverlässiger Informationen über einen gegnerischen Counter-Force-Angriff. „Wenn heute die Möglichkeit eines ‚Launch-on-Warning' wieder ernsthaft diskutiert wird, dann hat das vor allem zwei Gründe: Einmal ist die Genauigkeit und Zuverlässigkeit der strategischen Frühwarneinrichtungen soweit gesteigert worden, daß, nach Ansicht amerikanischer Militärs, die Gefahr eines Fehlalarms so gut wie ausgeschlossen erscheint. Zum andern böte die MX-Rakete theoretisch die Möglichkeit, einen auf diese Weise begonnenen Gegenangriff wieder abzublasen, indem die Gefechtsköpfe der MX-Raketen zunächst in eine stationäre Erdumlaufbahn geschossen würden, von wo aus sie entweder nach Bestätigung des Angriffs auf ihre Ziele gelenkt oder unschädlich zur Erde zurückgeholt würden".[21] Ob ein solches Verfahren unter den Streßbedingungen eines Kernwaffenkrieges mit der nötigen Zuverlässigkeit funktionieren würde, muß allerdings bezweifelt werden. Eine LOW-Strategie (Launch-on-Warning) läßt für Interkontinentalraketen ca. 25 Minuten, für U-Boot-gestützte Waffen ca. 15 Minuten und für die Pershing II nur einige Minuten Zeit.

In den Jahren zuvor jedenfalls, in denen es auch mehrere Fälle von Fehlalarm gegeben haben soll, wurde trotz wachsender Verwundbarkeit der amerikanischen landgestützten ICBM allenfalls ein ,,Launch-Under-Attack" in Betracht gezogen, also ein Start eigener ICBM während des tatsächlichen gegnerischen Angriffs. Dabei war man noch davon ausgegangen, ,,daß die andere Seite selbst im Fall eines umfassenden Angriffs auf das gesamte landgestützte Potential nicht in der Lage wäre, diesen so zu koordinieren, daß die amerikanischen ICBM mit einem Schlag zerstört werden könnten. Vielmehr würde ein solcher Angriff eine gewisse Zeit erfordern, die ausreichen müßte, einen Teil des amerikanischen Potentials nach Detonation der ersten gegnerischen Gefechtsköpfe zu starten".[21]

Destabilisierende Folgen eines Raketenabwehrsystems

Trotz des 1972 mit der Sowjetunion abgeschlossenen ABM-Vertrages gewinnt die Vorstellung an Gewicht, ein Raketenabwehrsystem aufzubauen. Das grundlegende rüstungskontrollpolitische und strategische Problem beim Aufbau eines ABM-Systems besteht darin, daß es ein Land unangreifbar machen und ihm somit die Möglichkeit geben würde, jederzeit einen vernichtenden strategischen Schlag gegen die andere Seite auszulösen, ohne Vergeltung befürchten zu müssen. Die Furcht vor diesen destabilisierenden Wirkungen von ABM-Systemen (die dazu geführt hat, daß im Rahmen des SALT-I-Vertrages von 1972 vereinbart wurde, daß jede Seite nur eine ABM-Stellung haben darf) könnte bereits im Aufbaustadium die andere Seite zu vorbeugenden Counter-Force-Schlägen reizen.

Innerhalb der Regierung Reagan konzentrieren sich die Überlegungen in erster Linie auf Systeme, die die eigenen Raketenfelder gegen feindliche Angriffe absichern sollen.

Ein solches Abwehrsystem könnte auf der ersten Stufe angreifende Raketen bereits in der Startphase zerstören (z. B. durch raumgestützte Röntgenlaser oder durch optische und kinetische Systeme), könnte in der zweiten Stufe gestartete Raketen auf dem außerhalb der Atmosphäre verlaufenden Teil der Flugbahn abwehren (z. B. durch weltraumgestützte optische Systeme mit chemischen Lasern, durch kinetische Systeme oder auch neutrale Teilchenstrahlen bzw. bodengestützte Systeme) und schließlich auf der dritten Abwehrstufe angreifende Gefechtsköpfe nach Eintritt in die Erdatmosphäre bekämpfen (z. B. durch Abwehrraketen mit Zielsuchsystemen). Die USA wollen ein Forschungsprogramm zum Bau von Raketenabwehrsystemen unter Verwendung von Laserstrahlen im Weltraum starten. Mit der Entwicklung eines *strategischen* Schutzschildes im Weltraum würde für die USA die Zweitschlagsfähigkeit zur Sicherung des Weltfriedens unter den im atomaren Zeitalter bestehenden Bedingungen entbehrlich.

Die USA sind auch dazu übergegangen, potentielle Waffenplattformen, die in einer Umlaufbahn im Weltraum verankert werden könnten, auf Vibrationen zu untersuchen. Die Beseitigung jeder Vibration in einem Raumwaffensystem gilt als Voraussetzung zur unverzüglichen Bekämpfung gegnerischer Raketen-Gefechtsköpfe, da bei dieser Raketenabwehr energetische Laserstrahlen über Spiegel auf anfliegende Objekte gelenkt werden könnten.

Wenn das neue Verteidigungssystem die sowjetischen SS-20 aber nicht abfangen könnte, wäre Europa strategisch und sicherheitspolitisch von den USA abgekoppelt. Wenn angreifende Gefechtsköpfe innerhalb der Atmosphäre erfaßt und bekämpft werden (bis ca. 100 km Höhe), wird von „endoatmosphärischen" Raketenverteidigungssystemen gesprochen. Dabei wird unterschieden in „Endverteidigungssysteme" (deren Reichweite unter 15 km liegt) und „endoatmosphärische" Systeme, die angreifende Gefechtsköpfe zwischen 30 km und 100 km Höhe erfassen und verfolgen. Sollen angreifende Gefechtsköpfe während ihres ballistischen Fluges im erdnahen Weltraum bekämpft werden, spricht man von „exoatmosphärischen" Systemen.

Die gegenwärtigen Entwicklungen in den USA und in der Sowjetunion zielen auf den Aufbau kombinierter ABM-Systeme, die sowohl eine endoatmosphärische Komponente als auch eine exoatmopshärische Komponente enthalten.

Die Sowjetunion verfügt derzeit über eine primitive schwere Antisatellitenwaffe, die nur relativ niedrig kreisende US-Beobachtungssatelliten treffen kann. Die meisten Beobachtungssatelliten der USA (nach den beiden SALT-Verträgen und anderen Abmachungen die einzigen, bisher von der Sowjetunion zugestandenen „nationalen Verifikationsmittel") befinden sich auf weit höheren Umlaufbahnen und können von den sowjetischen Abwehrwaffen nicht erreicht werden.

Nach amerikanischen Angaben errichtet die Sowjetunion mehrere Radarsysteme des besonders leistungsfähigen Typs „Puschkino" zur Erfassung feindlicher Raketen. Beunruhigt sind die USA auch über die offenbar anhaltende Produktion von SH-04- und SH-08-Abfangraketen für Silos rund um Moskau. Ein Bruch des ABM-Vertrages läge allerdings nur dann vor, wenn die USA eindeutige Beweise dafür liefern könnten, daß die UdSSR ihre Abfangraketen in rascher Folge in Serienproduktion herstellen oder daß die „Puschkino"-Radaranlagen dauerhaft installiert werden. Dieser Nachweis ist angesichts des lückenhaft arbeitenden amerikanischen Satellitenaufklärungssystems offenbar nicht zu erbringen. Der Aufklärungssatellit „Keyhole-11", der seine Bilder mit einem Meter Auflösung am Erdboden nur noch per Funk an die Bodenstationen überträgt, reicht in seiner zweifachen Ausführung nicht aus, die Sowjetunion auch nur einigermaßen hinreichend zu überwachen. Der Bau anderer Aufklärungssatelliten ist vor Jahren aus Kostengründen eingestellt worden. So flog der KH-9 in 160 bis 250 km Höhe und lieferte Übersichtsfotos über größere Gebiete. Er besaß Filmbehälter, die nach und nach zur Erde zurückkehrten. Der KH-8, von dem noch zwei Stück in Reserve stehen, kommt bis auf 125 km an die Erde heran und soll vor allem in Krisenzeiten verwendet werden. Mit ihm kann man noch Details bis zu etwa 15 cm Durchmesser auf der Erdoberfläche erkennen.[22]

Man wird davon ausgehen können, daß den Großmächten die Nachrichten über die Trägersysteme für strategische Kernwaffen und damit strategische Warnungen mit Hilfe der Satellitenphotographie durchaus zugänglich sind, auch wenn dies nicht zugegeben wird. Das Problem scheint mehr in der Tatsache zu liegen, daß diese detaillierte Beobachtung auch genaueste Zielunterlagen für mögliche

Angriffe auf Basen und Abschußrampen der Kernwaffenträger liefert und damit ihrerseits die Unsicherheit verstärkt.

Die geodätischen Satelliten, die Anomalien im Gravitationsfeld der Erde messen, sind immerhin in ihrer Treffgenauigkeit so präzise, daß sie der Seite einen Vorteil geben, die einen Erstschlag führt. Um sicherzustellen, daß ihre landgestützten Raketen bei einem plötzlichen Angriff nicht verloren gehen, haben beide Supermächte schnell reagierende Kommandosysteme aufgebaut, durch die nunmehr „der Abzugshahn für die Auslösung eines Atomkrieges auf den Druckpunkt angezogen ist. Dadurch wiederum wird die Möglichkeit, daß es durch Zufall zu einem Atomkrieg kommt, wesentlich größer".[23]

Dieser Aufbau eines zuverlässigen und überlebensfähigen Führungs- und Fernmeldesystems (C^3 = Command, Communication, Control) wird als vordringlich angesehen, weil nach amerikanischen Studien schon ein begrenzter Einsatz von 50 bis 100 sowjetischen Kernwaffen gegen das amerikanische Führungs- und Fernmeldesystem die zentrale Kontrolle amerikanischer strategischer Reaktionen unmöglich machen würde. Dabei ist auch zu beachten, daß durch die erfolgte Stationierung der Pershing II und angesichts der besonderen Verwundbarkeit des europäischen Führungs- und Fernmeldesystems für die europäischen Länder die Gefahr gewachsen ist, erstes Angriffsziel eines vorbeugenden sowjetischen Conter-Force-Schlages zu sein.

Die geplanten BMD-Programme der Supermächte

Auch andere Systeme, die in der Planung sind, bergen die wachsende Gefahr in sich, daß sie präemptive Erstschläge herausfordern könnten:

— Die Sowjetunion hat Satelliten entwickelt, die mit starken Radarimpulsen die Weltmeere nach großen amerikanischen Seeschiffen absuchen und die (in Verbindung mit luft- und seegestützten Raketen) der UdSSR die erforderlichen Informationen für einen Überraschungsangriff auf amerikanische Schiffe verschaffen könnten.
— Die USA bauen bis 1988 ein globales NAVSTAR-Netz mit 18 Satelliten auf, das eine genaue Standortbestimmung von sowjetischen U-Booten möglich machen soll. Ein weiteres im Aufbau befindliches amerikanisches System, IONDS, soll die Detonationen von amerikanischen Atomsprengköpfen beobachten und mit mög-

lichst wenig Waffen ein gegebenes Ziel mit Sicherheit zerstören können. Dadurch würde die Wirksamkeit amerikanischer Raketen um 40 % zunehmen, so daß die Minuteman-III-ICBM sogar in der Lage wären, ein System wie das der geplanten MX zu zerstören.

Am weitesten scheinen folgende BMD-Programme (= Ballistic Missile Defence), die zunehmend die alte Bezeichnung ABM ersetzen, und ASAT-Programme (Anti-satellite Weapons) vorangeschritten zu sein:

- LOAD (= Low Altitude Defence) soll gegnerische ICBM-Gefechtsköpfe in geringer Höhe (etwa 2 km) über US-Raketenbasen abfangen und die Interkontinentalrakete MX schützen, ohne daß die USA eine Abänderung des ABM-Vertrages verlangen müssen. Die Abwehrraketen sollen mit extrem hoher Geschwindigkeit starten und einen atomaren Gefechtskopf von geringem Detonationswert besitzen.[24]
- Layered Defence kombiniert LOAD mit weitreichenden Abwehrraketen, die die anfliegenden ICBMs außerhalb der Erdatmosphäre mit konventionellen Gefechtsköpfen abfangen, ehe sich die verschiedenen Gefechtsköpfe getrennt haben. Ein Teil der anfliegenden Raketen wird also durch den exoatmosphärischen Gürtel zerstört, während die Chancen der verbleibenden Angriffsraketen, ihre Ziele zu erreichen, durch die LOAD-Raketen erheblich vermindert werden.
- Denkbar scheint nach dem abschließenden Bericht über die Laser-Hearings auch die Entwicklung hochenergetischer Strahlungssysteme, die (im erdnahen Weltraum stationiert) ballistische Raketen schon während ihrer Startphase zerstören können,[25] denn in ihrer Aufstiegsphase ist die Rakete am verwundbarsten — ihre Treibstofftanks sind z. T. noch gefüllt und die Struktur der Trägerrakete steht durch die enorme Schubkraft der Triebwerke unter großer Spannung.

Bereits heute benötigen die Triebwerke nur zwei bis zweieinhalb Minuten, bis sie die Angriffsraketen außerhalb der Erdatmosphäre gebracht haben. In den folgenden 25 Minuten bleibt die Rakete im All (mit einer Geschwindigkeit von sieben bis acht Kilometern pro Sekunde in Richtung des Gegners rasend), bis die dichteren Luftschichten über dem Zielgebiet ihren Flug bremsen. Raketen mit Mehrfachgefechtsköpfen stoßen zuvor ihre Gefechtsköpfe ab, die verschiedene, vorprogrammierte Ziele anfliegen. Wenn durch das BMD-System auch noch die Verwundbarkeit dieser ballistischen Raketen zunimmt, wird dies zu einer drastischen Umstrukturierung der jeweiligen Offensivpotentiale führen. Zukünftig werden Marschflugkörper, die die Erdatmosphäre nicht verlassen und nicht auf eine ballistische Flugbahn angewiesen sind, und tieffliegende, für gegnerische Radars unsichtbare Bomber („Stealth") immer mehr die bisherigen Funktionen der ballistischen Raketen übernehmen. Damit ist BMD ein Beweis mehr dafür, daß die Waffentechnologie die Politik bestimmt, und nicht umgekehrt. „Darüber hinaus setzt BMD ein Offensiv-Defensiv-Wettrüsten in Gang: Zum einen wird jede der Supermächte versuchen, die gegnerische Raketenabwehr durch immer raffiniertere *Offensiv*raketen zu durchbrechen; zum andern wird jeder danach streben, ein zumindestens ebenso effektives *Defensiv*system wie die Gegenseite aufzubauen".[24] Besorgt hat sich deshalb Bundesverteidigungsminister Wörner zu den amerikanischen Vorstellungen geäußert, ein neues weltraumgestütztes Raketenabwehrsystem gegen sowjetische Nuklearraketen zu errichten. Nach seiner Ansicht ist eine Destabilisierung des Gleichgewichts, eine Abkoppelung Westeuropas von den USA und sogar eine Spaltung der NATO zu befürchten. Die Pläne zur militärischen Nutzung des Weltraumes könnten zu einer neuen Form des Wettrüstens führen.[24a]

Die Strategie des militärischen Gleichgewichts ist sicher nicht perfekt, aber sie gewährleistet nun schon seit drei Jahrzehnten den Frieden in Europa. Außerdem ist eine bessere Strategie bisher nicht überzeugend dargelegt worden.
Dabei ist zu beachten: „Gleichgewicht" ist nicht mathematisch zu errechnen und auch nicht philologisch zu interpretieren. Es ist ein ungefährer Ausdruck für die politische Tatsache, daß die eine Seite die andere Seite nicht herumschubsen, ihr nicht ihren Willen aufzwingen kann.
Das gilt übrigens für beide Seiten: Während der amerikanischen Überlegenheit auf atomarem Gebiet gab es bekanntlich keine Entspannungspolitik, sondern vielmehr die „Roll-Back"-Ideologie von John Forster Dulles und den Kalten Krieg. Heute hat die sowjetische Seite im großen und ganzen mit den Vereinigten Staaten gleichgezogen. Jetzt gilt es einerseits zu verhüten, daß die Sowjetunion Überlegenheit erreicht, und andererseits zu verhindern, daß die Vereinigten Staaten aus Angst davor nun ihrerseits erneute Überlegenheit anstreben.
Gegenseitiges Mißtrauen und übertriebene Sicherheitsforderungen vor allem der Militärs beider Seiten tendieren dazu, ungefähres Gleichgewicht auf

immer höherem Niveau zu suchen. Das Konzept des militärischen Gleichgewichts allein reicht daher zur Erhaltung des Friedens nicht aus. Vielmehr muß die Politik durch Abbau von Mißtrauen und vertrauensbildende Maßnahmen, durch Dialog und möglichst breite Kooperation auf den verschiedensten Gebieten Voraussetzungen dafür schaffen, daß militärisches Gleichgewicht auf niedrigerem Niveau erreicht werden kann.

Horst Ehmke: Mit der SS-20-Rakete könnte Moskau Westeuropa erpressen, in: Frankfurter Rundschau vom 7.5.1981

---

c) Vertrauensfördernde Maßnahmen bei KSZE und KVAE

Das KSZE-Schlußdokument von 1975

Eine Vorbedingung für kooperatives Handeln und für vertragliche Beziehungen bei den internationalen Beziehungen ist Vertrauen. Entgegen der Militärstrategie, die auf der zentralen Kategorie des Mißtrauens aufbaut, sind bei der Rüstungskontrollpolitik denkbar

- vertrauensbildende Maßnahmen für den politisch-militärischen Bereich (Korb 1 der KSZE),
- Maßnahmen zur Erhöhung der Berechenbarkeit für den wirtschaftlichen, wissenschaftlichen und funktionalen Bereich durch engere und längerfristigere stetige Kooperation (Korb 2 der KSZE),
- austauschfördernde Maßnahmen für den humanitären Bereich und den Informationssektor (Korb 3 der KSZE), z. B. auch Technologietransfer zwischen den Industriestaaten und den Entwicklungsländern.[26]

Insbesondere einseitig einleitbare verhandlungsfördernde Maßnahmen können möglicherweise die Bemühungen um Rüstungskontrolle und Abrüstung voranbringen. Sie können bestehen

- im Einfrieren militärischer Potentiale, von Truppenstärken und der Modernisierung von Waffensystemen,
- im Moratorium für die Entwicklung, den Test, die Einführung und die Stationierung neuer Waffensysteme,
- in Erklärungen z. B. über den Nicht-Ersteinsatz bestimmter Waffen (chemischen, biologischen und atomaren Waffen),
- in der freiwilligen Einhaltung von Höchstgrenzen für bestimmte Waffensysteme,

— im einseitigen Produktionsstop von nuklearem Material, das für die Herstellung von Kernwaffen benutzt werden kann.[27]

Obwohl die Strategie der flexible response den Grundsatz des unkalkulierbaren Risikos postuliert, soll durch die kooperative Rüstungssteuerung der Gegner zu vertrauensvollem Verhalten bewogen werden. Dieser Widerspruch ist ihrer Glaubwürdigkeit abträglich.

„Einerseits erhöht die Fähigkeit zur flexiblen Reaktion die Glaubwürdigkeit der Abschreckung, macht aber das Risiko des Gegners kalkulierbar und schwächt so die Furcht vor nuklearer Vergeltung (‚Rationalitätsdilemma'); umgekehrt macht eine mangelhafte Fähigkeit zur flexiblen Reaktion und nur die Drohung mit nuklearer Vergeltung das Risiko für den Gegner zwar unkalkulierbar, aber wegen des hohen Selbstvernichtungsrisikos zugleich unglaubwürdig (‚Irrationalitätsdilemma')".[27a]

Bereits im Januar 1978 hatte der damalige französische Staatspräsident Giscard d'Estaing, im französischen Ministerrat und erneut im Mai 1978 vor der UN-Generalversammlung eine europäische Abrüstungskonferenz vorgeschlagen. Sodann übermittelte die französische Regierung am 19. Mai 1978 allen Teilnehmern der KSZE und Albanien ein Memorandum, in dem die Einberufung einer Konferenz für Abrüstung in Europa (KAE) angeregt wurde. Dieser Vorschlag wurde mit dem Anwachsen der konventionellen Potentiale und der daraus erwachsenden Gefahr von Überraschungsangriffen sowie der möglichen nuklearen Eskalation begründet, die aus konventionellen Auseinandersetzungen erwachsen könnten. Zudem wurden die MBFR-Verhandlungen über konventionelle Rüstungsbegrenzungen als unzureichend bezeichnet, weil die neutralen und blockfreien Staaten nicht an ihnen teilnehmen und die Verhandlungen nicht ganz Europa betreffen.

Die ursprünglich angelegte Trennung von KAE und KSZE wurde jedoch von den neutralen und blockfreien Staaten abgelehnt und schließlich die Zustimmung der französischen Regierung zur Anbindung der KAE an den KSZE-Prozeß im Sommer 1979 erreicht.

Der Geltungsbereich vertrauensbildender Maßnahmen seit 1983

Bei der KSZE-Folgekonferenz in Madrid akzeptierte die Sowjetunion am 9. Mai 1983 die Einbeziehung des europäischen Teils der UdSSR bis zum Ural in den Geltungsbereich der vertrauensbildenden Maßnahmen. Als Geltungsbereich ist damit das gesamte Europa vom

Ural bis zu den an Europa angrenzenden Seegebieten des Atlantik vorgesehen. Für die Bundesrepublik Deutschland ist dieses gegenüber den MBFR-Verhandlungen erweiterte Anwendungsgebiet deshalb attraktiv, weil jedes MBFR-Abkommen insofern unbefriedigend bleiben müßte, als dort der hohen Mobilität moderner Streitkärfte und der daraus resultierenden geringeren Bedeutung des Stationierungsgebietes nur ungenügend Rechnung getragen würde. Nunmehr wurden auch militärische Tätigkeiten im an Europa angrenzenden Seengebiet und Luftraum miteinbezogen, „soweit diese Tätigkeiten sowohl die Sicherheit in Europa berühren als auch einen Teil von Tätigkeiten in ganz Europa . . . konstituieren, die anzukündigen sie (die Teilnehmerstaaten) vereinbaren würden". Damit war der Vorbehalt der Sowjetunion, den europäischen Teil der UdSSR nicht einzubeziehen, soweit er über den in der KSZE-Schlußakte vereinbarten Grenzstreifen von 250 km hinausging, gegenstandslos.

Das Ziel vertrauensbildender Maßnahmen muß nach westlicher Ansicht sein, militärische Aktionen besser durchschauen zu können und dadurch die Gefahr von Überraschungsangriffen zu vermindern. Dazu würden nationale technische Mittel der Verifikation angeblich nicht ausreichen. Das Ausmaß eines Manövers, seine Aufgabenstellung und der Zusammenhang kleinerer Manöver sei ohne Beobachter vor Ort nicht zu klären. Das gleiche gelte für militärische Bewegungen. „Dabei wird es besonders schwierig sein festzustellen, wann eine ‚militärische Bewegung' beginnt und wann sie endet. Bei Landstreitkräften könnten diese Schwierigkeiten noch durch stichprobenartige Überprüfungen vor Ort gelöst werden. Hierbei müßten allerdings auch die Kasernen, der Fahrzeugpark und militärisches Großgerät inspiziert werden, um Art, Größe und Zweck der militärischen Bewegung festzustellen. Wesentlich schwieriger ist jedoch die Verifikation von Manövern der Luft- und Seestreitkräfte. Da technische Mittel der Luftraumüberwachung wie Bodenradar und AWACS nicht ausreichen, verbliebe nur die Möglichkeit der Entsendung von Beobachtern auf alle Flugplätze und Ausweichrollbahnen. Diese müßten durch Feststellung der Typen und Zahl der ein- und ausfliegenden Flugzeuge Rückschlüsse auf die Art und das Ausmaß der Luftübung ziehen. Ähnliches gilt für Bewegungen der Seestreitkräfte. Neben der Entsendung von Beobachtern auf zufällig ausgewählte Schiffe, müßte eine ständige Satellitenaufklärung stattfinden, deren Bestätigung durch gezielte Luftaufklärung in großen Seengebieten erfolgt. Im übrigen wird auch die Inspektion von Häfen in Erwägung zu ziehen sein" — so die Zusammenfassung der westlichen Verifikationsposition.[28]

Die KVAE in Stockholm

Am 6. September 1983 wurde mit dem Madrider Schlußdokument das Übereinkommen aller KSZE-Unterzeichnerstaaten verabschiedet, eine Konferenz über Vertrauensbildung und Abrüstung in Europa (KVAE) nach Stockholm einzuberufen. Sie soll zwei Aspekte umfassen: Eine Phase der Verhandlungen über neue Vertrauens- und Sicherheitsbildende Maßnahmen und eine zweite Phase der eigentlichen Abrüstungsverhandlungen, wobei der erfolgreiche Abschluß der ersten Phase zur Bedingung für die zweite gemacht wird. Die Sowjetunion erklärte sich bereit anzunehmen, daß

— die Ankündigungsfrist von 21 auf 35 Tage ausgeweitet wird,
— die Schwelle für anzukündigende Manöver von 25 000 auf 20 000 Mann gesenkt wird,
— die Luft- und Seemanöver einbezogen werden,
— militärische Bewegungen und Luftstreitkräfte mit mehr als 20 000 Mann angekündigt werden.[29]

In den folgenden Verhandlungen muß nun die Entfernung festgelegt werden, über die neue „Bewegungen" anzukündigen sind, und die Zeit, in der sie abgeschlossen sein müssen. Es muß auch verhindert werden, daß kleine Gruppen über ein- und dieselbe Route über mehrere Tage „einsickern" und es muß definiert werden, was ein „Manöver" ist. „Man wird fragen, wie man denn mit auf jeder Seite vorhandenen nationalen technischen Mitteln nachprüfen kann, daß ein Manöver von bestimmtem Ausmaß und mit einer bestimmten Aufgabenstellung stattfindet. Oder daß eine Truppenbewegung beginnt und endet und eine bestimmte Zahl umfaßt".[30]

Um die Manöver- und Bewegungsaktivitäten ausreichend nachzuprüfen (20 % mehr oder weniger werden von Experten als ausreichend angesehen) müßten für eine Übung oder Bewegung auf Divisionsebene bis zu 20 000 Mann ungefähr fünf bewegliche Beobachterteams eingesetzt werden.

Festgelegt werden müssen auch die Zählregeln. So wäre z. B. eine 50 000 Mann starke Landeübung mit See- und Luftunterstützung etwas völlig anderes (und viel bedrohlicher) als ein einfaches Manöver mit zwei Divisionen.

Das westliche Ziel vertrauensbildender Maßnahmen

Gleich zu Beginn der KVAE schlug die Sowjetunion am 15. Februar 1984 als Grundlage für vertrauensbildende Maßnahmen den Abschluß eines Gewaltverzichtabkommens vor und verlangte, praktische Maßnahmen zur Verhinderung von Überraschungsangriffen zu treffen, einen gemeinsamen Austausch von militärischen Delegationen sowie Besuche von Kriegsschiffen und Luftwaffeneinheiten zu ermutigen, gemeinsam dafür zu wirken, daß die UN als „globales Instrument der kollektiven Sicherheit" gestärkt werden, die internationalen Verbindungswege sichergestellt werden, die See-, Luft- und Weltraumkommunikation nicht gefährdet wird, wo sie sich der Jurisdiktion einzelner Staaten entzieht.

Dem hielt der Vertreter der Schweiz entgegen, daß eine zusätzliche vertragliche Festschreibung des Gewaltverzichts nicht der Ausgangspunkt, sondern höchstens das Ergebnis des nunmehr eingeleiteten KVAE-Prozesses sein könne.

Das Dilemma der gegenwärtigen Ost-West-Beziehungen besteht darin, daß einerseits der Konflikt zwischen den Supermächten verschärft wurde und der Grad der Ideologisierung wieder stark hervortritt, daß andererseits aber gleichzeitig die jeweiligen Bündnispartner diese Wende in den Ost-West-Beziehungen nicht mehr wie zu Zeiten des Kalten Krieges bedenkenlos mittragen.

d) Maßnahmen zur Verhinderung von konventionellen Überraschungsangriffen

Wie bereits die Begründung einer KAE durch die französische Regierung im Jahre 1978 zeigt, ist nicht nur die Gefahr vor nuklearen Ungleichgewichten im strategischen und euro-strategischen Bereich gewachsen, sondern hat auch das Anwachsen konventioneller Potentiale zu einer wachsenden Gefahr von Überraschungsangriffen geführt. Besonders gefährlich ist dabei das strategische operative Konzept der NATO, das von dem Einsatz atomarer Waffen im Gefechtsraum ausgeht, womit die unübersehbaren Konsequenzen einer weiteren atomaren Eskalation verbunden sind. Die bisher ungelöste Aufgabe besteht darin, „die Divisionen der ersten Staffel eines großen konventionellen Angriffs des Warschauer Paktes zum Stehen zu bringen und zugleich eine wirksame Störungs- und Vernichtungsoperation mit konventionellen Mitteln gegen seine nachfolgenden Kräfte zu führen, um sie außer Gefecht zu setzen, bevor ihr Gewicht an der Front zum Tragen gebracht werden kann".[31] Es verstärkt sich somit die Tendenz, die Abschreckungsfähigkeit von der atomaren auf die konventionelle Komponente zu verlagern mit dem Ziel, die Atomschwelle zu heben.

Die Einführung von Mikroelektronik und Mikroprozessoren in die modernen Waffensysteme kann eine Epoche neuer Waffentechnologien einleiten, die für die NATO als Verteidigungsbündnis neue strategische Optionen ermöglicht.

Vorstellungen der 50er und 60er Jahre zur Verhinderung von Überraschungsangriffen

Bereits in den fünfziger und sechziger Jahren ist versucht worden, durch eine Mischung strategischer und rüstungskontrollpolitischer Maßnahmen die Gefahr eines Überraschungsangriffs zu vermindern. So schlug beispielsweise der damalige US-Außenminister Dean Rusk am 15. März 1962 eine Inspektionszone vor, die durch Luftinspektionen und Beobachtungsposten sowie vorherige Ankündigung militärischer Bewegungen den Schutz vor Überraschungsangriffen verbessern helfen sollte. Und der damalige Oberbefehlshaber der NATO in Europa, General Lauris Norstad machte im Februar 1963 den Vorschlag, eine Zone von Zentralrußland bis zum Atlantik mit gegenseitigen Boden- und Luftinspektionen zu vereinbaren.

Je schwieriger es einerseits wird, die Grenze zwischen dem nuklearen Kurz- und Langstreckengefecht zu ziehen, desto dringender wird es andererseits, sie klar zu markieren, um einen totalen Nuklearkrieg zu vermeiden. Wenn aber die Unterschiede zwischen den verschiedenen Waffenkategorien nicht mehr ausreichen, um diese Grenze sichtbar zu machen, dann scheint es aus diesem Grunde am zweckmäßigsten, die Linie einfach geografisch festzulegen. Tatsächlich sind taktische Gefechtsfeldwaffen von einem eurostrategischen Schlag nur sehr schwer zu unterscheiden, obwohl theoretisch die taktische Luftunterstützung der NATO nur Truppenverschiebungen in Europa im Falle eines Angriffs unterbinden soll. Unter den Bedingungen, die im Ernstfall auf dem atomaren Kampffeld herrschen, wäre es ungemein schwierig zu beurteilen, welche Feuerkraft der Gegner einsetzt. Die Versuchung, mit weit stärkeren Waffen zu antworten, wäre fast übermächtig.

Allein verbesserte nichtnukleare Streitkräfte können die Abschrekkung aller aggressiven Schritte erhöhen, wenn man von einem direkten totalen Angriff auf Westeuropa absieht, der ohnehin die Angriffsabsichten offenkundig und damit einen strategischen Vergeltungsschlag unumgänglich machen würde — wenigstens in der NATO-Strategie. Ein massiver thermonuklearer Angriff zur Verbesserung der militärischen Situation einer Seite ist jedoch unwahrscheinlich, da beide Seiten geschützte Waffen und Basen und damit die Möglichkeit des Zweitschlages besitzen. Die Gefahr liegt für den Westen in einem rein konventionell geführten, lokal begrenzten sowjetischen Überraschungsangriff in Mitteleuropa — die Angriffsabsichten der Sowjetunion einmal unterstellt. Der Westen hat jahrelang herumexperimentiert, um der Gefahr eines konventionellen Angriffs zu entgehen. Beispielhaft zeigt sich das am Wandel der Bedeutung, die den Landstreitkräften jeweils zugewiesen wurde. Bis Mitte der fünfziger Jahre sollten sie Europa mit konventionellen Waffen allein verteidigen.

Danach erhielten sie die Aufgabe gestellt, als „Stolperdraht" zu fungieren, der das Strategische Luftwaffenkommando zu alarmieren hatte. Ende der fünfziger Jahre wurden sie beauftragt, eine „Pause" zu erzwingen, bis die taktischen Atomwaffen eingesetzt würden, um den eigentlichen Kampf zu führen.[32] Anfang der sechziger Jahre begann man, ihren Kampfauftrag wieder stärker zu betonen. Das Kernproblem für den Westen war seit jeher der Einsatz taktischer Kernwaffen. Der Bundeswehr wurde weitgehend die Rolle des vorderen Schildes der NATO zugedacht, so daß der Gegner gezwungen wäre, massiert anzugreifen, und auf diese Weise ein lohnendes Ziel für den atomaren Schlag bieten würde.[33]

Die atomare Abschreckung vor konventionellen Angriffen

Ziel bleibt es, Atomwaffen nicht erst dann zu verwenden, wenn die konventionellen Streitkräfte zur Verteidigung nicht ausreichen, sondern atomare Verteidigung durch vorsorgliche konventionelle Stärke gar nicht erst wahrscheinlich werden zu lassen. Politisches Interesse ist es, daß konventionelle Streitkräfte einen begrenzten Angriff mit Sicherheit zurückschlagen, ein Grenzfeuer austreten oder auch einer Offensive größeren Ausmaßes standhalten können, bis deren Größe, Richtung und Enrsthaftigkeit zweifelsfrei zu erkennen ist. Es ist kaum vorstellbar, daß die Sowjetunion das Risiko auf sich nehmen

> „Nur außergewöhnliche Umstände — ein direkter atomarer Angriff gegen den sowjetischen Staat oder seine Verbündeten — können uns dazu zwingen, von einem atomaren Vergeltungsschlag als einem letzten Mittel der Selbstverteidigung Gebrauch zu machen".
>
> *(D. V. Ustinov, Serving the Motherland and the Communist Cause, Moskau 1982, S. 72; zitiert in: Der Palme-Bericht, Berlin 1982, S. 37).*

würde, blindlings einen umfassenden Angriff gegen Westeuropa zu führen, ohne den gleichzeitigen Versuch, auch die USA kampfunfähig zu machen. Unterstellt man also der UdSSR ernsthafte Angriffsabsichten, dann wäre konsequenterweise der erste umfassende Schritt gegen die USA gerichtet, was nach dem heutigen Stand der Militärtechnologie dem Selbstmord gleichkäme. Wenn die UdSSR überhaupt willens sein sollte, das Risiko irgendeines Angriffs auf sich zu nehmen, dann müßte sie zwangsläufig Westeuropa als den Preis ansehen, den es zu gewinnen gilt, nicht aber als ein Ziel, das man in Schutt und Asche legt.

Die konventionellen Streitkräfte der NATO sollen in der Lage sein, den Warschauer Pakt von einem konventionellen Angriff abzuschrecken. Denn wenn die NATO über ausreichende konventionelle Mittel verfügte, wäre ein Angreifer gezwungen, sich entweder zurückzuziehen oder die ernste Entscheidung eines Ersteinsatzes von Kernwaffen zu treffen.[34] Diese Fähigkeit wird heute jedoch ernsthaft in Frage gestellt, da die NATO in Mitteleuropa zu wenig Erdkampfverbände habe und die Vorneverteidigung „auf einen dünnen Kordon mit geringen operativen Reserven" hinauslaufe.[35]

Überlegungen zur Verbesserung der konventionellen Verteidigungsfähigkeit stehen zunehmend im Mittelpunkt der sicherheitspolitischen Diskussion. In diesem Zusammenhang sei auf den Nunn-Report[36] und auf die Vorschläge der European Security Study[37] zur Nutzung moderner Technologie für die Stärkung der konventionellen Kampfkraft verwiesen. Angesichts der offenbar möglichen Fähigkeiten, welche die neuen Waffen-Technologien im Hinblick auf Treffsicherheit und Zielerfassung besitzen, wären konventionelle Waffen durchaus in der Lage, eine Reihe militärischer Aufgaben zu erfüllen, die bisher allein den Kernwaffen zugeordnet waren. Dadurch wäre eine deutliche Reduzierung des taktischen Kernwaffenarsenals der NATO möglich — abgesehen davon, daß von kompetenter Seite behauptet wird, auch derzeit seien die konventionellen Kräfte der NATO bereits stark genug, „die Grenzen Westeuropas mit den Mitteln (zu) verteidigen, die uns zur Verfügung stehen. Ich habe niemals eine Verstärkung der Streitkräfte gefordert. Ich bin nicht der Meinung, daß die konventionelle Verteidigung irgendwo in einem hoffnungslosen Zustand ist".[38]

Da als Faustregel gilt, daß ein Angreifer eine Überlegenheit an konventionellen Waffen von drei zu eins braucht, um erfolgreich zu sein, da zudem der Warschauer Pakt bei einem Überraschungsangriff gezwungen wäre, seine Verbände zu massieren, um Durchbrüche zu erzielen und damit das Ziel eines möglichst raschen Vordringens in das rückwärtige Gebiet des Verteidigungsraumes der NATO zu erreichen, exponieren sich diese Kräfte und erleichtern die Aufklärung durch NATO-Beobachter. Da als besonders bedrohlich die starke sowjetische Panzerwaffenverbände angesehen werden, sollen von 1988 an Waffensysteme der NATO zur Verfügung stehen, die mittels Mehrfachraketenwerfern mit endphasengelenkter Munition insbesondere Kampfpanzer wirkungsvoll bekämpfen können (dieser MLRS kann in einer Salve von 12 Geschossen ein Gebiet von 1,2 x 3 km bestreuen). Um die Aufklärung zu verbessern, werden ferngelenkte Aufklärungs-Kleinfluggeräte (RPV = Remotely Piloted Vehicle) entwickelt, die in einer Höhe bis zu 3000 m ca. 6 bis 7 Stunden in der Luft bleiben können, um mit ihren Filmkameras laufend Bilder auf die Monitore der Bodenstationen zu übertragen. „Bei 15 facher Vergrößerung der Kamera wird jeweils ein Rechteck von 50 x 50 m am Boden beobachtet, um die Bewegungen der eigenen Truppen im Gefecht ebenso zu verfolgen wie Artilleriestellungen, Truppenbewegungen und Panzeransammlungen des Gegners. Auf diese Weise sind ‚Echtzeitübermittlungen' möglich, die durch die Erde umkreisenden Aufklärungssatelliten nicht geliefert werden können".[39]

Überlegungen zur Anhebung der Nuklearschwelle

Wenn ein großer Teil der nuklearen Kurzstreckensysteme, die vorne stationiert sind, durch konventionelle Waffen ersetzt würden, könnte die Notwendigkeit eines Ersteinsatzes von Kernwaffen (die sich aus der Entscheidungslage ergäbe, sie bei einem Angriff einzusetzen oder ihren Verlust in Kauf zu nehmen) verringert und damit die Gefahr einer nuklearen Eskalation begrenzt werden.

Die damit verbundene Anhebung der Nuklearschwelle wäre zwar einerseits wünschenswert, andererseits könnte die Gefahr einer Los-

Um die Gefahr einer atomaren Konfrontation in Europa einzudämmen und zu verringern, ist es wichtig, bei der deutlichen Unterscheidung zwischen atomaren und konventionellen Waffen zu bleiben. Wir fordern die Nuklearmächte auf, keine Waffen zu stationieren, die den Unterschied dadurch verwischen, daß sie „harmloser" (more usable) erscheinen. Die sogenannten miniaturisierten Kernwaffen (mini-nukes) und die Kernwaffen mit verstärkter Strahlung (Neutronenwaffen) gehören in diese Kategorie.

Quelle: Der Palme-Bericht, S. 166

lösung von der amerikanischen Nukleargarantie entstehen. Eine Anhebung wäre auch gleichbedeutend mit der Verlängerung eines konventionellen Konflikts, der für Mitteleuropa bereits verheerende Folgen hätte.[40] Ein konventioneller Krieg entlang der innerdeutschen Grenze würde zu einer weitgehenden Zerstörung der Bundesrepublik Deutschland führen, wo 40 % der Bevölkerung und 60 % der Industrie nicht mehr als 100 km von der Grenze entfernt angesiedelt sind.[41]

Andererseits ist heute, wo konventionelle und nuklear bestückte Waffensysteme nicht eindeutig unterscheidbar sind, die Gefahr groß, daß die Sowjetunion in jedem Fall vorsorglich davon ausgeht, es handle sich um Nuklearwaffen. In diesem Fall nicht von Nuklearwaffen unterscheidbarer konventioneller Waffensysteme muß das Risiko eines frühen Einsatzes sowjetischer Nuklearwaffen einkalkuliert werden.

Die Strategie einer angemessenen konventionellen Verteidigung bewegt sich also zwischen zwei zu vermeidenden Konsequenzen:

– einerseits darf die konventionelle Komponente nicht so schwach sein, „daß die Allianz zu einer quasi-automatischen nuklearen Eskalation gezwungen wird",
– andererseits dürfen die konventionellen Streitkräfte nicht so stark sein, daß die aufeinander abgestimmte konventionelle und nukleare flexible Reaktionsmöglichkeit gelockert wird und damit „die Gefahr eines wahrscheinlicher werdenden konventionellen Krieges die Gefahr eines dann unwahrscheinlichen Nuklearkrieges überlagert".[42]

Wer also die nukleare Schwelle im Rahmen der Strategie der flexiblen Reaktion heben will, der muß „entweder als Ergebnis von Rüstungskontroll-Verhandlungen das Risiko konventioneller Angriffe, insbesondere konventioneller Überraschungsangriffe, verringern, oder er muß unterhalb der nuklearen Schwelle eine konventionelle Verteidigungsfähigkeit bereitstellen, die es im Konfliktfall ermöglicht, die nukleare Schwelle möglichst hoch anzusetzen, ohne hierbei gegenüber dem potentiellen Angreifer die Ungewißheit aufzuheben, wo diese Schwelle liegt".[43]

Umstrukturierungsvorschläge zur Verbesserung konventioneller Verteidigung

Wenn man — so der frühere Staatssekretär im Bundesministerium der Verteidigung Andreas von Bülow[44] — davon ausgeht, daß die sowjetische Führung nur begrenzt an die Möglichkeit einer ausschließlich konventionellen Kriegsführung in Europa glaubt und sich deshalb auf den Einsatz von Atomwaffen vorbereitet, wenn man zudem berücksichtigt, daß die NATO im Falle des Scheiterns der Abschreckung den Abwehrkampf unmittelbar an der innerdeutschen Grenze aufnehmen will, dann muß — um in Zukunft den frühzeitigen Rückgriff auf Atomwaffen zu vermeiden — die atomare Schwelle „energisch angehoben, die konventionelle Verteidigungsfähigkeit drastisch verbessert werden".[44] Der SPD-Politiker rechnet mit der Möglichkeit eines gegnerischen Durchbruchs, „wenn die Sowjetunion ihre im westlichen Rußland stehenden Divisionen über rund 1000 km in Marsch setzt und in die Nähe der vorderen Kampfzone bringt". Hierzu bedürfe es jedoch umfassender Vorbereitungen, die nicht unbemerkt blieben. Die 20 bis 30 Divisionen müßten durchweg im Wege des Eisenbahntransports à 45 Zügen je Division mit ihrem ungeheuren Material einschließlich Nachschub nach vorn transportiert werden. Zudem müßten die Bahnwaggons über die Spurwechselzone hinweggeführt werden.[45]

Vorgeschlagen wird deshalb die Entwicklung einer Verteidigungsstruktur in Richtung auf ein Milizsystem. Da der größte Teil des grenznahen Geländes zur DDR und zur Tschechoslowakei für einen Panzerangriff nicht geeignet ist, könnte eine Panzerverteidigung entlang der Mittelgebirge etwa 50 bis 75 km tief gestaffelt von einer auf Reservisten aufbauenden Miliz des Territorialheeres bewältigt werden. Auch nördlich des Harzes gibt es nach von Bülow keineswegs die oftmals befürchtete Panzerdurchbruchsmöglichkeit. „Von Lübeck schließt sich nach Süden eine hindernisgünstige Seenplatte an. Es folgen Moor- und Waldgebiete, die schwer im Parforceritt zu durchmessen sind, wenn man mit gut geschützten, das Gelände ausnutzenden

Panzerabwehrkräften rechnen muß. Es bleiben maximal 30 bis 50 km Breite, die wirklich ideal für den Panzerdurchbruch geeignet sind und die müßte man wohl mit einiger Verstärkung schützen können".[45] Ein aus grenznahen Milizen bestehender Panzerabwehrriegel in einer Tiefe von 50 bis 75 km würde einen schnellen Durchbruch unmöglich machen.

Ziel dieser Strategie ist es, alle Möglichkeiten zur Entwicklung defensiver, panzerbrechender Waffensysteme zu nutzen, die in großen Stückzahlen billig zu produzieren sind. Die Aufgabe der Luftwaffe würde nach diesem Konzept darin bestehen, den Aufmarsch aus der Zone zu unterbinden, aus der heraus ein Angriff durch Auffächerung der Kräfte erst seine Schwungkraft entwickelt. Nur bei einem Ersteinsatz nuklearer Systeme durch die Sowjetunion müßten überlebensfähige nukleare Systeme bereitgehalten werden, die angesichts der Zielgenauigkeit moderner Waffen auch aus seegestützten cruise missiles bestehen könnten.

Am Ende dieses Umstrukturierungsprozesses sollte nach Meinung ihrer Vertreter die NATO willens und in der Lage sein, zu erklären, daß sie auf einen Ersteinsatz von Atomwaffen verzichtet, „insbesondere wenn die Sowjetunion ihrerseits sowohl auf den Einsatz konventioneller als auch atomarer Waffen verzichtet, wie sie es inzwischen angeboten hat".[45]

Die Verbesserung der konventionellen Fähigkeiten kann und soll nicht einen konventionellen Krieg führbar erscheinen lassen. Vielmehr muß eine Konventionalisierung darauf ausgerichtet sein, den defensiven Charakter der Militärstrategie zu verstärken.

Die Nachrüstungsdebatte aber hat gezeigt, daß Zweifel in der politischen Absicht der Gegenseite nicht durch Nuklearwaffen aufgehoben werden können — auch nicht Zweifel an der nuklearen Beistandsgarantie der Führungsmacht USA. Dies würde auch für eine Umrüstung auf konventionelle Verteidigung gelten. Die „beabsichtigte Erhöhung der nuklearen Schwelle könnte einerseits als amerikanische Absicht interpretiert werden, auf Kosten der territorial betroffenen europäischen Länder einen konventionellen Krieg in Europa führen zu können, dessen zerstörerische Konsequenzen für die dichtbesiedelte Bundesrepublik Deutschland existenzbedrohend wären; sie könnte ebenso jedoch als amerikanisches Bemühen angesehen werden, die Glaubwürdigkeit der Flexiblen Reaktion durch ihre Denuklearisierung zu stärken."[46]

4.3. Neutralität, Neutralisierung und Blockfreiheit

a) Gewöhnliche und dauernde Neutralität

Neutralität wird definiert als „Nichtbeteiligung eines Staates an einem Krieg anderer Staaten". Geregelt wird dieser Völkerrechtsstatus im V. Haager „Abkommen betreffend die Rechte und Pflichten der neutralen Mächte und Personen im Falle eines Landkrieges" und im XII. Haager „Abkommen betreffend die Rechte und Pflichten des Neutralen im Falle eines Seekrieges" — beide vom 18. Oktober 1907.[47] Diese Abkommen werden ergänzt durch Normen des Völkergewohnheitsrechts, beispielsweise in bezug auf den Luftkrieg und den Wirtschaftskrieg sowie in bezug auf humanitäre Belange durch die Genfer Abkommen aus dem Jahre 1949 zum Schutze der Kriegsopfer.[48]

Unterschieden werden muß dabei zwischen *gewöhnlicher* (gelegentlicher oder einfacher) Neutralität und *ständiger* (dauernder oder immerwährender) Neutralität:

— Im Fall der gewöhnlichen Neutralität beteiligt sich der neutrale Staat nur an einem ganz bestimmten Krieg nicht. „Die gewöhnliche Neutralität ist das völkerrechtliche Rechtsverhältnis zwischen einem Staat, der an einem Krieg nicht teilnimmt, und den kriegführenden Staaten. Es regelt also die Beziehungen zwischen Neutralen und Kriegführenden . . . Die gewöhnliche Neutralität schafft keine Rechte und Pflichten in Friedenszeiten".[49] Die Neutralitätspflichten eines gewöhnlich neutralen Staates im Kriegsfall sind

o die Enthaltungspflicht, d. h. der neutrale Staat darf kriegführende Staaten nicht durch Streitkräfte, Kriegsmateriallieferungen, Kredite für Kriegszwecke und Übermittlung militärischer Nachrichten unterstützen,

o die Verhinderungspflicht, d. h. der neutrale Staat muß jede neutralitätswidrige Handlung kriegführender Staaten auf seinem Territorium und in seinem Luftraum verhindern,

o die Duldungspflicht, d. h. der neutrale Staat muß bestimmte Handlungen kriegführender Nationen dulden (z. B. Kontrolle neutraler Schiffe auf hoher See),

o die Unparteilichkeitspflicht, d. h. der neutrale Staat muß kriegführende Staaten in bezug auf staatliche Regelungen der privaten Ausfuhr und Durchfuhr von Kriegsmaterial gleich behandeln.[50]

– Die ständige Neutralität kommt entweder durch einen völkerrechtlichen Vertrag oder durch einen einseitigen Akt des neutralen Staates und dessen Anerkennung durch andere Staaten zustande. In diesem Fall erklärt der neutrale Staat bereits im Frieden, prinzipiell weder einen Krieg beginnen noch sich an irgendeinen Krieg anderer Mächte beteiligen zu wollen, solange er nicht selbst angegriffen wird. Die ständige Neutralität begründet daher bereits Rechte und Pflichten in Friedenszeiten. Das Hauptprinzip besteht „in der Verpflichtung, keinen bewaffneten Konflikt zu beginnen oder nicht in einen solchen einzugreifen und die entsprechende Politik zu führen."[51]

Es muß dabei unterschieden werden zwischen ständiger Neutralität als einer Institution des Völkerrechts und als Ausdruck bestimmter Machtkonstellationen. Ständige Neutralität als Ausdruck bestimmter Machtkonstellationen setzt nämlich „zur materiellen politischen Wirksamkeit ein Gleichgewicht der im Ringen um Einfluß auf den betreffenden Staat rivalisierenden Mächte sowie dessen Willen und Fähigkeit (voraus), sich unter Ausnutzung dieses Gleichgewichts der Fremdbestimmung durch die einzelnen Rivalen weitestgehend zu entziehen",[52] auch wenn diese Neutralität formell von jedem beliebigen Staat verkündet werden kann.

Die Neutralität der Schweiz

Die dauernde bewaffnete Neutralität der Schweizerischen Eidgenossenschaft geht bis in das 15. Jahrhundert zurück. Seit dem Dreißigjährigen Krieg, der große Gefahren für die Einheit und Unabhängigkeit der Schweiz brachte, war Neutralität das Leitmotiv der schweizerischen Außenpolitik, um einen Kampf der Großmächte um die Alpenpässe zu vermeiden. Der Wiener Kongreß erhob 1815 die Neutralität der Schweiz zu einem internationalen Status, da „die Neutralität und Unverletzlichkeit der Schweiz sowie ihre Unabhängigkeit von jedem fremden Einfluß den wahren Interessen aller europäischen Staaten entsprechen". Die schweizerische Neutralität ist bewaffnet, nicht rüstungsbegrenzt, aber bündnisfrei.

In der Schweizerischen Bundesverfassung findet sich keine Erwähnung der Neutralität im Artikel 2, der den Zweck des schweizerischen Bundesstaates umschreibt. Hier ist nur von der „Behauptung der Unabhängigkeit des Vaterlandes nach außen" die Rede. Diese findet sich jedoch im Zusammenhang mit der Zuweisung der Befugnisse und Obliegenheiten an die Bundesbehörden der Schweiz.

So bestimmt z. B. Artikel 85 Ziffer 6 über den Geschäftskreis der Bundesversammlung (den zwei Kammern des eidgenössischen Parlaments) „Maßregeln für die äußere Sicherheit, für Behauptung der Unabhängigkeit und Neutralität der Schweiz, Kriegserklärungen und Friedensschlüsse", und über den Bundesrat (die Bundesregierung) heißt es in Artikel 102 Ziffer 9: „Er wacht für die äußere Sicherheit, für die Behauptung der Unabhängigkeit der Schweiz". Begriffsauslegung und Handhabung der Neutralität obliegen dem Bundesparlament und der Bundesregierung.

Die Schweiz konnte ihren 1815 in einem völkerrechtlichen Vertrag abgesicherten Status behaupten, da „keine der im Interesse an der Schweiz rivalisierenden großen europäischen Mächte während dieser Periode stark genug" gewesen war, „um den Zustand gegen den Willen der Rivalen und der Schweiz zu ihren Gunsten zu ändern, so daß letztlich die Erhaltung der dieses Gleichgewicht stabilisierenden neutralen Existenz der Schweiz für *alle* das Optimum des Erreichbaren darstellte".[53] In der Schweiz wird die Aufgabe der Landesverteidigung als eine völkerrechtlich aufgegebene Rechtspflicht betrachtet, die sich aus dem Status der dauernden Neutralität ergibt.

Die Neutralität des Vatikan

Die Vatikanstadt wurde durch Artikel 24 des Lateranvertrages zwischen Italien und dem Heiligen Stuhl vom 11. Februar 1929 zum „dauernd und in allen Umständen neutralen und unverletzlichen Gebiet" erklärt. Für die Weltpolitik ist dieses Beispiel für den Sonderstatus eines Stadtviertels ohne Bedeutung.

Die Neutralität Österreichs

Österreich ist ein dauernd neutraler Staat. Zwar enthält der Staatsvertrag vom 15. Mai 1955 nichts über diesen Status, doch hat sich Österreich durch das Moskauer Abkommen vom 15. April 1955, in dessen Ziffer 1 die dauernde Neutralität nach Schweizer Muster vorgesehen ist, gegenüber der Sowjetunion verpflichtet, „eine Politik der dauernden Neutralität durch die anderen Staaten und die Garantie seiner Unabhängigkeit zu bemühen".

Am 26. Oktober 1955 wurde das Bundesverfassungegesetz über die Neutralität Österreichs mit folgendem Wortlaut beschlossen:

„Artikel I
(1) Zum Zwecke der dauernden Behauptung seiner Unabhängigkeit nach außen und zum Zwecke der Unverletzlichkeit seines Gebietes erklärt Österreich aus freien Stücken seine immerwährende Neutralität. Österreich wird diese mit allen ihm zu Gebote stehenden Mitteln aufrechterhalten und verteidigen.
(2) Österreich wird zur Sicherung dieser Zwecke in aller Zukunft keinen militärischen Bündnissen beitreten und die Errichtung militärischer Stützpunkte fremder Staaten auf seinem Gebiete nicht zulassen.
Artikel II
Mit der Vollziehung dieses Bundesverfassungsgesetzes ist die Bundesregierung betraut."

Die große Mehrzahl der Staaten, darunter alle Großmächte, hat daraufhin die dauernde Neutralität Österreichs anerkannt. Eine internationale Garantie seiner dauernden Neutralität erhielt Österreich jedoch nicht. Diese Neutralität aufgrund des Staatsvertrages mit den vier Besatzungsmächten ist eine dauernde und bewaffnete. Der Vertrag sieht bis auf ABC-Waffen-Verbot keine Rüstungsbeschränkung oder Rüstungskontrolle vor.

Die Neutralität Finnlands

Die bewaffnete Neutralität Finnlands ist durch seine Lage im Schatten der Sowjetunion nach dem Zweiten Weltkrieg entstanden und besteht in dem Bestreben, „außerhalb der Interessengegensätze der Großmächte zu bleiben", wie es in Punkt 1, Absatz 4 der Präambel des finnisch-sowjetischen Vertrages vom 6. April 1948 heißt (1955 erneuert und 1970 für weitere 20 Jahre verlängert).[54] Die Assoziierungsversuche an EFTA und Nordec zeigen, daß auch diese Form der teilweise 'erzwungenen Neutralität einen gewissen politischen Spielraum läßt.

Die finnische Außen- und Sicherheitspolitik ist bestrebt, „Finnland in Zeiten des Friedens aus den Streitigkeiten der Großmächte herauszuhalten und im Falle einer bewaffneten Auseinandersetzung zwischen ihnen Finnlands Neutralität aufrechtzuerhalten".[55] Die im finnisch-sowjetischen Vertrag festgelegte Verteidigungspflicht bewegt sich voll im Rahmen der Pflichten eines neutralen Staates gegenüber kriegführenden Staaten. Zudem hat sich Finnland darauf festgelegt, bestimmte Regeln des V. Haager Abkommens im Kriegsfall anzuwenden.

Die Neutralität Schwedens

Die ständige Neutralität Schwedens beruht nicht auf völkerrechtlicher Grundlage, sondern stellt eine traditionelle außenpolitische Einstellung dar. Allerdings bestimmt Schweden den Inhalt und Stil seiner Außenpolitik als Blockfreiheit. Die schwedische Neutralitätspolitik richtet sich im Kriegsfall (wie bei anderen neutralen Staaten auch) auf die Einhaltung der Regeln der völkerrechtlich definierten einfachen Neutralität. Schweden wird (wie Finnland) trotz fehlender formeller Neutralitätsverpflichtung aufgrund der auf Dauer angelegten Neutralitäts*politik* als de facto dauernd neutraler Staat betrachtet. Das Prinzip einer starken Verteidigungsbereitschaft ist seit 1815 im Zusammenhang mit dem Wiener Kongreß als Voraussetzung glaubwürdiger Neutralität im Kriegsfall ein Grundsatz der schwedischen Außen- und Sicherheitspolitik gewesen. Sie war praktisch möglich durch die isolierte geographische Lage. Schweden lehnt grundsätzlich militärische Allianzen ab und ist gewillt, seine moderne Verteidigungskraft allianzfrei zu gebrauchen. Schweden beteiligt sich an der internationalen wirtschaftlichen und handelspolitischen Zusammenarbeit und stellt Truppen für die UN. Im Gegensatz zu Jugoslawien stimmte es in der UN oft mit dem Westen und beteiligte sich kaum an den Aktionen der anderen blockfreien Staaten.

Schweden beschreibt seine Position selbst als „Blockfreiheit in Friedenszeiten mit dem Ziel der Neutralität im Krieg".[56]

b) Blockfreiheit

Wesentlich anderen Charakter hat eine aktiv-politische Neutralitätspolitik (Nonalignment) bestimmter blockfreier Staaten, die dazu beitragen kann, die Polarisierung in zwei Machtblöcke zu erschweren und als ein Element der Entspannung zu wirken. Der Ausdruck ‚Nonalignment' gibt die Stellung dieser Staaten nur unzulänglich wieder. Ihr Verhalten wird mehr von dem Verlangen bestimmt, ihre eigenen Interessen zu fördern, als von dem Wunsch, nicht festgelegt zu werden. Die Politik der Blockfreiheit (Nonalignment) definierten der jugoslawische Präsident Tito, der ägyptische Staatspräsident Nasser und der indische Premierminister Frau Indira Gandhi im Oktober 1966 folgendermaßen: „Die Politik der Blockfreiheit wendet sich gegen jegliche Form von Imperialismus, Hegemonie oder Monopolstellung der Macht und militärische Allianzen. Das Ziel der Blockfreiheit ist eine Stärkung des internationalen Friedens nicht durch die Teilung der Welt, sondern durch eine Vergrößerung der Gebiete, in welchen Freiheit, Unabhängigkeit und Zusammenarbeit auf der Basis der Gleichheit und des gegenseitigen Vorteils herrschen".[57]

Blockfreiheit kann als „ein System von Ideen bzw. als Ideologie, als außenpolitische Orientierung eines Staates und als eine kollektive, internationale Bewegung von Staaten" bezeichnet werden.[58] Diese Bewegung der Blockfreiheit besteht fast ausschließlich aus asiatischen, afrikanischen und lateinamerikanischen Ländern, die größtenteils erst im Laufe des Entkolonialisierungsprozesses seit dem Ende des Zweiten Weltkrieges die staatliche Unabhängigkeit erlangt haben. Nur drei europäische Staaten gehören der Bewegung als Vollmitglieder an: Jugoslawien, Malta und Zypern.

Obwohl zwischen „Blockfreiheit" und ständiger Neutralität einige Berührungspunkte in den Grundzielen bestehen, ergeben sich Unterschiede zwischen der Blockfreiheit als einer ausschließlichen politischen Haltung und der auf dem Völkerrecht basierenden ständigen Neutralität. Vom Status ständig neutraler Staaten, die sich verpflichten, sich aus allen bewaffneten Konflikten herauszuhalten, unterscheidet sich Blockfreiheit dadurch, daß sich die Nichtbeteiligung auf militärische Bündnisse beschränken soll, die im Kontext des Konflikts zwischen den Großmächten geschlossen wurden. Es geht dieser Staatengruppe also darum, nicht in den Ost-West-Konflikt hineingezogen zu werden und ihre Unabhängigkeit insbesondere gegenüber den Großmächten zu wahren. Auch vom Neutralismus unterscheidet sich die Blockfreiheit, und zwar nicht nur deshalb, weil die Gleichsetzung beider Begriffe von den Blockfreien selber abgelehnt wird, sondern insbesondere deshalb, weil Blockfreiheit nicht Neutralität gegenüber allen Staaten, sondern nur gegenüber bestimmten Konflikten bedeutet. Neutralismus und Blockfreiheit ist allerdings gemeinsam, daß sie eine ausschließlich politische Haltung, eine außenpolitische Maxime darstellen und im Völkerrecht nicht verankert sind. Im Unterschied zu jeder Form von Neutralität und Neutralismus bedeutet Blockfreiheit aktives Handeln. Es wird kaum eine umfassende neutrale Solidarität aller Staaten geben, weil in dem konkreten Einzelfall die Interessenlage jedes Landes wieder eine andere sein kann, die an unterschiedliche Voraussetzungen gebunden ist. Das Bemühen um die Verhinderung eines weltweiten Konflikts und um Entspannung im gefährlichen Ost-West-Konflikt der vergangenen Jahre war jedoch bei allen blockfreien Staaten unbestreitbar vorhanden und hat zur Erhaltung des Friedens beigetragen.

Die fünf Kriterien der Blockfreiheit von 1961

Insbesondere die im Juni 1961 von 21 Staaten in Kairo formulierten fünf Kriterien, die ein blockfreies Land aufweisen muß, bilden bis heute die Grundregeln, nach denen die Bewegung der Blockfreien zu den Gipfelkonferenzen und den Konferenzen der Außenminister einlädt. Diese Prinzipien wurde auf dem 6. Gipfeltreffen der Blockfreien-Bewegung im September 1979 in Havanna bekräftigt. Sie lauten:

1. Das Land soll eine unabhängige, auf der Koexistenz von Staaten mit verschiedenen politischen und gesellschaftlichen Systemen und auf Nichtpaktgebundenheit begründete Politik betreiben oder eine Tendenz zur Durchführung einer solchen Politik aufzeigen;
2. das Land soll dauerhaft die nationalen Befreiungsbewegungen unterstützen;
3. das Land darf nicht Mitglied eines multilateralen militärischen Bündnisses sein, das im Kontext des Konflikts zwischen den Großmächten geschlossen wurde;
4. falls das Land ein bilaterales militärisches Bündnis mit einer Großmacht geschlossen hat oder Mitglied eines regionalen Verteidigungspaktes ist, darf dieses Bündnis oder dieser Pakt nicht ausdrücklich im Kontext des Konflikts der Großmächte geschlossen sein;
5. falls das Land einer fremden Macht die Benutzung von militärischen Stützpunkten gewährt hat, darf diese Konzession nicht in den Kontext des Konflikts zwischen den Großmächten einbezogen sein.[59]

Während der 7. Gipfelkonferenz der Bewegung Blockfreier Staaten vom 7. bis 12. März 1983 in Neu-Delhi wurde u. a. die Aufgabe der „Doktrinen des strategischen Gleichgewichts, der Abschreckung und der Konzepte eines begrenzten Atomkrieges" gefordert. Zudem verlangten die Blockfreien „ein unverzügliches Verbot der Anwendung oder der Drohung mit der Anwendung von Atomwaffen". Die Errichtung von atomwaffenfreien Zonen wird als eine „wichtige Abrüstungsmaßnahme" angesehen.

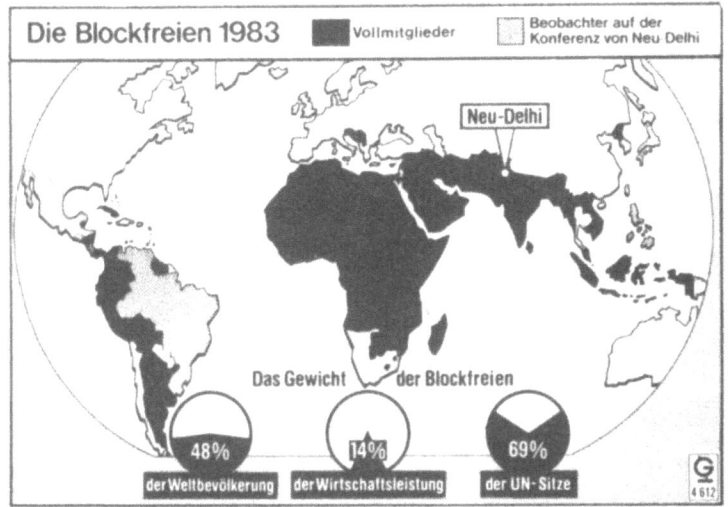

Verteidigungsanstrengungen neutraler und blockfreier Staaten

Ein Vergleich der Verteidigungsanstrengungen neutraler und blockfreier Staaten in Europa zeigt, daß eine Gruppe (Schweden/Schweiz) traditionelle Streitkräfteorganisationen, konventionelle Kampfformen, einen hohen Technisierungsgrad sowie hohe Verteidigungsausgaben und erhebliche Rüstungsexporte ausweist, während eine andere Gruppe (Finnland/Österreich) gekennzeichnet ist durch eine differenzierte Streitkräftegliederung (Teilung in reguläre Armee und in Milizarmee), einen vergleichsweise geringen Grad der Technisierung, niedrige Verteidigungsaufwendungen und geringe Rüstungsexporte.

Bei Jugoslawien sind bestimmte Gemeinsamkeiten mit Österreich hinsichtlich der geteilten Organisationen der Kampfformen, beim Rüstungsexport mit der Schweiz festzustellen. Bei den Verteidigungsaufwendungen nimmt Jugoslawien (mit Ausgaben) eine Mittelposition, bei den Verteidigungsausgaben (in Prozent des BSP) eine Spitzenposition ein.[60]

Ein Vergleich mit Verteidigungsaufwendungen von Staaten der NATO zeigt, daß die Schweiz für die Verteidigung etwa so viel wie Dänemark ausgibt. Schweden steht in etwa auf einer Stufe mit der

Verteidigungsausgaben (Va) im Vergleich europäischer Neutraler, Blockfreier und der Bundesrepublik Deutschland

	Finnland	Österreich	Schweiz	Schweden	Jugoslawien	Bundesr. Deutschl.
Va. 1970 in Mio. US $ (a)	233	243	840	1 605	742	8 742
Va. 1975 in Mio. US $ (b)	388	410	1 047	2 483	1 705	16 142
Va. 1979 in Mio. US $ (b)	524	857	1 842	3 328	2 807	24 391
Va. 1980 in Mio. US $ (b)	656	915	1 832	3 588	3 634	25 120
Bevölk.zahl in Mio. f. 1980 (c)	4.780	7.540	6.298	8.300	22.130	61.315
Va. pro Kopf f. 1975 i.US $ (b)	83	54	160	303	80	259
Va. pro Kopf f. 1979 i.US $ (b)	110	114	292	400	127	396
Va. pro Kopf f. 1980 i.US $ (b)	142	122	290	432	164	410
BSP geschätzt f. 1979 (78) in Mrd. US $ (c)	40,9	56,5	96,5	103	45	761
Va. in % d.BSP für 1970 (a)	1,5	1,1	2,1	3,6	4,4	3,3
Va. in % d. BSP für 1975 (b)	1,4	1,3	1,9	3,4	5,6	3,7
Va. in % d.BSP für 1979 (b)	1,4	1,3	1,9	3,3	–	3,3
Mittel d.Va. in % d. BSP für Dekade 1968-77 (d)	1,61	1,09	2,05	3,55	4,59	3,5
Stärke d.Streitkräfte in Tsd. Pers. f. 1980	39,9	50,3	18,5	66,1	264,0	495,0
(+ Reserve) (b)	(+700,0)	(+870,0)	(+621,5)	(+656,5)	(+500,0)	(+750,0)

Quellen:
(a) U.S. Arms Control and Disarmament Agency, World Military Expenditures and Arms Transfers 1968-1977, Washington 1979, S. 33, 42, 43, 62, 67.
(b) The International Institute for Strategic Studies (IISS), The Military Balance (MB) 1980-1981, London 1980, S. 96.
(c) IISS, MB 1980-1981, S. 26, 34, 35, 37, 38.
(d) Berechnet nach Daten aus (a)

Bundesrepublik Deutschland (Anteil der Verteidigungsaufwendungen: 3,5 %). Allein Österreich und Finnland haben niedrigere Verteidigungsaufwendungen als Staaten der NATO (Ausnahme: Luxemburg).[61]

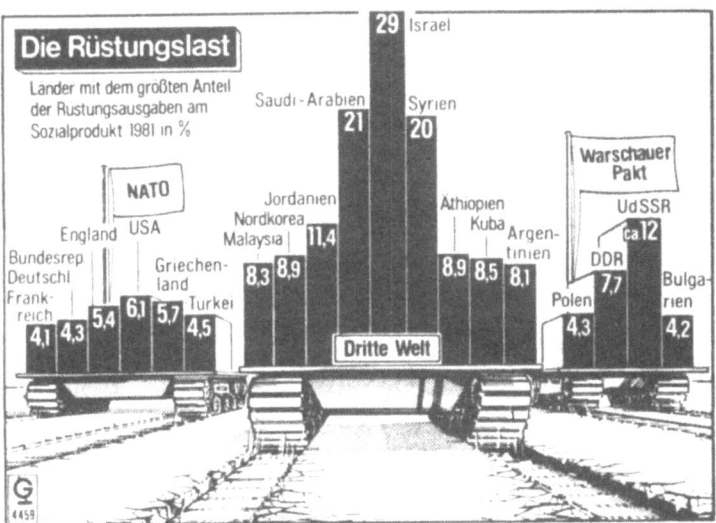

Die Sowjetunion steht unter den Ländern des östlichen wie des westlichen Bündnissystems an der Spitze der Rüstungsintensität. Sicherlich rüsten die Amerikaner nicht weniger, aber dank ihres größeren Sozialprodukts drückt sie die Rüstungslast nur hab so stark wie die Russen, nämlich mit rund sechs Prozent. In den 4,3 Prozent der Bundesrepublik Deutschland ist die Berlin-Hilfe enthalten, die nach NATO-Definition auf die Verteidigungsausgaben angerechnet wird. Extreme Rüstungsbelastungen gibt es insbesondere für einige Staaten in der Dritten Welt, vor allem im Nahen Osten. In der Dritten Welt insgesamt ist das Rüstungstempo größer als in der NATO und im Warschauer Pakt. Stieg hier der Rüstungsaufwand von 1975 bis 1980 real um fünf bzw. acht Prozent, so in der Dritten Welt um volle 25 Prozent.

Quelle: Dieter S. Lutz, Neutralität – (K)eine sicherheitspolitische Alternative für die Bundesrepublik Deutschland? in: Neutralität – eine Alternative? hrsg. v. Dieter S. Lutz, Annemarie Große-Jütte, Baden-Baden 1982 (= Militär, Rüstung, Sicherheit, Band 4), S. 23.

Öffentlicher Haushalt für die Streitkräfte

	Jahr	(1) Ausgaben in Mio. US $	(2) Ausgaben pro Kopf in Mio. US $	(3) Anteil am Brutto Inlandsprod. in %	(4) Anteil am öffentl. Haushalt in %
Finnland	1950	151			
	1960	254			
	1970	350			
	1975	490			
	1979	473	100	1,4*	6,6**
Jugoslawien	1950	274			
	1960	1240			
	1970	1474			
	1975	2236			
	1979	(2416)	109	(5,3)**	22,4***
Österreich	1950	104			
	1960	309			
	1970	490			
	1975	642			
	1979	762	101	1,3*	4,9**
Schweden	1950	1169			
	1960	1888			
	1970	2696			
	1975	2924			
	1979	3066	370	3,4*	9,9**
Schweiz	1950	681			
	1960	1080			
	1970	1697			
	1975	1638			
	1979	1791	282	2,1*	22,8**

Anmerkungen: Inflationsbereinigte Zahlen in Preisen von 1978
( )   = geschätzt
*   = 1978
**   = 1977
*** = 1976

Konferenzen der Blockfreien Staaten

1955	Bandung	Festlegung der Blockfreiheit
1961	Belgrad	1. Gipfel zum Nord-Süd-Dialog
1964	Kairo	2. Gipfel zum Kampf gegen Neokolonialismus und Imperialismus
1970	Lusaka	3. Gipfel zur Kollektiven Selbstverteidigung
1973	Algier	4. Gipfel über Neue Weltwirtschaftsordnung
1975	Lima	Weltwirtschaftsordnung
1976	Colombo	5. Gipfel zur Weltwirtschaftsordnung
1979	Havanna	6. Gipfel
1981	Delhi	Außenministerkonferenz
1983	Neu-Delhi	7. Gipfel

c) Entmilitarisierte Zonen und neutralisierte Gebiete

In die Vorstellung, durch Blockfreiheit und Entspannung zur Erhaltung des Weltfriedens beizutragen, fügt sich die Errichtung neutralisierter oder rüstungsbegrenzter Zonen (besonders kernwaffenfreier Zonen) ein. Derartige Regelungen waren zwar fast niemals von Dauer, wenn sie einem Staat von anderen aufgezwungen wurden; sie erweisen sich jedoch als rüstungsbegrenzende und neutralisierende Verträge, wenn sie freiwillig eingegangen wurden, wenn keine territorialen Revisionswünsche oder sonstige tiefgreifende Interessengegensätze bestanden und wenn für Streitfälle Schiedsgerichtsbarkeit vereinbart wurde.

Entmilitarisierte Zonen und neutralisierte Gebiete sind Gebietsteile von Staaten oder Räume, in denen keine Kriegshandlungen durchgeführt werden dürfen (z. B. die neutralisierten Provinzen Chablais und Faucigny in Nordsavoyen nach 1815) oder die entmilitarisiert wurden (z. B. die Rheinlande durch den Versailler Vertrag von 1919). Für den Antarktis-Vertrag vom 1. Dezember 1959,

---

Quellen: Spalten (1) und (3), Stockholm International Peace Research Institute, Yearbook 1980, London 1980, Seiten 20-21 und 29
Spalte (4), US Arms Control and Disarmament Agency World Military Expenditures and Arms Transfer (1968-1977), Washington, o. J., Tabelle I.

Quelle: Herbert Wulf, Rüstungsbeschaffung und Rüstungsproduktion, in: Neutralität — eine Alternative? a.a.O., 205

Multilaterale Rüstungsbegrenzungsabkommen 1925-1979

Abschluß	Inkrafttreten	Abkommen	Inhalt	Stand der Ratifikationen per 1.5.80
1925	1926	Genfer Protokoll	verbietet im Krieg die Anwendung erstickender, giftiger und anderer Gase sowie bakteriologische Methoden der Kriegführung	99 Staaten
1959	1961	Antarktis-Vertrag	verbietet alle Maßnahmen militärischer Natur in der Antarktis	21
1963	1963	Atomteststoppvertrag	verbietet Kernwaffenversuche in der Atmosphäre, im Weltraum und unter Wasser	111
1967	1967	Weltraum-Vertrag	verbietet die Stationierung von Kernwaffen und anderen Massenvernichtungswaffen im Weltraum, einschließlich des Mondes und anderer Himmelskörper	79
1967	1967	Vertrag von Tlatelolco	verbietet Nuklearwaffen in Lateinamerika	24
1968	1970	Atomsperrvertrag	regelt die Nichtweiterverbreitung von Kernwaffen	114
1971	1972	Meeresboden-Vertrag	verbietet die Stationierung von Kernwaffen und anderen Massenvernichtungswaffen im Meer, auf dem Meeresboden und im Meeresuntergrund	68
1972	1975	Biologische Waffenkonvention	verbietet die Entwicklung, Herstellung und Lagerung von bakteriologischen (biologischen) und Toxin-Waffen und sieht deren Vernichtung vor	86

Quelle: Alois Riklin, Audiatur et altera pars, in: Aus Politik und Zeitgeschichte B 3, 1981 vom 17. Jan. 1981. S. 20. 21

den Meeresbodenvertrag vom 11. Februar 1971 und den Weltraum-Vertrag vom 27. Januar 1967 treffen beide Formen zu.
Entmilitarisierte und militärisch verdünnte Zonen können durch das Verbot von größeren militärischen Bewegungen in Grenznähe und durch die Ankündigungspflicht von militärischen Bewegungen im Hinterland vertrauensbildende Maßnahmen bilden, die militärische Operationen eingrenzen. Ziel ist zumindest, die Vorwarnzeit zu verlängern, um die Möglichkeit für ein politisches Krisenmanagement zu erhalten.

Pläne zur Schaffung militärisch verdünnter Zonen in Europa in den 50er und 60er Jahren

Ein wesentlicher Faktor, der zum Mißtrauen zwischen beiden gegnerischen Lagern in West- und Osteuropa beitrug, war seit den 50er Jahren die Furcht vor Überraschungsangriffen. Deshalb wurde bereits damals eine Vielzahl von Plänen entwickelt, die durch eine verbesserte gegenseitige Information über die militärische Lage den Regierungen das Gefühl der Unsicherheit nehmen und eine möglicherweise verhängnisvolle falsche subjektive Einschätzung vermeiden sollten. Hierzu gehören alle Vorschläge über den Aufbau eines Beobachtungssystems, einer Luftinspektion, überlappender Radarsysteme usw.
Bereits in den fünfziger Jahren waren Vorschläge für die Schaffung neutralisierter Gebiete in Mitteleuropa unterbreitet und diskutiert worden (Gaitskell-Plan vom 19. Dezember 1956, 18. März 1957 und 5. April 1958; Eden-Plan vom 18. Juli 1955 und 29. Oktober 1955; Rapacki-Plan vom 2. Oktober 1957, 14. Februar 1958 und 4. November 1958). Erwähnenswert ist der Vorschlag des amerikanischen Präsidenten Eisenhower zur Luftinspektion („Open Sky-Plan") vom 21. Juli 1955 ebenso wie der sowjetische Vorschlag über eine 800 km lange Inspektionszone beiderseits der deutsch-deutschen Grenze vom 5. Mai 1958.
Am bekanntesten waren die Vorschläge des polnischen Außenministers Adam Rapacki, der auf beiden Seiten das Einfrieren der Nuklearwaffen und Streitkräfte vorschlug. Ein weitergehender Plan Rapackis sah die Schaffung einer kernwaffenfreien Zone auf dem Territorium der Bundesrepublik Deutschland und der DDR, auf dem Balkan, in Skandinavien, in der Ostsee und im Mittelmeer vor.

Bilaterale Rüstungsbegrenzungs- und Rüstungskontrollabkommen USA/UdSSR 1963-1979

Abschluß	Inkrafttreten	Abkommen	Inhalt
1963	1963	Vereinbarung eines „heißen Drahtes"	errichtet eine direkte Nachrichtenverbindung zur Verwendung im Notfall
1971	1971	Vereinbarung über Modernisierung des „heißen Drahtes"	ergänzt „heißen Draht" durch zwei zusätzliche Schaltungen über je ein Kommunikationssatelliten-System und durch ein System vielfacher Empfangsstationen in beiden Ländern
1971	1971	Vereinbarung über Atomunfälle	regelt Maßnahmen, um das Risiko des Ausbruchs eines Atomkrieges zu verringern, einschließlich Sicherungen gegen ungewollten Kernwaffengebrauch
1972	1972	Vereinbarung zur Verhinderung v. Zwischenfällen auf dem offenen Meer	sorgt für Maßnahmen, um die Sicherheit der militärischen Navigation auf und von Flügen über dem offenen Meer zu garantieren
1972	1972	SALT-I-Vertrag	begrenzt Bereitstellung der Systeme zur Abwehr ballistischer Flugkörper auf zwei Standorte in jedem Land
1972	1972	SALT-I-Interimsvereinbarung	begrenzt die Gesamtzahl bestimmter strategischer Angriffswaffen beider Vertragspartner (ICBM und SLBM)
1973	1973	Protokoll zur „Offenen Meer"-Vereinbarung	verbietet vorgetäuschte Angriffe von Schiffen und Flugzeugen einer Vertragspartei auf nicht-militärische Schiffe der anderen Partei
1973	1973	Vereinbarung zur Verhinderung eines Atomkrieges	sorgt für Zurückhaltung und dringende Konsultationen, um die Gefahr eines Atomkrieges abzuwenden

1974	–	Atomteststoppvertrag	begrenzt unterirdische Atomwaffentests auf eine Sprengkraft bis zu 150 KT, ausgenommen Tests zu friedlichen Zwecken
1976	–	Atomteststoppvertrag	begrenzt unterirdische Atomtests zu friedlichen Zwecken
1979	–	SALT-II-Vertrag	begrenzt die Zahl der nuklearstrategischen Angriffswaffen
1979	–	SALT-II-Protokoll	begrenzt die Dislokation und/oder Erprobung von mobilen Interkontinentalraketen sowie bestimmter Marschflugkörper bis zum 31. Dezember 1981

Quelle: Alois Riklin, Audiatur et altera pars, in: Aus Politik und Zeitgeschichte B 3, 1981 vom 17. Jan. 1981, S. 20, 21

Ziel des polnischen Planes war es – wie der polnische Außenminister Rapacki erklärte, „neben den Bemühungen um die allgemeine und vollständige Abrüstung zu Teillösungen zu gelangen, die – gleichgültig wo und in welchem Maße – ein Nachlassen der Spannungen, eine gerechtfertigte Erhöhung der Sicherheit und des gegenseitigen Vertrauens und eine Verlangsamung des Wettrüstens bewirken könnte"[62], um „ein für allemal die Gefahr eines Zusammenstoßes mit Kernwaffen in Mitteleuropa auszuschalten, gleichgültig durch welche Ursachen – Versehen oder Zufall – er ausgelöst sein mag – eines Zusammenpralls, der sich innerhalb weniger Minuten unvermeidlich zu einem nuklearen Raketenweltkrieg entwickeln würde".[63] Die Schaffung einer militärisch verdünnten Zone in Europa wurde damals vom Westen verworfen, weil dadurch die Präsenz amerikanischer Truppen auf dem europäischen Kontinent gefährdet worden und die Wiedervereinigung Deutschlands fraglich geblieben wäre.

Die Nichtbeteiligung der Bundesrepublik Deutschland an der Einsatzentscheidung eurostrategischer Atomwaffen

Die Entscheidung der USA, der Bundesrepublik Deutschland und den anderen Verbündeten in der NATO die nukleare Option zu verschließen, ohne eine Denuklearisierung Westeuropas und eventuell eine neutrale Zone in Mitteleuropa in Kauf zu nehmen, führte in den sechziger Jahren zur Diskussion um eine Multilaterale Atomstreitmacht (MLF) und schließlich zur begrenzten Mitsprache der Verbündeten in Atomwaffenfragen im Rahmen der Nuklearen Planungsgruppe (NPG) und des Ausschusses für nukleare Verteidigungsangelegenheiten (NDAC). Diese Regelung kann jedoch nicht darüber hinwegtäuschen, daß der amerikanische Anspruch auf alleinige nukleare Entscheidungsgewalt zur Errichtung einer nuklearen Hegemonie der USA über Westeuropa geführt hat.

In der harten Welt der Tatsachen gab es für die Bundesrepublik nur zwei Wege: Ein Zusammengehen mit dem Westen oder aber ein Zusammengehen mit den Sowjets. Alles, was dazwischen lag, würde uns in die Ohnmacht des Alleinseins versetzen und uns zum Spielball widerstreitender Kräfte machen.
Konrad Adenauer, Erinnerungen, Stuttgart 1966, Band 1, S. 539

Optionen der Nuklearpolitik der Bundesrepublik Deutschland

Für die Politik der Bundesrepublik Deutschland bieten sich in der Frage der nuklearen Rüstung folgende Möglichkeiten:
1 Verzicht auf eigene Atomrüstung und Ausrüstung der Bundeswehr mit nuklearen Waffen im Vertrauen auf den Schutz der in Europa stationierten amerikanischen Atomwaffen (globalstrategischen wie eurostrategischen); dies ist der de-facto-Zustand, der wegen der Abhängigkeit von den USA (und teilweise auch der anderen Nuklearmächte Frankreich und Großbritannien) häufig kritisiert wird.
2 Aufbau einer eigenen nationalen Atomstreitmacht, wofür die technischen Voraussetzungen (Uranfunde in Südwestdeutschland, Stand der Technologie) sicherlich gegeben wären; dies ist nicht nur durch den WEU-Vertrag verboten, es wird wegen der politischen Konsequenzen zur Zeit auch nicht ernsthaft diskutiert.
3 Gleichberechtigte Teilnahme an einer multilateralen Atomstreitmacht bzw. Mitbestimmung bei der Einsatzentscheidung von Kernwaffen durch Schaffung einer integrierten europäischen Atomstreitmacht (Möglichkeiten der Verwirklichung auch im Rahmen der WEU werden zur Zeit diskutiert).

Gesetz vom 10.4.1961 zu dem Übereinkommen vom 14.12.1957 über Rüstungskontrollmaßnahmen der WEU

Die Bundesrepublik Deutschland hat am 14.12.1957 in Paris ein Übereinkommen über Maßnahmen unterzeichnet, die von den Mitgliedstaaten der Westeuropäischen Union zu treffen sind, um das Rüstungskontrollamt zu befähigen, seine Kontrolle wirksam auszuüben.

Der Deutsche Bundestag hat am 10.4.1961 dem Gesetz zu dem Übereinkommen vom 14.12.1957 über Rüstungskontrollmaßnahmen der Westeuropäischen Union zugestimmt.

Artikel 2 Absatz 1 und 2 dieses Gesetzes hat folgenden Wortlaut:

Artikel 2

(1) Soweit es zur Erfüllung eines Kontrollauftrages des Direktors des Rüstungskontrollamtes erforderlich ist, können Mitglieder des Rüstungskontrollamtes der Westeuropäischen Union für Besichtigungen, Stichproben und Inspektionen von Unternehmen

a) freien Zugang zu deren Produktionsanlagen und Depots,
b) Einblick in deren Buchungen und Unterlagen sowie Auszüge hieraus,
c) die hierzu notwendigen Auskünfte verlangen.

(2) Die Inhaber von Unternehmen oder ihre Vertreter, bei juristischen Personen und Gesellschaften die nach Gesetz, Gesellschaftsvertrag oder Satzung zur Vertretung berufenen Personen, sind verpflichtet, das Betreten der Produktionsanlagen und Depots zu dulden, die Buchungen und Unterlagen vorzulegen und Auszüge hieraus anzufertigen sowie die verlangten Auskünfte zu erteilen.

Der CDU-Politiker Jürgen Todenhöfer plädiert dafür, eine deutsche Mitbestimmung bei der Einsatzentscheidung europäischer Atomwaffen anzustreben. „Sollte es langfristig gelingen, diese 572 amerikanischen Systeme (Pershing II und Cruise Missiles, R. W.) mit den modernisierten französischen und britischen Systemen mit ihren etwa 1 200 Gefechtsköpfen zusammenzuführen, ergäbe sich zusätzlich zu den interkontinentalstrategischen Abschreckungswaffen auf dem amerikanischen Kontinent hier in Europa eine leistungsfähige Nuklearstreitkraft mit rund 1 800 Gefechtsköpfen mit strategischer Qualität. Diese Größenordnung in ihrer Mischung aus see- und landgestützten Systemen könnte Kernstück einer regionalstrategischen europäischen Atomstreitmacht werden, deren Schirm groß genug wäre, allen europäischen NATO-Mitgliedern den erforderlichen Mindestschutz vor Krieg und atomarer Erpressung zu gewähren".[63a] Da die Supermächte den Weltraum mit Satelliten und Killersatelliten in ihre Verteidigungsplanungen einbeziehen und es möglich erscheint, daß die USA sich auf ein weltraumgestütztes Defensivsystem konzentrieren werden, hätte dies Konsequenzen für Europa. „Die europäischen NATO-Mitglieder werden daher selbst zusätzliche Maßnahmen ergreifen müssen, um ihre eigene Sicherheit unter den sich abzeichnenden technologischen Veränderungen zu gewährleisten. Es ist daher an der Zeit, durch die Schaffung einer integrierten europäischen Atomstreitmacht das westliche Bündnis auf zwei tragfähige Säulen, eine europäische und eine amerikanische, zu stellen".[63a]

4 Zustimmung zum Abzug von Atomwaffen aus der Bundesrepublik Deutschland und zu einer kernwaffenfreien Zone in Europa unter Beibehaltung des amerikanischen Abschreckungsschirmes.
Aus militärstrategischen Erwägungen wurde das auch amerikanische Truppen umfassende Disengagement als eine Rückkehr zum

„Isolationismus" und Gefährdung der Sicherheit Westeuropas abgelehnt. Auch das politische Motiv, dadurch möglicherweise die Teilung Deutschlands zu zementieren, spielte eine Rolle.
Einigkeit besteht in Fachkreisen der Bundesrepublik Deutschland weitgehend in der Kritik an der geltenden Sicherheitskonzeption des westlichen Bündnisses mit dem Risiko eines insbesondere auf dem Gebiet der Bundesrepublik geführten Atomkrieges oder nicht minder verheerenden konventionellen Krieges.

„Die Verletzlichkeit vor allem der Bundesrepublik Deutschland ist aufgrund ihrer dichten Besiedlung, Industrialisierung, Infrastruktur und ihrer zentralisierten Versorgungstechnik so groß, daß eine nukleare Abschreckungsdrohung von ihrem Territorium aus von begrenzter Glaubwürdigkeit ist".[64]

Ein Disengagement würde einen tiefgreifenden Wandel der NATO auslösen. Dies ist freilich kein Einwand gegen das Konzept. Das Bündnis muß längst mit seinen Wandlungs- und Anpassungskrisen zurechtkommen. Die Befürworter des Disengagements müssen aber angeben können, in welche Richtung der Stein rollen soll, den sie mit ihrer Initiative lostreten wollen. In der Folge der Gründe, die für das Disengagement angegeben wurden, ist die Neutralismus-Option die sinnvolle Weiterung des Konzepts. Neutralismus ist die außenpolitische Grundeinstellung der Angehörigen einer militärisch verdünnten Zone, die sich im ersten Schritt dazu entschlossen haben, sich aus der weiteren Hochrüstung auszuklinken, und die nun diesem ersten Schritt einen weiteren mit einer positiven Setzung folgen lassen müssen, zumindest über die Zeit.
Der Unterschied zwischen beiden Konzepten wird sichtbar, wenn man sie auf die vorfindlichen Blöcke und deren Geschichte bezieht. Disengagement wäre Ausdruck einer geänderten Politik von NATO und Warschauer Pakt, nicht aber einer Änderung der Blöcke selber. Neutralismus hingegen zielt auf die Minderung, wenn nicht Auflösung der Nachkriegsallianzen.
Frieden mit anderen Waffen, hrsg. vom Komitee für Grundrechte und Demokratie, rororo aktuell 4939, Reinbek 1981, S. 131

Gegenwärtig wird die Schadenswirkung der nuklearen Massenvernichtungsmittel (bezogen auf die einzelnen Sprengköpfe) zwar vermindert. Gleichzeitig wächst aber die Zerstörungswirkung konventioneller Waffensysteme, die ihre zerstörerische Wirkung auch flächendeckend entfalten können. Dieser Trend zu kleineren, zahlreicheren, beweglicheren und deshalb zugleich weniger verwundbaren

Waffensystemen bewirkt neben Schadensbegrenzung zielsichere Schläge und läßt die Grenzen zwischen globalstrategischen, regionalstrategischen (eurostrategischen) und konventionellen Streitkräfte-Kategorien verwischen.

Uneinig ist man sich in der Frage, was an die Stelle der derzeitigen Sicherheitspolitik treten soll. Sieht man einmal von dem in der Wissenschaft diskutierten („Soziale Verteidigung") und von Teilen der Friedensbewegung vertretenen Konzepten eines totalen Verzichts jeglicher militärischen Verteidigung der Bundesrepublik Deutschland ab, so werden ernsthaft diskutiert und vorgeschlagen einmal die *Disengagement-Modelle* mit einem Auseinanderrücken der militärischen Blöcke in Europa, ohne daß dabei die Mitgliedschaft der betroffenen Länder in ihren jeweiligen Verteidigungsallianzen von vornherein aufgegeben werden sollen, zum andern *Neutralismus-Modelle* mit dem Ziel des sofortigen Austritts (wenn auch nur) der Bundesrepublik Deutschland aus der NATO.

Die deutsche Frage und die europäische Sicherheit

o Neutralisierungsmodelle tendieren dahin, die Teilung Deutschlands zu zementieren, da sie realistischerweise gegenwärtig von der Tatsache des Bestehens zweier deutscher Staaten ausgehen müssen. Eine solche Politik widerspricht aber nach Ansicht von Kritikern einer Neutralisierungskonzeption dem Auftrag des Grundgesetzes, nach der das gesamte Deutsche Volk aufgerufen bleibe, „in freier Selbstbestimmung die Einheit und Freiheit Deutschlands zu vollenden" — von den fatalen Folgen für die Sicherheit der Bundesrepublik Deutschlands ganz abgesehen. Angesichts der fraglichen Legitimationsgrundlage der SED-Herrschaft bedeutet dieser Ansatz das Verfolgen einer Politik, die sich potentiell gegen einen selbständigen DDR-Staat richtet — zumindest bis zur Ermittlung des Willens der DDR-Bevölkerung.

o Angesichts der Gefahren eines nuklearen Krieges weisen andere Stimmen darauf hin, daß das Grundgesetz in seiner Präambel davon spricht, das Deutsche Volk sei „von dem Willen beseelt, seine nationale und staatliche Einheit zu wahren und als gleichberechtigtes Glied in einem vereinten Europa dem Frieden der Welt zu dienen". Sie betonen, daß dieses Friedensziel einen besonderen normativen Niederschlag in den Artikeln 9 II GG (Völkerverständigung), 24 II GG (System gegenseitiger kollektiver Sicherheit)

und 26 GG (Verbot eines Angriffskrieges) gefunden habe. Die daraus folgende politische Maxime sei, daß von deutschem Boden niemals wieder ein Krieg ausgehen dürfe. Eine auf gemeinsame Verantwortung gegründete Entspannungspolitik bei solidarischer Haltung mit den Deutschen in der DDR müsse daher das Ziel verfolgen, dem nationalen Interesse wie dem Frieden der Welt zu dienen.
o Daß gerade die nicht realisierte Vollendung der in freier Selbstbestimmung erfolgten Einheit und Freiheit Deutschlands zur gegenwärtigen Friedlosigkeit und Spannung beitrage, ist die Auffassung von Gegnern dieser aus ihrer Sicht einseitigen Entspannungspolitik. Zwar beschränke das Grundgesetz die Hoheitsgewalt der Bundesrepublik Deutschland auf den „Geltungsbereich des Grundgesetzes", erhebe andererseits jedoch die Bemühungen um die nationale und *staatliche* Einheit zur verfassungsrechtlichen Pflicht. Neben den deutschen Ostgebieten jenseits von Oder und Neiße existieren danach zwei *Teil*staaten innerhalb (und nicht nur „auf dem Boden") des fortbestehenden Deutschen Reiches. Die Bundesregierung dürfe bis zu einem noch ausstehenden Friedensvertrag keine Rechtsposition aufgeben, die das Deutsche Reich in den Grenzen von 1937 betreffe.
o Als friedensgefährdend und revanchistisch bezeichnen Kritiker dieser Position eine daraus resultierende Politik, da sie auch Zweifel an der Vertragstreue der Bundesrepublik Deutschland in Hinblick auf die Einhaltung der Ostverträge wecken und das Verhältnis zu den osteuropäischen Staaten belasten müsse. Die Bundesregierung wisse im übrigen genau, daß ein gesamtdeutscher Staat ohne Gewaltanwendung nicht mehr erreicht werden könne, nachdem sich das „Volk der DDR" seinen eigenen Staat aufgebaut habe und Polen in seinen heutigen Grenzen seit 40 Jahren existiere.
o Für viele Politiker, Wissenschaftler, Journalisten und andere Meinungsträger ist völlig offen, in welcher Form ein in Freiheit geeintes Deutschland demeinst dem Frieden dienen wird. Für sie ist die *nationalstaatliche* Reorganisation in Mitteleuropa nicht vorrangiges Ziel. Vielmehr habe eine neue deutsche Ostpolitik „den Frieden sicherer" zu machen, sei Wiedervereinigung (zu der das Deutsche Volk im übrigen merkwürdig vage nur „aufgerufen" bleibe) im Kern allein die Realisierung des Selbstbestimmungsrechts — allerdings auch für die DDR-Bevölkerung. Sie optieren dafür, die deutsche Frage zu „entstaatlichen", da es in der langen Ge-

schichte des deutschen Volkes (die „Episode des Bismarckreiches" ausgenommen) kein geeintes Deutschland gegeben habe.
o Weitverbreitet ist die Formel von der Lösung der deutschen Frage im Rahmen einer europäischen Friedensordnung. Auch hier gibt es mehrere Varianten. Einige meinen, die Einheit Europas könne nur die Folge der beseitigten Teilung Deutschlands sein und nicht umgekehrt. Wenn die Wiedervereinigung Deutschlands als rechtsverbindliches Ziel angestrebt werden soll, dann dürfe die Integration Europas ohnehin nur solange und insoweit betrieben werden, als das Ziel der Wiedervereinigung nicht nachhaltig beeinträchtigt werde. Andere meinen, auch die Formel von der Lösung der deutschen Frage in einer europäischen Friedensordnung sei im Grunde eine Worthülse, denn sie setze die staatliche Einheit (zumindest in den Augen der deutschen Nachbarstaaten) nicht unbedingt voraus. Dagegen spreche bereits, daß das Deutsche Reich historisch nur eine kurze Zeit bestand und daß es zugleich zu einer Gefahr für die innereuropäische Balance und den Frieden geworden sei. Würden die beiden Staaten in Deutschland der Europäischen Gemeinschaft angehören, so wäre die Zweistaatlichkeit kein wesentliches Hindernis für eine enge Kommunikation und ein weitgehendes Zusammengehörigkeitsgefühl. Der Grad der Freiheit innerhalb der EG und die nationalen Interessengegensätze innerhalb des NATO-Bündnisses seien ohnehin heute bereits sehr unterschiedlich (z. B. Türkei, Griechenland). Selbst ein Verhältnis, wie es heute die Österreicher zur Bundesrepublik Deutschland besitzen, würde für die DDR-Bevölkerung ausreichen, ihren Charakter als Teil der deutschen Nation zu bewahren. Die bloße Existenz von mehreren Staaten und von Grenzen innerhalb einer Nation brauche also die nationale Einheit nicht zu behindern.
All dies zeigt, daß die „deutsche Frage" immer auch eine Frage der Stabilität der europäischen Staatenordnung sowie der Sicherung des Friedens war und ist.

Neutralismus-Modelle für die Bundesrepublik Deutschland

Bei der Diskussion der Neutralisierungs-Modelle, welche die Frage einer bündnisfreien Position der Bundesrepublik Deutschland zwischen den Blöcken aufwerfen, müssen nicht nur die besonderen historischen, geografischen und ideologischen Sonderbedingungen beachtet werden, sondern muß auch die Tatsache einbezogen werden, daß für eine Neutralisierung eines geeinten Deutschlands als Instrument zur Lösung der nationalen Frage keine Voraussetzungen mehr bestehen, die es (wie es für die 50er Jahre teilweise vertreten wird) auszuloten gälte.

Immerhin ist für die Befürworter einer neutralen oder nur blockfreien Bundesrepublik Deutschland ein Ausweg aus der nationalen Existenzbedrohung im Falle eines Krieges nur durch einen Austritt aus der NATO und einem Verzicht auf den amerikanischen Nuklearschutz gegeben. Folgende Argumente werden für die Neutralisierung der Bundesrepublik Deutschland und der DDR angeführt:

„– Eine neutrale Bundesrepublik würde über ihre potente Rüstungsindustrie sicherlich einen Stabilitätsgewinn im Sinne einer Verringerung der Blockabhängigkeit europäischer Neutraler im Rüstungsbeschaffungsbereich und damit in der Erfüllung ihrer völkerrechtlichen Verhinderungspflicht und letztlich auch ihrer Kalkulierbarkeit bedeuten.

– Neutralisierungen der Bundesrepublik und der DDR, u. U. auch anderer Staaten in Mitteleuropa, würden ferner das Band der Neutralen zwischen Nord und Süd schließen und zugleich eine militärstrategische Riegel- und Pufferfunktion zwischen Ost und West erfüllen.

– Eine Neutralisierung der beiden deutschen Staaten könnte zur Stabilisierung ihrer konfliktträchtigen Beziehungen und insbesondere zur Befriedigung des ständig latenten Krisenherdes Berlin beitragen.

– Unter entspannungspolitischen Vorzeichen könnten typische Funktionen neutraler Staaten wie ‚Vertrauensbildung' und ‚Gute Dienste' als Brücke zwischen den Blöcken genutzt werden.

– Ein neutrales Mitteleuropa könnte schließlich ein erster (Zwischen-)Schritt sein weg von der Block- und Paktbindung hin zu einem System kollektiver Sicherheit".[65]

Kritik an den Neutralismus-Plänen

Vor allem im Hinblick auf die Situation in Mitteleuropa mit dem geteilten Deutschland wird an Neutralismus-Plänen grundsätzliche Kritik geübt:

– Die Sowjetunion mit ihren starken konventionellen Streitkräften stünde unmittelbar an der Grenze dieser neutralisierten Zone, während die USA als Großmacht des Westens in Europa mehr oder

weniger ausgeschaltet oder auf Randzonen (z. B. Großbritannien oder Portugal) verwiesen wären. Inwieweit der Lufttransport ganzer Armeen („Big Lift") eine Lösung erleichtert, ist ungewiß.
— Die NATO müßte sich wiederum fast ausschließlich auf eine Strategie der atomaren Vergeltung einrichten, da konventionelle Streitkräfte in Europa ohne die Bundeswehr und ohne amerikanische Verbände nicht ausreichend zur Verfügung stehen würden.
— Die Sowjetunion und die USA wären versucht, bei Konflikten zu intervenieren, was die Gefahr eines zu einem nuklearen Weltkrieg eskalierenden Konfliktes heraufbeschwören würde.

Letztlich hängt die Entscheidung in dieser Frage von der politischen Einschätzung der sowjetischen Absichten ab. Wer bei der Sowjetunion unverändert aggressive Absichten voraussetzt[66], wobei auf die weltrevolutionären Ziele und die offensive Militärstrategie der Sowjetunion verwiesen werden kann, wird eine neutralisierte oder kernwaffenfreie Zone in Mitteleuropa für lebensgefährlich halten. Wer die Sowjetunion als saturiert und mit eigenen Sorgen beschäftigt sieht[67], wird in einer derartigen Regelung einen entscheidenden Ansatzpunkt für die Entspannung und für das Ende des Wettrüstens verbunden mit größerer Sicherheit für die Staaten dieser neutralisierten Zone sehen.

Die gefährdete Gleichgewichtslage in Europa angesichts waffentechnologischer Entwicklungen

In der politischen Praxis hat sich für Europa gezeigt, daß beide Seiten im wesentlichen die in Jalta und Potsdam festgelegten Einflußsphären respektierten und keineswegs entsprechend den politisch-propagandistischen Zielvorstellungen handelten. Weder ist es zu einer sowjetischen Aggression gegen Westeuropa gekommen, noch haben die USA etwa die Gelegenheit des Ungarnaufstandes von 1956 genutzt, um die „roll back policy" in die Tat umzusetzen. Zumindest seit dem Mauerbau in Berlin 1961 und der Machtprobe anläßlich der Kuba-Krise 1962 ist die „kooperative Bipolarität" eine politische Realität gewesen. Damit schwand zugleich die unmittelbare Notwendigkeit, über Schritte eines militärischen Disengagement nachzudenken.

Angesichts der neuesten waffentechnologischen Entwicklungen (insbesondere der ABM-Systeme und im „Grauzonen"-Bereich) ist aber keineswegs mehr sicher, daß die gegenwärtige Gleichgewichtslage in Europa und die daraus entstandene Entspannung fortdauern wird.

Ausgangspunkt derzeitiger Überlegungen von vier amerikanischen Autoren ist die Überzeugung, „daß es niemandem je gelungen ist, einen überzeugenden Grund für die Annahme anzubieten, daß irgendein Einsatz von Kernwaffen, und sei es kleinsten Ausmaßes, mit einiger Sicherheit begrenzt gehalten werden könnte. Jede seriöse Analyse und jede militärische Übung im Laufe von mehr als 25 Jahren haben demonstriert, daß selbst der behutsamste Gefechtsfeld-Einsatz zu enormer Vernichtung von Leben und Eigentum von Zivilisten führen würde. Es gibt für niemanden Anlaß, sich irgendwie darauf zu verlassen, daß ein solcher Nukleareinsatz nicht zu weiteren und noch vernichtenderem Schlagabtausch führen würde. Jeder Einsatz von Kernwaffen in Europa, sei es durch das Bündnis oder gegen es, schafft ein hohes und unentrinnbares Risiko der Eskalation in den allgemeinen Atomkrieg, der allen den Ruin und keinem den Sieg bringen würde".[68]

Das Bahr-Konzept einer atomwaffenfreien Zone in Europa

Der Abrüstungsexperte der SPD, Egon Bahr, hat vorgeschlagen, alle Atomwaffen aus denjenigen europäischen Staaten abzuziehen, die nicht über sie verfügen. Bei dieser Konzeption einer atomwaffenfreien Zone in Europa blieben die Atomwaffen bei den vier Staaten, die über sie verfügen (USA, Sowjetunion, Frankreich, Großbritannien). Aber diese Regelung würde bedeuten, „daß die Staaten des Bündnisses, auf deren Boden sie (die Atomwaffen, R. W.) heute stationiert sind, in denselben Zustand und unter denselben Schutz kämen wie diejenigen Bündnisstaaten, die die Stationierung von Atomwaffen auf ihrem Boden in Friedenszeiten abgelehnt haben, wie zum Beispiel Norwegen und Dänemark".[69]

Damit könnte möglicherweise die Gefahr gebannt werden, daß Europa durch immer mehr verkleinerte, ganz vorn stationierte Atomwaffen gewissermaßen in den atomaren Krieg hineingleitet.

Dem Argument, daß damit die europäische Verteidigung von der amerikanischen nuklearen Abschreckung abgekoppelt würde, begegnet Egon Bahr mit dem Argument: „Es kann kein Zweifel sein, daß Amerika niemals zulassen würde, daß Europa unversehrt in die Hände der Sowjetunion fällt. Man kann auch sicher sein, daß die Sowjetunion dies weiß. Die Abschreckung bliebe erhalten. Es gibt eben doch keine Abkoppelung, wenn konventionelles Gleichgewicht hergestellt wird und das Bündnis gilt".[70] Hierzu allerdings ist es erforderlich (und der Abrüstungsexperte der SPD unterstreicht dies ausdrücklich), „daß die konventionellen Streitkräfte in einem Gleichgewicht sind, also jede Überlegenheit beseitigt wird, gegen die zur Zeit nukleare Waffen für erforderlich gehalten werden. Ohne die Bereitschaft zum konventionellen Gleichgewicht ist eine atomwaffenfreie Zone in Europa nicht realistisch, da keine Seite einen Vorteil gegenüber der anderen haben darf".[71] Dieses Gleichgewicht sollte jedoch nicht durch Aufrüstung, sondern durch vertragliche Vereinbarung mit dem Warschauer Pakt erreicht werden mit dem Ziel, ein annäherndes Gleichgewicht durch Abrüstung auf eine niedrigere Ebene zu schaffen.

Für die nukleare Bedrohung eines Gebietes ist es nicht ausschlaggebend, ob dort Kernwaffen stationiert sind, sondern ob auf dieses Gebiet Kernwaffen gerichtet sind. Verhandlungen, die nur auf ein Auseinanderrücken der nuklearen Arsenale in Europa hinauslaufen, würden deshalb die Stabilität nicht erhöhen, sondern nur eine Illusion größerer Sicherheit schaffen. Sie würden von den laufenden Verhandlungen über Reduzierung von Kernwaffen ablenken und damit baldige Ergebnisse erschweren.
Unser oberster Maßstab für alle rüstungskontrollpolitischen Vorschläge ist es, welchen Beitrag sie zur Verhütung jeglicher kriegerischer Auseinandersetzungen leisten, einschließlich eines konventionellen Konflikts in Europa.
Die Initiative für eine von nuklearen Gefechtsfeldwaffen freie Zone in Mitteleuropa wird dieser Anforderung nicht gerecht. Wir sehen uns deshalb nicht in der Lage, sie zu unterstützen. Angesichts der konventionellen Überlegenheit des Warschauer Paktes in Europa würde eine solche Zone das Risiko einer Konfrontation sogar erhöhen. Wir können nicht übersehen, daß der Warschauer Pakt allein in dem Raum, der von den Wiener Verhandlungen über gegenseitige und ausgewogene Truppenreduzierungen erfaßt wird, über mehr als doppelt so viele Divisionen, Panzer und Kanonen verfügt als die NATO.
Ich halte es für notwendig, daß wir alle Anstrengungen auf diejenigen Bemühungen im Bereich der Abrüstung und Rüstungskontrolle konzentrieren, die geeignet sind, konkrete, ausgewogene und verifizierbare Verhandlungsergebnisse zu erzielen. Deshalb messen wir Fortschritten bei den laufenden Verhandlungen größte Bedeutung bei.
Antwortbrief von Bundeskanzler Helmut Kohl an Honecker vom 16.2. 1983, in: Bulletin des Presse- und Informationsamtes der Bundesregierung Nr. 21 vom 23.2.1983

In die Überlegungen werden auch Vorschläge zu einem vertraglichen Verzicht auf den Ersteinsatz von Kernwaffen einbezogen. So haben die USA und die Sowjetunion auf der ersten Sonder-Generalversammlung der Vereinten Nationen 1978 erklärt, keine nuklearen Waffen gegen irgendeinen nichtnuklearen Staat zu benutzen, der dem Nonprolieferationsvertrag beigetreten ist — ausgenommen im Falle eines Angriffs auf die USA, ihre Streitkräfte oder Verbündeten durch einen nuklearen Staat oder einen seiner Verbündeten (so die Erklärung der USA). Die Sowjetunion hat erklärt, niemals nukleare Waffen gegen Staaten zu benutzen, die auf Produktion und Erwerb solcher Waffen verzichtet haben und sie nicht auf ihrem Territorium stationieren.

Der NATO-Vorbehalt zur Führung eines atomaren Erstschlages

Die NATO hat auf die Möglichkeit eines ersten Gebrauchs von Atomwaffen[72] nicht verzichtet, da sie von der Wahrscheinlichkeit ausgeht, anders einen konventionell überlegenen Angriff des Warschauer Paktes nicht abschrecken oder zum Halten bringen zu können. Obwohl für eine atomwaffenfreie Zone die Abschreckung des Atomschirmes erhalten bliebe, beginnt an dieser Stelle die kontroverse Diskussion.

Argumente für die Denuklearisierung

Einerseits wird argumentiert:

— Die Polaris II ist eine nichtstrategische Waffe mit strategischer Wirkung, die die Sowjetunion veranlaßt, als Antwort darauf auf die strategische Ebene zu eskalieren. Die SS-22, die mit einer Flugzeit unterhalb 3 Minuten „vorn" (d. h. in der DDR und in der CSSR) stationiert wird, soll vermutlich so früh einsetzbar sein, daß der Abschluß der Pershing II verhindert wird. Dies erhöht die Gefahr eines vorbeugenden sowjetischen Schlages.
— Die Tatsache, daß es amerikanisch-strategische Cruise Missiles auf See, amerikanisch-nichtstrategische auf dem europäischen Kontinent (über deren Einsatz der amerikanische Präsident entscheidet) und solche in Großbritannien (mit britischem Veto-Recht) gibt, ist geradezu eine Einladung zur Abkopplung, denn jede Nuklearmacht wird im Ernstfall allein nach nationalen Interessen entscheiden und damit über das Schicksal der nichtnuklearen Länder wie der Bundesrepublik Deutschland.

- Da Atomwaffen auch bevorzugte Ziele eines nuklearen Schlages sind, sollten keine Atomwaffen auf dem Boden von Staaten stehen, die über ihren Einsatz nicht verfügen. Voraussetzung ist ein annäherndes konventionelles Gleichgewicht, denn Denuklearisierung darf die Möglichkeit eines konventionellen Krieges nicht erhöhen. Aber mit der Eliminierung atomarer Gefechtsfeldwaffen wäre die Diskussion über die Begrenzbarkeit eines nuklearen Krieges und die Möglichkeit einer Eskalation in den allgemeinen Nuklearkrieg hinein gegenstandslos.[73]

Zum Argument der möglichen Erpreßbarkeit des Westens hat Kurt Biedenkopf ausgeführt: „Vielen erscheint es unwahrscheinlich, daß es der Sowjetunion mit der Drohung militärischen Übels gelingen könnte, die rund 250 Millionen Menschen, die in Westeuropa leben, ohne weiteres ihrem politischen Willen gefügig zu machen; dies um so mehr, als Erosionsprozesse im eigenen Herrschaftsbereich der Sowjetunion deutlich machen, daß der Zugriff der sowjetischen Machthaber auf ihren eigenen Satellitenbereich nicht mehr so vollkommen ist wie in den 50er und 60er Jahren".[74]

Solange es Mächte gibt, die auf Gewalt und auch auf Nuklearwaffen setzen, können wir auf Nuklearwaffen nicht einseitig verzichten, gerade wenn wir verhindern wollen, daß sie eingesetzt werden. Ein einseitiger Verzicht auf unserer Seite würde den Einsatz von Massenvernichtungsmitteln gegen uns nicht verhindern. Er macht ihn nach aller Erfahrung der Geschichte wahrscheinlicher.

Fragen Sie sich doch eines: Sind die Atomwaffen auf Hiroshima nicht gerade deswegen geworfen worden, weil Japan keine hatte, weil man sicher sein konnte, daß nicht Washington oder San Francisco dafür bombardiert würden? Bis zum heutigen Tag ist es die Abschreckung, die uns den Frieden sichert. Ihr danken wir den Frieden seit dem Zweiten Weltkrieg. Darauf ist es zurückzuführen, daß Europa vom Krieg verschont blieb.

Bundesminister der Verteidigung Manfred Wörner (CDU) im Deutschen Bundestag, in: Das Parlament vom 9.7.1983

Argumente gegen die Denuklearisierung

Andererseits wird argumentiert:

- Die nukleare Abschreckungsfähigkeit der NATO kann nur von den USA garantiert werden, weshalb sinnvoll verglichen und gegenein-

ander aufgerechnet nur die vergleichbaren Systeme der USA und der Sowjetunion werden können. Einem sowjetischen Bedrohungsmonopol mit landgestützten Mittelstreckenraketen stünde in Europa ohne amerikanisches Gleichgewicht nichts Vergleichbares gegenüber.[75]
— Eine atomwaffenfreie Zone würde die USA im Mittelstreckenbereich aus Europa verdrängen. Europa würde im Ergebnis von den USA abgekoppelt. Zudem wäre eine Zone nukleargeschützt nur dann, wenn sie von Nuklearwaffen nicht erreicht werden kann. „Hiroshima und Nagasaki waren atomwaffenfrei. Das hat sie vor Atomwaffenangriffen nicht geschützt".[76]
— Wegen der Bedrohung Westeuropas ist das sowjetische Mittelstreckenpotential (da es die USA ausschließt) schon für sich geeignet, Europa von den USA abzukoppeln. Das läßt sich nur durch die Präsenz der amerikanischen Mittelstreckenraketen in Europa verhindern.
— Das konventionelle Kräfteverhältnis in Europa muß verbessert werden, denn der Ausgleich einer nuklearen Unterlegenheit des Westens durch nukleare Abschreckung ist bei verloren gegangener westlicher Nuklearüberlegenheit risikoreicher geworden.[77]
— „Glaubwürdige Abschreckung kann im Atomzeitalter durch konventionelle Mittel allein nicht sichergestellt werden".[78]

Bestehende kernwaffenfreie Zonen

Der Vertrag von Tlatelolco aus dem Jahre 1967 erklärte Lateinamerika und die angrenzenden Seegebiete zur atomwaffenfreien Zone. Er wurde jedoch von den N-Mächten Brasilien, Chile, Argentinien und Kuba nicht unterzeichnet oder nicht in Kraft gesetzt.

Eine faktisch nuklearwaffenfreie Zone bilden heute bereits auch die 5 nordischen Staaten.

„Kein Land besitzt Nuklearwaffen oder läßt die Stationierung fremder Kernwaffen zu; alle haben den Nichtverbreitungsvertrag unterzeichnet. Modifizierungen dieser Haltung finden sich lediglich in der Sicherheitspolitik der nordischen NATO-Staaten: Island behält sich vor, seine Politik der Freiheit von Nuklearwaffen im Konfliktfall zu ändern; Dänemark läßt die Stationierung fremder Streitkräfte und Nuklearwaffen ‚in Friedenszeiten' nicht zu; Norwegen erlaubt keine Stationierung fremder Truppen, es sei denn, das Land würde angegriffen oder bedroht; die Stationierung von Nuklearwaffen ‚in Friedenszeiten' wird nicht gestattet".[79]

Im Juni 1981 brachte Breshnew den Gedanken einer kernwaffenfreien Zone wieder ins Spiel. Die Internationale Kommission für Abrüstung und Sicherheitsfragen unter dem schwedischen Ministerpräsidenten Olaf Palme griff diese Idee auf und legte am 1. Juni 1982 einen Bericht vor, in dem ein 300 km breiter, von nuklearen Gefechtsfeldwaffen freier Korridor in Mitteleuropa vorgeschlagen wur-

---

Der Vorschlag zur Schaffung einer von nuklearen Gefechtsfeldwaffen freien Zone, die sich von Mitteleuropa bis an die nördlichsten und südlichsten Flanken der beiden Bündnisse erstreckt, wird von der schwedischen Regierung voll unterstützt. In dieser Zone wären keine nuklearen Sprengköpfe und keine Lagerung derselben gestattet, ebensowenig wie Vorbereitungen für die Stationierung nuklearer Sprengsätze und Manöver mit einem simulierten Einsatz von Kernwaffen. Die geographische Ausdehnung dieser Zone müßte Gegenstand von Verhandlungen sein und sollte die ausschlaggebenden örtlichen Bedingungen berücksichtigen. Die Breite der Zone könnte 300 km betragen. Ein zuverlässiger Inspektionsmechanismus wäre natürlich ein wichtiger Verhandlungspunkt.
Obwohl die Schaffung einer solchen von nuklearen Gefechtsfeldwaffen freien Zone in Europa möglicherweise mit technischen und militärischen Einlassungen und Schwierigkeiten verbunden wäre, derer sich die schwedische Regierung auch bewußt ist, würde damit jedoch die nukleare Schwelle angehoben, da die Versuchung zum frühzeitigen Einsatz von Kernwaffen im Konfliktfall verringert würde. Eine derartige Zone wäre eine erstrangige vertrauensbildende Maßnahme, ohne daß dabei die Sicherheit auch nur eines der durch sie betroffenen Staates gefährdet würde. Die Verhandlungen könnten die bereits Jahre währenden Bemühungen in Wien um die Herstellung einer ungefähren Parität bei den konventionellen Potentialen voranbringen bzw. mit ihnen verknüpft werden.

Note der schwedischen Regierung vom 8.12.1982, in: Blätter für deutsche und internationale Politik 1983, S. 498

---

de. Durch gleichlautende Noten an die Mitgliedsländer der NATO und des Warschauer Paktes sowie an die neutralen Länder Österreich, Schweiz und Finnland sowie an die nichtpaktgebundenen Staaten Irland und Jugoslawien wurde dieser Plan von Schweden offiziell vertreten. Die Palme-Kommission sah in ihrem Vorschlag die Möglichkeit der Anhebung der Nuklearschwelle und die Verpflichtung zu vertrauensbildenden Maßnahmen.

Die Verwirklichung des Vorschlages der Palme-Kommission zur Bildung einer zweimal 150 km breiten von atomaren Gefechtsfeldwaffen freien Zone setzt entsprechende Ost-West-Vereinbarungen und begleitende rüstungskontrollpolitische Maßnahmen (Vereinbarungen über konventionelle Rüstungen, vertrauensbildende Maßnahmen) voraus.[80]

Dieser Vorschlag ist mit einer entsprechenden Veröffentlichung des ehemaligen amerikanischen Verteidigungsministers McNamara im Mai 1982 sowie durch den Hirtenbrief der amerikanischen katholischen Bischöfe vom 5. Mai 1983 besonders aktuell geworden.

4.4. Rüstung und Wirtschaft

a) Die Bedeutung der Rüstungsaufträge für die Wirtschaft

Die Rüstung verschlingt lebensnotwendige Teile der materiellen Ressourcen und des menschlichen „know how", welche zur Verbesserung der Lebens- und Arbeitsbedingungen verwendet werden könnten. Dies wirkt sich besonders gravierend in jenen Regionen aus, in denen der erzwungene Konsumverzicht den ohnehin unterentwickelten Gesellschaften zugemutet wird.

Die globalen Militärausgaben übertreffen um etwa das Dreißigfache jene Mittel, die in den industriell fortgeschrittenen Ländern für staatliche Entwicklungshilfe ausgegeben werden. Bereits ein Prozent der Militärausgaben der Welt würde die Entwicklungshilfe um 20 bis 25% erhöhen.

Die Probleme der Armut, des Hungers, der Umweltverschmutzung und der zunehmenden Ressourcenknappheit können nicht bewältigt werden, solange dermaßen große Teile der Produktion und der natürlichen Reichtümer in nahezu allen Ländern für unproduktive und menschheitsbedrohende Zwecke verschleudert werden.

In allen hochentwickelten Industriegesellschaften, die Militärapparate unterhalten, gibt es bestimmte Formen der Kooperation zwischen Militär und Rüstungsindustrie. Dieser (auf die Abschiedsrede Präsident Eisenhowers vom 30. Januar 1961 zurückgehend so bezeichnete) militärisch-industrielle Komplex ist nicht in sich geschlossen, denn es gibt sowohl zwischen den Teilstreitkräften als auch innerhalb der Rüstungsindustrie und zwischen rüstunbsabhängigen Gebieten eine starke Konkurrenz um Rüstungsausgaben, -aufträge und Waffensysteme und -programme. Es werden unterschiedliche Funktionen wahrgenommen und Interessen verfolgt, die sich demzufolge teilweise ausschließen.

Wo immer aber Rüstungsaufträge in unterbeschäftigten Volkswirtschaften zeitweilig Wachstum und Konjunktur stimulieren mögen, wird der erzielte Effekt gleichwohl erkauft um den Preis, daß Arbeitskräfte für unproduktive Zwecke eingesetzt werden.

5000 Liter Benzin pro Stunde
Bei „Autumn Forge" 1978 waren allein auf dem Territorium der Bundesrepublik 8800 Kettenfahrzeuge, 32000 Radfahrzeuge und 444 Kampfhubschrauber im Einsatz. Ein Kampfpanzer Leopard II verbraucht pro Fahrstunde im Gelände 600 Liter Diesel. Eine Phantom-Maschine verfliegt ihre Tankfüllung von 6000 Liter Kerosin in etwa Fünfviertelstunden. Für 1970 gibt das Weißbuch die Kosten für eine Flugstunde des Starfighters F 104 G mit 2706 DM an, 1972 bereits mit 5000 DM.

In den folgenden ‚Weißbüchern', nach zwei Ölkrisen, schweigt sich das Verteidigungsministerum dazu vorsichtshalber aus. „Ich bin Energiesparer", gilt auf jeden Fall nicht für die Bundeswehr. Die Wehrbereichsverwaltung VI (Bayern) protzte noch 1979 in einer Veröffentlichung mit der vergeudeten Energie: Zur Deckung und Zufuhr des Bedarfs an „Betriebs- und Schmier- und Brennstoffen" mußten „bei der Bundesbahn ca. 23 280 Waggons Kessel- und Güterwagen im Jahr in Bayern eingesetzt werden". Aneinandergereiht ergibt das eine Zuglänge von ca. 308 km.

Das „Großunternehmen" Bundeswehr ist der größte Energiefresser in der Bundesrepublik. 1980 wurden für Treibstoffe 810 Millionen DM ausgegeben. Rechnet man noch hinzu, daß die Bundeswehr von der Mineralölsteuer befreit ist, so sind es sogar über 1,2 Milliarden DM. 1979 betrug der gesamte Betriebsstoffverbrauch für die „Land-, Luft- und Wasserfahrzeuge" 1,264 Milliarden Liter. Das waren über 4 % des gesamten Verbrauchs an Motorenbenzin in Höhe von 23 Mio. t. Über 4 Millionen Familien hätten damit eine Urlaubsfahrt von je 3000 Kilometern machen können. Hinzu kommen aber noch 447,6 Mio. Liter leichtes und schweres Heizöl, womit sich etwa 500000 Wohnungen beheizen ließen. Schließlich verbraucht die Bundeswehr noch 670000 Tonnen Kohle und eine nicht genannte Menge Gas.

Beim Kriegsspielen wird aber nicht nur das Geld durch die Auspuffe gejagt, sondern im wahrsten Sinne des Wortes verpulvert. 1975 beim Herbstmanöver „Große Rochade" (68000 Mann) wurden 1,3 Millionen Schuß Munition verfeuert. Größere Kaliber kommen entsprechend teurer: Eine scharfe Granate aus 155 mm-Feldhaubitzen kostet 8400 Mark, mit einem Geschoß der Panzerabwehrrakete „Hot" fliegen schon drei Personenwagen durch die Luft (35000 DM, Preisstand 1979). Ein Schuß mit dem Luft-Schiffs-Flugkörper „Kormoran" zerstört möglicherweise ein Kriegsschiff, auf jeden Fall aber 200 Kindergartenplätze (2 Mio. DM, Preisstand 1979). Selbst zum Geschoß werden häufig Starfighter und Phantom-Kampfflugzeuge. Ein Viertel (235 Maschinen) der gesamten beschafften Starfighter-Flotte ging bisher ohne Feindeinwirkung zu Bruch. Für über hundert Piloten wurde der F-104 G zum fliegenden Sarg. Mit jedem Sturzbomber zerschellte ein Schulzentrum am Boden. – „Wir produzieren Sicherheit" (Bundeswehr-Slogan).

Quelle: *Fred Schmid, Abrüsten oder totrüsten. Zur Rüstungspolitik der BRD, Frankfurt/Main 1981 (= Marxismus aktuell), S. 9 ? 94*

Beschäftigungspolitische Probleme der Umstellung von Rüstungsindustrien auf Friedensproduktion

Durch Umstellung der Rüstungsindustrie auf zivile Produktion soll der Trend des permanenten Wettrüstens umgekehrt werden. Reduzierungen der Rüstungsproduktion sollen Abrüstungs- und Rüstungsbegrenzungsmaßnahmen einleiten und begleiten.

Der Weg der vollständigen Umstellung ist schwierig zu beschreiten, da starke Kräfte an der Aufrechterhaltung von Rüstungsproduktionskapazitäten interessiert sind. So forderten 1981 rund 800 Beschäftigte der Howaldswerke Deutsche Werft AG die Bundesregierung auf, den vorgesehenen Export von zwei U-Booten nach Chile nicht rückgängig zu machen.

Insbesondere Rüstungsproduktionskapazitäten, die mit dem beschäftigungspolitischen Arbeitsplatzargument aufgebaut und aufrechterhalten werden, können zu einem Hindernis für Rüstungskontrollbemühungen werden.

Dennoch zeigt eine Studie des Deutschen Institutes für Wirtschaftsforschung, daß die Zahl der Arbeitsplätze, die bei Sachausgaben des Staates von einer Milliarde DM geschaffen werden, in der Rüstungsindustrie nur bei 18 000 lag, während alle übrigen Bereiche eine höhere Zahl der entstehenden Arbeitsplätze aufwiesen: im Verkehr und Bauwesen 21 500, bei sozialen Maßnahmen sogar 26 850.[81]

Ist diese niedrigere Effizienz von Investitionen in den Rüstungsbereich offenkundig, so nützt andererseits den Facharbeitern und Ingenieuren bei Umstellungsmaßnahmen der Hinweis auf Arbeitsplätze in anderen Bereichen wenig, wenn nicht realistische Alternativen zu ihrer Tätigkeit angeboten werden. Auch hier muß allerdings beachtet werden, daß es den „typischen" Rüstungsarbeiter oder Panzerbauer nicht gibt, sondern nur Facharbeiter wie Dreher, Schlosser, Elektriker usw.

In der Rüstungsproduktion sind etwa 230 000 Arbeiter und Angestellte beschäftigt. Der Produktionswert im Rüstungsbereich betrug etwa 12 Mrd. DM; das sind etwa 2 % des Produktionswertes und 3,2 % der Beschäftigten im verarbeitenden Gewerbe. Die Militärausgaben insgesamt belaufen sich 1980 nach NATO-Kriterien auf rund

---

Nach den NATO-Kriterien zählen zu den Verteidigungsausgaben nicht nur die im Verteidigungshaushalt enthaltenen Mittel, sondern auch
- Ausgaben für Verteidigungs- und Ausrüstungshilfe
- Ausgaben für die Stationierungskräfte
- der deutsche Anteil am NATO-Zivilhaushalt
- Militärruhegelder
- Mittel für den Wehrbeauftragten
- Mittel für den Bundesgrenzschutz.

Die Bundesregierung rechnet auch die Berlin-Hilfe zu den Verteidigungsausgaben, da sie „der Verteidigung im Sinne der Sicherung unserer Freiheit nach außen dienen" (Beschluß des Deutschen Bundestages vom 15. Mai 1963).

---

50 Mrd. DM, das sind 3,3 % des Bruttosozialproduktes. Der Anteil der im oder für den Militärapparat Beschäftigten liegt bei etwa 900 000, das sind etwa 3,6 % aller Erwerbstätigen in der Bundesrepublik Deutschland. All dies stellt also keine besonders bedeutende gesamtwirtschaftliche Größenordnung dar und demzufolge auch kein wirtschaftliches Gegenargument gegen eine eventuelle Abrüstung.

Historische Beispiele

Umstellungen von Rüstungs- auf zivile Produktion vollzogen sich bereits nach den beiden Weltkriegen, die — obwohl nicht völlig vergleichbar mit der heutigen Situation — dennoch im ersten Nachkriegsjahr in den USA nur eine Arbeitslosigkeit von unter 4 % des gesamten Beschäftigtenstandes zur Folge hatten. Der Umstellungsprozeß wurde innerhalb eines Zeitraumes von 18 Monaten durchgeführt, ohne daß es zu größeren wirtschaftlichen Schwierigkeiten kam.

Verteidigungshaushalt und Verteidigungsausgaben

Jahr	Verteid.-Etat	Verteidigungs-ausgaben nach NATO-Kriterien	Verteidigungsausgaben nach NATO-Kriterien und Berlin-Hilfe
		(in Millionen DM)	
1950	–	4545	5056
1951	–	8213	8763
1952	4	7815	8477
1953	8	6015	6697
1954	10	6480	7313
1955	95	6741	7670
1956	3404	7956	8851
1957	5405	8230	9187
1958	7974	9626	10753
1959	8703	10236	11365
1960*	7702	8869	8902
1961	12404	13825	14966
1962	16786	18361	20021
1963	19033	20719	22566
1964	18306	20054	22005
1965	18736	20599	22716
1966	19130	21097	23444
1967	21124	23254	25584
1968	18474	20709	23228
1969	20199	22564	25379
1970	19400	22600	25800
1971	21400	25500	30300
1972	24300	28700	34600
1973	16800	31900	38400
1974	29900	35600	43000
1975	31200	37600	45500
1976	32400	38900	48000
1977	33500	40200	49800
1978	35400	43000	53100
1979	36700	45800	56900
1980	38900	48700	61500
1981	41200	51500	ca. 65000
1950 bis 1981			845752

Quelle: Fred Schmid, Abrüsten oder totrüsten. Frankfurt/Main 1981, S. 78

Das Gewicht der Rüstungsproduktion während der beiden Weltkriege

	Anteil der Rüstungsproduktion an der gesamten Industrieprod. 1918 (%)[1]	Anteil des Rüstungsetats am Bruttosozialprodukt 1942-1945 (%)[2]
Deutschland	75	68,8
Großbritannien	65	52,6
USA	40	29,1
Frankreich	75	

1) Rachik Faramasjan, Ökonomische und soziale Probleme der Umstellung von Kriegs- auf Friedensproduktion, in: J. Huffschmid, E. Burhop (Hrsg.), Von der Kriegs- zur Friedensproduktion, Köln 1980, S. 45
2) Peter Klein/Klaus Engelhardt, Weltproblem Abrüstung, Frankfurt (Main) 1979, S. 173

Quelle: Huffschmid, S. 211

Demobilisierung in den USA nach dem 2. Weltkrieg

Jahr	Rüstungsausgaben Mrd. $	pers. Stärke der Streit- (Mio.)	Bruttosozialprodukt Mrd. $[1]	Industrieproduktion 1935-1939=100[2]
1945	75,9[1]	11,6[2]	224 (2.Quart.)	203
1946	18,8[1]	2[3]	198 (1.Quart.)	170
1947	11,4[1]	unter 2[1]	„wieder ursprüngl.Höhe"	187
1948	11,8[2]	1,5[2]		192

Quellen:
1) Guido Grünewald, Abrüstung und Arbeitsplatzsicherung, in: Blätter für deutsche und internationale Politik 6/78, S. 662.
2) Rachik Faramasjan, Ökonomische und soziale Probleme der Umstellung von Kriegs- auf Friedensproduktion, a.a.O., S. 46f.
3) Weidenbaum, M. L., Could the United States Afford Disarmament, in: The Changing Economy, hrsg. v. J. R. Coleman, Basic Books, N. Y. 1966; zit. in: Milton Leitenberg, Das Umstellungspotential der Ausgaben für militärische Forschung und Entwicklung, in: Wilfried von Bredow (Hrsg.), Ökonomische und soziale Folgen der Abrüstung, Köln 1974, S. 52.

Quelle: Huffschmid, S. 212

Unsicherheitsfaktoren der Rüstungsproduktion

Beschäftigungsschwankungen in einzelnen Rüstungsbetrieben (z. B. bei Krauss Maffei, dem größten Panzerproduzenten in der Bundesrepublik Deutschland, der im Jahre 1970 ca. 6 000 Beschäftigte, 1975 ca. 5 000, 1979 ca. 4 600 auswies) zeigen, daß die Rüstungsindustrie durchaus beschäftigungspolitische Unsicherheitsfaktoren kennt. In den USA wurden von 1969 bis 1971 in der Luft- und Raumfahrtindustrie von 1,4 Mio. Arbeitsplätzen 450 000 vernichtet.[82]
Arbeitsplätze in der Rüstungsindustrie sind also keineswegs besonders krisensicher, sondern im Gegenteil ziemlich gefährdet, denn Rüstungsaufträge erfolgen im allgemeinen immer schubweise, wenn nämlich ein bestimmtes Waffensystem durch ein anderes ersetzt werden soll. Dann werden neue Arbeitskräfte eingestellt und Kapazitäten erweitert. Ist der Auftrag abgewickelt, sind Überkapazitäten durch Rationalisierung abzubauen und Arbeitskräfte zu entlassen.
Im Jahre 1963 lag die Zahl der mit Rüstungsproduktion Beschäftigten um 50 % höher als 1978. Gleichzeitig stieg die Rüstungsproduktion im gleichen Zeitraum von 4,8 Mrd. DM auf 13 Mrd. DM. Daraus ergibt sich, daß die ständig steigende Rüstungsproduktion mit immer weniger Beschäftigten bewältigt wird und daß Arbeitsplätze in der Rüstungsindustrie unsicher sind.

Finanzielle Folgen staatlicher Risikoübernahme für die Rüstungswirtschaft

Zwar hat sich gezeigt, daß in Schwierigkeiten geratene Rüstungsfirmen sehr häufig staatliche Hilfe erhalten, indem ihnen neue Aufträge erteilt werden. So bedeuten die Aufträge für militärische Beschaffungen in Höhe von über 60 Milliarden DM für den Zeitraum Mitte der siebziger bis Anfang der achtziger Jahre eine beträchtliche Profitmöglichkeit für die Rüstungsindustrie. Doch führen diese Ausgaben zu kaum lösbaren Finanzierungsproblemen im politisch-ökonomischen Bereich insgesamt. Dazu kommt, daß der Umsatz der Rüstungsindustrie in der Bundesrepublik Deutschland zwar jährlich rund 25 Milliarden DM beträgt, daß dies jedoch nur knapp 2,5 % des gesamten verarbeitenden Gewerbes ausmacht.
Dennoch zeigen Untersuchungen, daß die Gewinne in der Rüstungsindustrie im Durchschnitt über den Gewinnen der gesamten Industrie liegen und daß auch in der Bundesrepublik Deutschland staatliche

Entwicklung der Rüstungsproduktion und der Arbeitskräfte in der Rüstungsindustrie

	(1)	(2)	(3)	(4)	(5)	(6)	(7)
	Rüstungsausgaben in Mrd. DM	Anteil Inland	Rüstungsausgaben* im Inland in Mrd. DM	Exporte in Mio. DM	Rüstungswertschöpfung in Mrd. DM	Anteil der Rüstung an d. Wertschöpfung des prod.Gewerb.	Zahl der Arbeitskräfte in der Rüstungsproduktion in Tausend
1956	2,1	40 %	0,8				
1957	3,0	40 %	1,2				
1958	3,6	40 %	1,4				
1959	4,2	41 %	1,7				
1960	3,7	50 %	1,8				
1961	5,3	66 %	3,5	56	3,6	1,98 %	253
1962	7,7	64 %	4,9	280	5,2	2,65 %	342
1963	9,1	55 %	5,0	283	5,3	2,57 %	333
1964	8,4	44 %	3,7	712	4,7	2,11 %	275
1965	7,2	60 %	4,3	407	4,7	1,88 %	248
1966	6,1	74 %	4,5	272	4,8	1,83 %	240
1967	7,7	75 %	5,8	231	6,0	2,18 %	270
1968	6,8	68 %	4,6	391	5,0	1,74 %	217
1969	7,6	70 %	5,3	396	5,7	1,75 %	224
1970	6,8	81 %	5,5	689	6,2	1,72 %	224
1971	7,2	85 %	6,1	453	6,6	1,68 %	218
1972	8,4	81 %	6,8	1050	7,9	1,87 %	240
1973	9,2	83 %	7,6	371	8,0	1,71 %	219

1974	9,8	78%	7,6	516	8,1	1,64%	203
1975	10,2	80%	8,1	967	9,1	1,83%	213
1976	11,7	74%	8,6	1651	10,3	1,92%	218
1977	12,0	81%	9,7	1925	11,6	2,02%	229
1978	12,8	82%	10,5	2500**	13,0	2,09%	221
1979	13,7	82%	11,2	2500	13,7	2,01%	215

* Forschung und Entwicklung, Beschaffung, Materialerhaltung
** geschätzt

Quellen:
Spalten (1) bis (3) Wehrtechnik 7/1977, S. 101-103, 12/1978, S. 46-50, Weißbuch 1979, S. 36, C. Bielfeldt, Rüstungsausgaben und Staatsinterventionismus, Frankfurt/New York 1977, S. 88, Haushaltsentwürfe, Bundesminister der Verteidigung (Epl. 14), verschiedene Jahrgänge.

Spalte (4) U.S. Arms Control and Disarmament Agency, World Military Expenditures and Arms Trade, Washington verschiedene Jahrgänge.

Spalte (5) = Spalten (3) und (4)

Spalte (6) = Spalte (5) und Statistisches Jahrbuch des Bundesrepublik Deutschland, Tabelle „Produktionswert, Vorleistungen und Wertschöpfung nach zusammengefaßten Wirtschaftsbereichen" und „Entstehung des Auslandsproduktes und der Einkommen nach zusammengefaßten Wirtschaftsbereichen", verschiedene Jahrgänge.

Spalte (7) = Spalte (6) und Statistisches Jahrbuch, Tabelle „Erwerbstätige nach Wirtschaftsbereichen", verschiedene Jahrgänge.

Quelle: Jörg Huffschmid (Hrsg.), *Rüstungs- oder Sozialstaat? Zur wirtschaftlichen und sozialen Notwendigkeit von Abrüstung in der Bundesrepublik, Ein Handbuch*, Köln 1981, S. 38-39.

Stützungsaktionen nicht ungewöhnlich sind (z. B. im Fall von VFW-Fokker und der Werftindustrie im Jahre 1978).

Die staatliche Risikoübernahme und die garantierten außerordentlich geringen Verwertungsbedingungen ermöglichen es den Rüstungsfirmen, unbesorgt Fremdkapital aufzunehmen, und die Zinsen in den Selbstkosten ebenfalls dem Staat in Rechnung zu stellen. So übersteigt die Eigenkapitalquote bei Firmen mit einem Militäranteil um mehr als die Hälfte des Umsatzes selten die 10 %-Quote.

Der „Tornado" inflationierte von 1970 bis 1979 um 140 %, während der Index der industriellen Erzeugerpreise nur um 54 % stieg. Und der Flakpanzer „Gepard" (ursprünglich mit 3,6 Mio. DM pro Stück kalkuliert) kostete zuletzt 9,5 Mio. DM, was einen jährlichen Preisanstieg von 12 % ausmacht.

Regionalpolitische Probleme der Umstellungen bei Rüstungsproduktionen

In Ländern mit großen Rüstungsindustrien sind einzelne Regionen in großem Umfang von der Rüstungsproduktion abhängig (Kalifornien in den USA, Bayern in der Bundesrepublik Deutschland). Ein hoher Prozentsatz der Industrie-Beschäftigten in diesen Gebieten ist in Rüstungsbetrieben tätig.

Abrüstungsvorschläge, welche die Rüstungsforschung einschränken wollen, müssen mit dem Widerstand von Teilen der Industrie rechnen, da die Umstellung auf zivile Produktion mit Schwierigkeiten verbunden ist. Allerdings ist der Bedarf an nicht-militärischer Spitzentechnologie gewachsen und damit auch die Bereitschaft, staatliche Forschungsinvestitionen im zivilen Bereich vorzunehmen.

Abhängigkeit der Branchen von Rüstungsaufträgen

„Unternehmens- und branchenspezifische Konzentration, einseitige Spezialisierung von Arbeitskräften und Kapazitäten sowie wirtschaftliche Macht und lobbyistische Aktivität des Rüstungskapitals werden vernachlässigt, wenn ... behauptet wird, Rüstung sei wirtschaftlich entbehrlich und problemlos zu reduzieren, eine wirtschaftliche Abhängigkeit bestünde nicht."[83]

In einigen strukturschwachen Gebieten und Branchen wäre eine Umstellung wegen des hohen Rüstungsanteils problematisch. Insgesamt zeigt sich in vielen Ländern (USA, Frankreich, Großbritannien,

Inlandszahlungen des Bundesamtes für Wehrtechnik und Beschaffung[*]

Bundesland	1974		1975		1976	
	in Mio. DM	pro Kopf der Industriebeschäftigten[2] (DM)	in Mio. DM	pro Kopf der Industriebeschäftigten[2] (DM)	in Mio. DM	pro Kopf der Industriebeschäftigten[2] (DM)
Schleswig-Holstein	259,8	1556	300,1	1924	275,2	1609
Hamburg	320,0	1290	271,6	1176	313,3	1852
Niedersachsen	226,8	314	219,2	332	153,9	227
Bremen	509,9	5367	301,9	3392	341,2	3708
NRW	739,3	297	872,3	370	949,5	414
Hessen	389,1	519	369,2	530	555,8	858
Rheinland-Pfalz	140,9	428	147,6	472	164,7	451
Baden-Württemberg	1091,8	668	1145,3	750	999,5	712
Bayern	2146,9	1532	2579,4	1957	2526,2	2001
Saarland	94,4	694	84,8	652	85,5	559
Gesamt Bundesrepublik	5919,0	718	6291,4	815	6364,8	856

1) Nur Zahlungen, denen Lieferungen und Leistungen für die Bundeswehr zugrunde liegen, soweit sie nach Bundesländern zuzuordnen sind.
2) Industriebeschäftigte (produzierendes Gewerbe) in Unternehmen mit zehn Beschäftigten und mehr..

Quellen:
Berechnet nach H. Maneval und G. Neubauer, Untersuchung über die Wirkung von Verteidigungsausgaben auf die regionale Wirtschaftsstruktur, München 1978, hektrogr., Tabelle 2, S. 30. Statistisches Jahrbuch für die Bundesrepublik Deutschland, versch. Jahrgänge.

Quelle: Jörg Huffschmid (Hrsg.), Arbeitsgruppe Abrüstung: Rüstungs- oder Sozialstaat? Zur wirtschaftlichen und sozialen Notwendigkeit von Abrüstung in der Bundesrepublik. Ein Handbuch, Köln 1981, S. 43

Bundesrepublik Deutschland, Schweden, Schweiz usw.) ein hoher Konzentrationsgrad im Rüstungsgeschäft. In der Bundesrepublik Deutschland werden fast 50 % des Rüstungsumsatzes von nur 25 Firmen ausgeführt. In den USA führen die zehn größten Rüstungsfirmen ein Drittel der Aufträge der US-Streitkräfte aus.[84] Auf die drei größten Rüstungsunternehmen in der Bundesrepublik Deutschland entfielen 1979 mehr als ein Fünftel der Rüstungsumsätze, auf die zehn größten zwei Fünftel und auf die 30 größten über die Hälfte. Dabei sind über 80 % der Zahlungen des Bundesamtes für Wehrtechnik und Beschaffung auf fünf Industriezweige konzentriert: Maschinenbau, Luftfahrzeugbau, Straßenfahrzeugbau, elektrotechnische Industrie und seit 1978 verstärkt Schiffbau. Diese Zahlungen beziehen sich nur auf das Geschäftsvolumen und den Geschäftsbereich des BWB, d. h. Vorleistungsverflechtungen und Exporte sind nicht berücksichtigt, darüber hinaus auch nicht Rüstungsaufträge, die von anderen Dienststellen erteilt werden (rund ein Drittel der gesamten Rüstungsaufträge).[85]

Für die Bundesrepublik Deutschland läßt sich jedoch ein Einsatz der Rüstungsausgaben speziell für Zwecke der globalen Konjunktursteuerung nicht nachweisen.

Zahlungen* des BWB nach Branchen, Anteile in Prozent

	1970	1972	1974	1976	1978
Luftfahrzeugbau	32	31	28	24	17
Maschinenbau	17	16	19	23	23
Elektronische Industrie	21	22	23	19	19
Straßenfahrzeugbau	11	12	9	17	14
Schiffbau	3	3	2	2	9
Sonstige Investitionsgüterindustrie	8	6	6	4	6
Sonstige Industrie	8	10	13	11	12

* Nur Inlandszahlungen
(Quelle: Bundesamt für Wehrtechnik und Beschaffung)
Quelle: Huffschmid, S. 41

Untersucht man die Abhängigkeit der Branchen von der Rüstungsproduktion und von Rüstungsaufträgen, so zeigt sich, daß die Luft-

und Raumfahrtindustrie mit rund 50 bis 60 % des Umsatzes vom Rüstungsgeschäft abhängig ist, gefolgt vom Schiffbau mit unter 10 %. Insgesamt mag der Rüstungsumsatz der 25 größten Rüstungsproduzenten in der Bundesrepublik Deutschland zwar für die Firmen interessant sein, aber ihre Hauptgeschäftsaktivitäten dürften in anderen Bereichen liegen. Da Rüstungskonzerne oft in Tochterunternehmen, z. T. sogar im gleichen Betrieb, auch zivile Güter produzieren, macht der Rüstungsanteil im Rahmen des Gesamtkonzerns nur einen sehr geringen Prozentsatz aus. Damit relativiert sich die Rüstungsabhängigkeit und das Interesse an der Weiterführung hoher Rüstungsaufträge.

Anteil der Rüstungsproduktion am Umsatz der Industrie (in Prozent)

	1974	1974-1978 (Durchschnitt)
Luft- und Raumfahrt	57,7	48,9
Schiffbau	1,6	8,9
Maschinenbau	1,4	1,6
Elektrotechnik	1,7	1,6
Feinmechanik, Optik	1,7	1,6
gesamte Investitionsgüterindustrie	1,7	1,7

(Quelle: Bundesamt für Wehrtechnik und Beschaffung)
Quelle: Huffschmid, S. 51

b) Die Bedeutung des Waffenexports

Militärhilfe

Unter Militärhilfe sind alle diejenigen Leistungen zu verstehen, welche die Lieferung von Waffen und Geräten sowie die für ihren Einsatz notwendige Ausbildung im Rahmen von Regierungsverträgen an andere Staaten vorsehen. Eingeschlossen sind dabei auch die Errichtung von Anlagen der militärischen Infrastruktur sowie die militärische Ausbildungshilfe.

Üblicherweise wird Militärhilfe von der Regierung in Form der Schenkung geleistet, weshalb der kommerzielle Rüstungsexport nicht zur Militärhilfe gerechnet wird, obwohl er eng mit ihr verflochten ist.

Beschränkung des Rüstungsexports nach dem Außenwirtschaftsgesetz vom 28.4.1961

Das Außenwirtschaftsgesetz (AWG) vom 28.4.1961 ermächtigt die Bundesregierung, unter bestimmten Voraussetzungen eine Beschränkung des Außenwirtschaftsverkehrs vorzunehmen.

Nach § 7 (1) können Rechtsgeschäfte und Handlungen im Außenwirtschaftsverkehr beschränkt werden, um
1. Die Sicherheit der Bundesrepublik Deutschland zu gewährleisten;
2. eine Störung des friedlichen Zusammenlebens der Völker zu verhüten oder
3. zu verhüten, daß die auswärtigen Beziehungen der Bundesrepublik Deutschland erheblich gestört werden.

Nach Absatz 1 können insbesondere beschränkt werden

1. im Rahmen der auf die Durchführung einer gemeinsamen Ausfuhrkontrolle gerichteten internationalen Zusammenarbeit die Ausfuhr oder Durchfuhr von
   a) Waffen, Munition und Kriegsgerät;
   b) Gegenständen, die bei der Entwicklung, Erzeugung oder dem Einsatz von Waffen, Munition und Kriegsgerät nützlich sind, oder
   c) Konstruktionszeichnungen und sonstigen Fertigungsunterlagen für die in Buchstabe a und b bezeichneten Gegenstände;
2. die Ausfuhr von Gegenständen, die zur Durchführung militärischer Aktionen bestimmt sind;
3. die Einfuhr von Waffen, Munition und Kriegsgerät;
4. Rechtsgeschäfte über gewerbliche Schutzrechte, Erfindungen, Herstellungsverfahren und Erfahrungen in bezug auf die in Nummer 1 bezeichneten Waren und sonstigen Gegenstände.

Die im AWG enthaltenen zusätzlichen Beschränkungsmöglichkeiten sind erforderlich, da die Vorschriften des Kriegswaffenkontrollgesetzes nur für Kriegswaffen gelten, die in der Kriegswaffenliste des Gesetzes im einzelnen bezeichnet sind.

Militärhilfe soll „der Unterstützung befreundeter Staaten in Afrika und Asien beim Aufbau von Sicherheitskräften" dienen und so zur „inneren Stabilisierung der Entwicklungsländer und zur Verbesserung ihrer Nachrichten- und Verkehrsinfrastruktur beitragen".[86] Militärhilfe wird nach den Bestimmungen des § 7 des Außenwirtschaftsgesetzes und des § 6 des Kriegswaffenkontrollgesetzes vergeben. Sie teilt sich in die NATO-Verteidigungshilfe nach Artikel 3 des NATO-Vertrages, in die Ausrüstungs- und Ausbildungshilfe (zumeist Schenkung von Ausrüstungsgegenständen an Länder Afrikas und Asiens sowie Schulung von Personal und Entsendung von Beratern) und die militärische Ausbildungshilfe (z. B. Generalstabsausbildung an der Führungsakademie der Bundeswehr).

Beschränkung des Rüstungsexports durch das Kriegswaffenkontrollgesetz (KWKG) vom 20.4.1961

Nach dem Gesetz über die Kontrolle von Kriegswaffen vom 20.4.1961 (Ausführungsgesetz zu Art. 26 Abs. 2 des Grundgesetzes) dürfen zur Kriegführung bestimmte Waffen nur mit Genehmigung der Bundesregierung hergestellt, befördert und in Verkehr gebracht werden. Außerdem sind seit dem 1.7.1978 auch die Vermittlung und der Abschluß von Geschäften mit Kriegswaffen, die sich im Ausland befinden, genehmigungspflichtig.

Darin heißt es in Paragraph 1,1:
„Zur Kriegsführung bestimmte Waren im Sinne dieses Gesetzes sind die in der Anlage zu diesem Gesetz (Kriegswaffenliste) aufgeführten Gegenstände, Stoffe, Organismen. Die Bundesregierung wird ermächtigt, durch Rechtsverordnung mit Zustimmung des Bundesrates die Kriegswaffenliste entsprechend dem Stand der wissenschaftlichen, technischen und militärischen Erkenntnisse derart zu ändern und zu ergänzen, daß sie *alle Gegenstände, Stoffe* und *Organismen* enthält, die geeignet sind, allein, in Verbindung miteinander oder mit anderen Gegenständen, Stoffen oder Organismen *Zerstörungen oder Schäden an Personen oder Sachen* zu verursachen und als Mittel der Gewaltanwendung bei bewaffneten Auseinandersetzungen zwischen Staaten zu dienen." (bes. hervorgehoben)

Die Bundesregierung ist also mit Zustimmung des Bundesrates berechtigt, Produktion und Ausfuhr *aller* Materialien, die für die Kriegsführung in Frage kommen, nicht zu genehmigen.

Wer Kriegswaffen herstellen, befördern, erwerben oder anderen überlassen will, bedarf der Genehmigung (§ 2); auf ihre Erteilung besteht kein Anspruch (§ 6 (1)). Die Genehmigung ist zu versagen (§ 6 (3)), wenn

1. die Gefahr besteht, daß die Kriegswaffen bei einer friedenstörenden Handlung, insbesondere bei einem Angriffskrieg verwendet werden;
2. Grund zu der Annahme besteht, daß die Erteilung der Genehmigung völkerrechtliche Verpflichtungen der Bundesrepublik verletzen oder deren Erfüllung gefährden würde.

Die Bestimmungen des Kriegswaffen-Kontrollgesetzes werden ergänzt durch das Außenwirtschaftsgesetz (AWG) vom 28.4.1961 und die Politischen Grundsätze der Bundesregierung für den Export von Kriegswaffen und sonstigen Rüstungsgütern vom 28.4.1982.

Ausrüstungs- und Ausbildungshilfe

Die NATO-Verteidigungshilfe ist der finanziell größte Posten der Militärhilfe der Bundesrepublik Deutschland, während die haushaltsrechtlich ebenfalls beim Auswärtigen Amt ausgewiesene Ausrüstungshilfe 1983 mit nicht 50 Mio. DM nur etwa ein Fünftel der Ausgaben für die NATO-Verteidigungshilfe betrug. Die Ausbildungshilfe, die im Einzelplan 14 des Bundesverteidigungsministeriums aufgeführt ist, hat einen finanziellen Umfang von weniger als einer Million DM.

Die militärische Ausrüstungs- und Ausbildungshilfe der Bundesrepublik Deutschland setzte zu Beginn der sechziger Jahre ein, als eine große Zahl ehemaliger Kolonien in Afrika die Unabhängigkeit errang. Während der Zeit des Kalten Krieges wurde die militärische und wirtschaftliche Unterstützung von Staaten in der Dritten Welt als eine Möglichkeit angesehen, Einfluß auf die Gesellschaftsordnung und die außenpolitische Orientierung dieser Staaten zu nehmen. Die Auflockerung der Blockstrukturen und die zunehmende Unabhängigkeit der Empfängerländer im Laufe der sechziger Jahre führten dazu, daß das Junktum zwischen Waffenlieferungen und politischer Einflußnahme mehr und mehr unwirksam wurde.[87]

Bei der Vergabe von Ausrüstungs- und Ausbildungshilfe spielten zunehmend rein wirtschaftliche Erwägungen eine Rolle. „Einmal war es die Überlegung, das von der Bundeswehr ausgemusterte Material politisch und wirtschaftlich sinnvoller einzusetzen, als es die Verschrottung wäre. Zum anderen hegte man die Erwartung, daß z. B. ein Land, dessen Luftwaffe oder dessen Küstenschutz von der Bundeswehr aufgebaut und ausgestattet worden waren, seine Aufträge für Nachfolgemuster dieser Waffensysteme bei deutschen Firmen plazieren würden".[88]

Bei den Rüstungsexporten der Bundesrepublik Deutschland ist — von dem Fall der NATO-Verteidigungshilfe gemäß Artikel 3 des NATO-Vertrages abgesehen, der die wirtschaftliche und militärische Unterstützung der Verbündeten zum Ziel hat — zu unterscheiden zwischen Lieferungen von Kriegswaffen gemäß der Definition des Kriegswaffenkontrollgesetzes aus deutscher Fertigung, von sonstigem neuen Rüstungmaterial und von ausgemusterten Bundeswehrbeständen.

Zwar machen die deutschen Rüstungslieferungen nur einen sehr kleinen Teil des Waffentransfers in der Welt aus, der sich zwischen den Industrienationen und den Staaten der Dritten Welt vollzieht, doch hat eine Reihe deutscher Programme zu außenpolitischen Belastungen und innenpolitischen Kontroversen geführt — so die Hilfslieferungen an Israel, die Ausrüstungs- und Ausbildungshilfe an das Regime in Chile, die Flugzeugverkäufe an den Iran und die Verhandlungen über Lieferung deutscher Panzer an Saudi-Arabien. Zu Interessenkollisionen kam es insbesondere dann, wenn einer der NATO-Verbündeten, der die Menschenrechte mißachtete, um militärische Hilfe der Bundesrepublik Deutschland ersuchte (Obristen-Regime in Griechenland, das Portugal Salazars, das Militärregime in der Türkei). Zudem war die Formel, nicht in „Spannungsgebiete" zu liefern, zu vage und politisch nicht durchzuhalten, wenn Spannungen beispielsweise an einer Flanke der NATO entstanden. Im allgemeinen diente diese Formel als flexibles politisches Instrument dazu, eine restriktive Vergabepolitik zu rechtfertigen.

Im Februar 1965 beschloß die Regierung Erhard, künftig keine Waffenlieferungen in „Spannungsgebiete" mehr zuzulassen. Im Juni 1971 verabschiedete das Kabinett eine Richtlinie, nach der ein Export von Kriegswaffen in Länder der NATO grundsätzlich nicht mehr, in Spannungsgebiete überhaupt nicht mehr erfolgen sollte. Rüstungswaren, die nicht Kriegswaffen sind, sollten kontrolliert werden. Im April 1982 wurde das Kriterium „Spannungsgebiet" ersetzt durch die Prüfung der Frage, ob Rüstungsexporte im vitalen außen- und sicherheitspolitischen Interesse der Bundesrepublik liegen oder nicht. Viel Beachtung fand auch die Formulierung, daß beschäftigungspolitische Interessen für die Genehmigungserteilung nicht ausschlaggebend sein dürften. Die neue Bundesregierung hat an diesen Richtlinien bisher festgehalten; sie „verfolgt grundsätzlich eine restriktive Rüstungsexportpolitik"[88a].

Für den Rüstungsexport arbeiten heute 30 000 bis 40 000 Menschen. Nach einer Studie des außenpolitischen Ausschusses des amerikanischen Senats wurden zwischen 1974 und 1979 Waffen und Rüstungswaren im Wert von 12 Milliarden DM von Regierungen aus der Dritten Welt in der Bundesrepublik Deutschland bestellt. Zur Auslieferung kamen Rüstungsgüter im Gesamtwert von 5 Mrd. DM. Zu Beginn des Jahres 1980 lag also ein Auftragsbestand in Höhe von 7 Mrd. DM vor.[89]

Im Deutschen Bundestag wurde 1981 von der Bundesregierung mitgeteilt, daß zwischen 1975 und 1979 „Ausfuhrgenehmigungen für Kriegswaffen" in Höhe von 5,926 Mrd. DM erteilt worden seien. Der Anteil der Exporte in Länder der Dritten Welt betrug 37,9 % des Wertes aller Genehmigungen.

Interessen der Industrieländer am Rüstungsexport

Einen Anreiz für den Waffenhandel und Rüstungsexport bietet die Tatsache, daß der Markt für den Absatz von Waffen und militärtechnischen Kenntnissen in den Entwicklungsländern sehr groß ist und der Bedarf in absehbarer Zeit unvermindert bestehen bleiben wird. Auch aus Gründen des wirtschaftlichen Drucks innerhalb der Industriestaaten, der durch Kapazitätsausweitung einerseits und Auftragsrückgang andererseits zurückzuführen ist, wird das Waffengeschäft attraktiv bleiben. Die Regierungen der Industriestaaten haben zwar einerseits ein Interesse daran, daß der Waffenhandel nur in den Randzonen des Kalten Krieges tätig wird, andererseits sehen sie hier eine Chance, durch den ständig wachsenden Export strategischer Ersatzmittel, die im hochgezüchteten Waffensystem der Industrienationen schnell veraltern, einen wirtschaftlichen Gewinn zu erzielen.

Dabei spielt auch die Hoffnung der Waffenexportländer eine Rolle, daß belieferte Entwicklungsländer oder Schwellenländer auch eine entsprechende politische Orientierung vornehmen. Eine solche Betrachtungsweise birgt allerdings die Gefahr der politischen Erpreßbarkeit durch die Käufernationen. Zudem ist es schwierig, die gelieferten Waffen ihrer Qualität nach im Griff zu behalten, wenn die Lieferung moderner Einsatzsysteme erst einmal begonnen hat. Was ein Lieferant vielleicht aus militärischen Gründen verweigert, liefert ein anderer möglicherweise aus wirtschaftlichen Beweggründen.

Das Gesamtvolumen des weltweiten Waffenhandels lag Anfang der achtziger Jahre bei ca. 25 Mrd. $ pro Jahr. Während der Import-Anteil der Dritten Welt an diesem Markt zu Beginn der sechziger Jahre noch knapp über 40 % lag, ist er gegen Ende der siebziger Jahre auf mehr als 70 % angestiegen. Während in den fünfziger Jahren noch für insgesamt 9 Mrd. $ Waffen an Länder der Dritten Welt verkauft wurden, stieg diese Summe in den sechziger Jahren auf 18 Mrd. und erreichte in den siebziger Jahren 70 Mrd. $.[89a]

Verwandten im Jahre 1963 die Entwicklungsländer im Durchschnitt noch 4,4 % ihres Bruttosozialproduktes für Verteidigungszwecke, die Industrieländer hingegen im Durchschnitt 8,5 %, so war der durchschnittliche Anteil im Jahre 1980 bei den Entwicklungsländern auf 5,1 % angestiegen, während die Industrieländer nunmehr nur noch bei 5,4 % lagen.

Rüstungsausgaben, -importe und Mannschaftsstärken

	1963	1970	1977	Veränderungen i.% 1963-70	1970-77
Entwickelte Länder					
Rüstungsausgaben (Mrd.)	258	296	319	14,7	7,8
Rüstungsausg.pro Sold.(Tsd.)	22,5	28,5	30,1	11,8	5,6
Rüstungsausg./Bruttosoz.(%)	8,5	6,6	5,6		
Rüstungsimporte (Mrd.)	3,2	2,6	3,7	-18,8	42,3
Rüstungsimporte/Rüstungsausg. (%)	1,2	0,9	1,2		
Soldaten (Mill.)	10,1	10,4	10,6	3,0	1,9
Soldaten/Bevölkerg. (%)	11,0	10,5	10,1		
Dritte Welt					
Rüstungsausgaben (Mrd.)	43	64	92	48,8	43,8
= % d. Welt-Rüstungsausg.	14,3	17,8	22,4		
Rüstungsausg./Bruttosoz. (%)	4,4	6,1	5,9		
Rüstungsausg.pro Sold.(Tsd.)	4,0	4,6	5,9	15,0	28,3
Rüstungsimporte (Mrd.)	3,8	6,1	13,0	60,5	113,1
Rüstungsimporte/Rüstungsausg. (%)	8,8	9,5	14,1		
Rüstungsimporte/Importe (%)	5,8	6,2	5,2		
Einheim.Rüstungsproduktion incl. Lizenzbau (Mrd.)	0,2	0,5	1,0	150	100
Soldaten (Mill.)	10,7	13,8	15,6	29,0	13,0
= % der Welt-Streitkräfte	51,4	57,0	59,5		
Soldaten/Bevölkerung (‰)	4,8	4,9	4,9		
Dritte Welt ohne Nahost					
Rüstungsausgaben (Mrd.)	39	55	66	41,0	20,0
= % der Welt-Rüstungsausg.	13,0	15,3	16,1		
Rüstungsausg./Bruttosoz.(%)	4,3	5,8	4,9		
Rüstungsausg.pro Sold.(Tsd.)	3,9	4,4	4,7	12,8	6,8
Rüstungsimporte (Mrd.)	2,9	4,2	6,4	44,8	52,4
Rüstungsimporte/Rüstungsausg. (%)	7,4	7,6	9,7		
Rüstungsimporte/Importe (%)	5,1	4,9	5,2		
Soldaten (Mill.)	10,0	12,6	14,1	26,0	11,9
= % der Welt-Streitkräfte	48,1	52,1	53,8		
Soldaten/Bevölkerung (‰)	4,6	4,8	4,6		

Quelle: USACDA World Military Expendiures and Arms Transfers, Washington D.C., div. Aufl., für Rüstungsproduktion der Dritten Welt: SIPRI Yearbook 1979. Alle Angaben auf der Basis von konstanten (1976) US $

Zahl der Entwicklungsländer im Besitz bestimmter Waffensysteme (in Klammern: ohne Nahost)

	1950	1960	1970	1977
Überschallkampfflugzeuge	– (–)	1 (1)	28 (19)	47 (37)
Raketensysteme	– (–)	6 (5)	25 (17)	42 (34)
Panzerfahrzeuge	1 (1)	38 (29)	72 (60)	83 (71)
Kriegsschiffe, Stapellauf nach 1945	4 (3)	26 (2₁)	56 (48)	67 (55)

Quelle: SIPRI Yearbook 1978

Quelle: *Hans Rattinger, Rüstungskontrolle in der Dritten Welt, in: Aus Politik und Zeitgeschichte B 32/1980 vom 9. Aug. 1980, S. 35*

Im Jahre 1980 wurden ca. 230 Milliarden DM in der Dritten Welt für die Rüstung ausgegeben. Im gleichen Jahr gingen die Länder der Dritten Welt über 50 Milliarden DM Verpflichtungen für Rüstungsimporte ein. Das entsprach fast 7 % des gesamten weltweiten Warenhandels mit der Dritten Welt oder ca. 20 % des Handels der Dritten Welt mit technologisch vergleichbaren Gütern aus der Gruppe der Maschinen und Transportmittel. Allerdings bestanden die Importe von Maschinen und Transportmitteln bei einigen Ländern zu mehr als der Hälfte aus Rüstungswaren (z. B. Ägypten, Israel, Südkorea).

Da nur 6 % aller Rüstungswaren für die Dritte Welt zwischen 1973 und 1977 von ölreichen Ländern mit Zahlungsbilanzüberschüssen importiert wurden (Saudi-Arabien, Kuweit, Oman, Arabische Emirate), muß für alle anderen Länder davon ausgegangen werden, daß diese Rüstungsimporte zu Lasten anderer Importe erfolgten.

Die Rüstungsausgaben aller Entwicklungsländer haben sich von 1968 bis 1980 von 33,3 Mrd. Dollar auf 146,8 Mrd. Dollar erhöht.

Gefahren der Verbreitung moderner Militärtechnologie

Die Verbreitung moderner Militärtechnologie in den Entwicklungsländern läßt sich ablesen an der Zunahme moderner Überschall-Kampfflugzeuge, von Raketensystemen, Panzerfahrzeugen und modernen Kriegsschiffen. Diese Verbreitung technologisch anspruchsvoller Waffensysteme ist möglich aufgrund hoher Importe (bis zu über 90 %) aus den Industriestaaten, die heute überwiegend moderne und fabrikneue Waffensysteme (und nicht gebrauchtes und veraltetes

Die 10 größten Rüstungsexporteure für die Dritte Welt*

I. Angaben der US-ACDA für den Zeitraum 1976 bis 1980

Exportland	Rüstungsexport in Mio. US-Dollar	Marktanteil %
UdSSR	31 250	38,8
USA	20 390	25,3
Frankreich	7 550	9,4
Großbritannien	4 550	5,6
BR Deutschland	3 500	4,3
Italien	2 420	3,0
Jugoslawien	1 100	1,3
CSSR	965	1,2
Schweiz	570	0,7
Polen	485	0,6

Quelle: US-ACDA, World Military Expenditures and Arms Transfers 1971 bis 1980, Washington 1983, S. 117-120.
*) Außereuropäische Entwicklungsländer; ohne Türkei

II. Angaben laut SIPRI für den Zeitraum 1976 bis 1982

Exportland	Rüstungsexport in Mio. US-Dollar	Marktanteil %
USA	23 868	36,9
UdSSR	21 327	33,0
Frankreich	7 166	11,1
Großbritannien	3 462	5,3
Italien	2 872	4,4
BR Deutschland	1 024	1,6
VR China	576	0,9
Niederlande	513	0,8
Kanada	337	0,5
CSSR	144	0,2

Quelle: SIPRI-Yearbook 1983, Stockholm 1983, S. 292f.

Rüstungsexporte in die Dritte Welt und Entwicklungshilfe

	I	II	III
	Rüstungsexport in Entwicklungsländer 1976 bis 1980 (Mio. US-Dollar) Lfd. Preise-kum.	Öffentliche Entwicklungshilfe 1976 bis 1980 (Mio. US-Dollar) lfd. Preise-kum.	Abweichung der Entwicklungshilfe (II) von den Rüstungsexporten (I) (in % von I) Überschuß- Fehlbetrag
UdSSR	32900	4486	− 86 %
USA	22800	25979	+ 14 %
Frankreich	8000	14650	+ 83 %
Großbritannien	4600	7166	+ 54 %
Bundesrepublik Deutschland	4100	12034	+194 %
Italien	2700	1743	− 35 %

Quellen: ACDA, World Military Expenditures and Arms Transfers 1971-1980, S. 117, Tabelle III
Sivard, R. L., World Military and Social Expenditures, WMSE Publiications, London, verschiedene Jahrgänge

Anteil der Militärausgaben am Bruttosozialprodukt im Vergleich (in %)

	Welt	Industriestaaten	NATO	WPO*	Entwicklungsländer	OPEC
1963	7,8	8,5	7,2	(5–9)	4,4	(3,1)
1964	7,3	7,8	6,7	(5–9)	4,5	(3,5)
1965	6,8	7,3	6,1	(5–9)	4,6	(3,7)
1966	7,0	7,3	6,5	(5–9)	5,8	2,2
1967	7,1	7,2	7,1	10,7	6,3	5,0
1968	7,2	7,4	6,8	12,8	6,1	4,7
1969	6,7	6,8	6,2	12,1	6,0	6,0
1970	6,2	6,3	5,6	12,0	5,8	5,6
1971	5,9	6,0	5,2	11,7	5,8	5,6
1972	5,8	5,8	5,0	11,7	5,7	5,9
1973	5,5	5,5	4,6	11,5	5,6	6,2
1974	5,6	5,6	4,7	11,4	5,5	6,5
1975	5,7	5,6	4,7	11,4	5,9	8,2
1976	5,5	5,4	4,3	11,6	5,9	8,3
1977	5,4	5,4	4,3	11,3	5,5	7,3
1978	5,3	5,3	4,2	11,3	5,4	7,8
1979	5,3	5,3	4,2	11,5	5,5	8,4

Quelle: J. Krause, Rüstung und Abrüstung als Weltproblem, in: Weltprobleme, hrsg. von P.J. Opitz, Bonn 1982, S. 297
Daten nach US-ACDA. *WPO = Warschauer Pakt

Material) liefern. Insbesondere diejenigen Entwicklungsländer, die im Besitz begehrter Rohstoffe sind, können auf den internationalen Rüstungsmärkten nach modernsten Waffensystemen Ausschau halten.[90] Durch den Weiterverkauf von Waffensystemen innerhalb der Dritten Welt selbst wird zudem zusätzliche Instabilität in diese Regionen hineingetragen. Möglich wäre hier, für Rüstungstransfers zu vereinbaren, daß die Weitergabe an Dritte verboten ist. Eine solche Auflage könnte den Entwicklungsländern dadurch schmackhaft gemacht werden, indem die Lieferanten den Käuferländern eine Rückkaufgarantie geben, sollten sie ihre Waffensysteme durch neue ersetzen wollen.

Der Zusammenhang des Rüstungsexports mit der Rüstungskontrolle wird an folgendem Zitat deutlich: „Wenn es das Ziel einer Abrüstung oder Rüstungsbeschränkung sein soll, die für die gewaltsame Austragung von Konflikten erforderlichen Instrumente zu beseitigen

Die 20 Staaten der Dritten Welt mit den höchsten Militärausgaben im Jahre 1980

Land	Militärausgaben in US-Dollar
1. VR China	47 000
2. Saudi Arabien	16 740
3. Iran	11 342 (1978)
4. Israel	5 051
5. Indien	4 521
6. Süd-Korea	3 846
7 Argentinien	2 894
8. Irak	2 671 (1979)
9. Brasilien	2 308
10. Nigeria	2 266
11. Syrien	2 205
12. Taiwan	2 086 (1978)
13. Süd-Afrika	2 043
14. VAE	1 658
15. Indonesien	1 594
16. Ägypten	1 362
17. Kuwait	1 315
18. Nord-Korea	1 300
19. Pakistan	1 265
20. Oman	1 179

Quelle: US-ACDA, World Military Expenditures and Arms Transfers, 1971 bis 1980, Washington 1983.

bzw. zu reduzieren, dann könnte eine Drosselung des Rüstungsflusses in Länder der Dritten Welt eine wichtige präventive Maßnahme sein, die eine spätere Abrüstung erleichtern würde. Die Konflikthäufigkeit in den nicht durch das nukleare Patt gedeckten Regionen unterstreicht die Dringlichkeit geeigneter Maßnahmen".[91]

Während der Anteil der Bundesrepublik Deutschland am Export von Maschinen und Transportmitteln in Länder der Dritten Welt je nach Warengruppe zwischen 10 % und 20 % liegt, ist er im Rüstungsbereich geringer als 5 %. „Noch ist der Exportdruck der Rüstungsindustrie wahrscheinlich steuerbar. Wenn aber in der zweiten Hälfte der achtziger Jahre zahlreiche Beschaffungsprogramme der Bundeswehr, wie etwa MRCA-Tornado und Leopard II, auslaufen, wird er erheblich zunehmen und dem im Schiffbaubereich ähnlich werden. Dann dürfte es für Gegenmaßnahmen, wie z. B. Förderung der Um-

Länder der Dritten Welt mit den höchsten Militärausgaben pro Kopf der Bevölkerung im Jahre 1980 (in US-Dollar)

Land	Militärausgaben pro Kopf
1. Katar	2 515
2. Saudi-Arabien	1 631
3. VAE	1 503
4. Israel	1 205
5. Oman	1 188
6. Kuwait	851
7. Iran	338 (1978)
8. Singapur	234
9. Syrien	227
10. Irak	207 (1979)
11. Bahrain	166
12. Libyen	158
13. Taiwan	132
14. Jordanien	120
15. Kuba	107
16. Argentinien	94
17. Süd-Korea	87
18. Süd-Afrika	75
19. Malaysia	71
20. Nord-Korea	61

Quelle: US-ACDA, World Military Expenditures and Arms Transfers, 1971–1980, Washington 1983.

stellung von militärischer auf zivile Produktion, zu spät sein. Die bundesdeutsche Rüstungsexportpolitik könnte dann ihre restriktive Komponente völlig verlieren".[91a]

Würde die Waffenproduktion um jährlich 3 % verringert, wären rund 360 Millionen DM industrieller Produktionswert und 6 900 Arbeiter und Angestellte betroffen, also 0,06 % der Industrieproduktion und 0,1 % der Industriebeschäftigten.

Die Kürzung der Militärausgaben in Höhe von 50 Mrd. DM im Jahre 1980 um 3 % würde etwa 1,5 Mrd. DM ausmachen, was bei einem Bruttosozialprodukt von 1 500 Mrd. DM nur 0,10 % wären.[92]

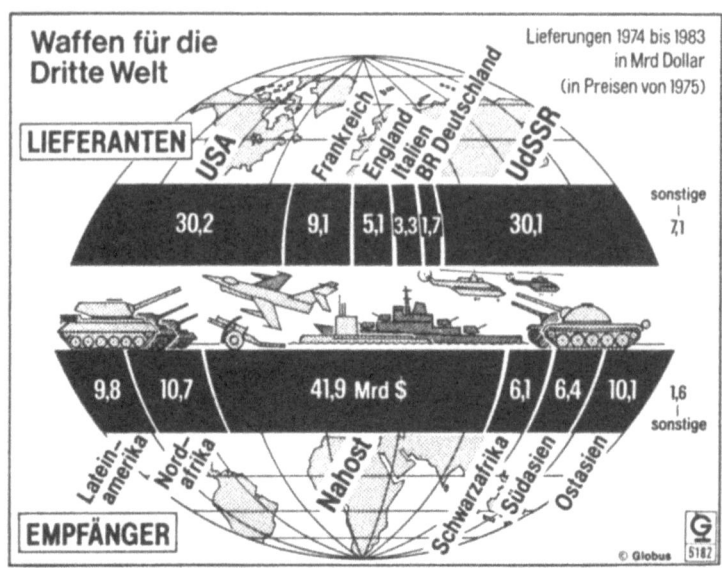

Anteil der Militärausgaben am Bruttosozialprodukt im Vergleich (in %)

	Welt	Industriestaaten	NATO	WPO	Entwicklungsländer	OPEC
1963	7,8	8,5	7,2	(5–9)	4,4	(3,1)
1964	7,3	7,8	6,7	(5–9)	4,5	(3,5)
1965	6,8	7,3	6,1	(5–9)	4,6	(3,7)
1966	7,0	7,3	6,5	(5–9)	5,8	2,2
1967	7,1	7,2	7,1	10,7	6,3	5,0
1968	7,2	7,4	6,8	12,8	6,1	4,7
1969	6,7	6,8	6,2	12,1	6,0	6,0
1970	6,2	6,3	5,6	12,0	5,8	5,6
1971	5,9	6,0	5,2	11,7	5,8	5,6
1972	5,8	5,8	5,0	11,7	5,7	5,9
1973	5,5	5,5	4,6	11,5	5,6	6,2
1974	5,6	5,6	4,7	11,4	5,5	6,5
1975	5,7	5,6	4,7	11,4	5,9	8,2
1976	5,5	5,4	4,3	11,6	5,9	8,3
1977	5,4	5,4	4,3	11,3	5,5	7,3
1978	5,3	5,3	4,2	11,3	5,4	7,8
1979	5,3	5,3	4,2	11,5	5,5	8,4

aus: J. Krause, Rüstung und Abrüstung als Weltproblem, in: Weltprobleme, hrsg. von P. J. Opitz, Bonn 1982, S. 297. Daten nach US-ACDA.

Zusammenfassung

Die Abrüstungsverhandlungen und Rüstungskontrollvereinbarungen seit 1945 haben die Schwierigkeiten für eine Sicherheitspolitik deutlich gemacht, die sich auf Rüstung und Abschreckung stützt.

1. Die Abrüstungsverhandlungen seit dem Ende des Zweiten Weltkrieges zeigen, daß das Haupthindernis für eine Einigung der Supermächte im gegenseitigen Mißtrauen und in den verschiedenen Ansichten der beteiligten Staaten über Kontrolle und Inspektion zu suchen ist. Nach wie vor beharrt die Sowjetunion darauf, daß die Verifikation von Rüstungskontrollmaßnahmen auf *nationale* technische Mittel beschränkt sein soll. Die mit fortschreitender Technologie möglichen verbesserten Überwachungs- und Verifikationsmaßnahmen eignen sich zugleich auch zur Übermittlung genauester Zielunterlagen für einen möglichen Angriff auf Basen und Abschußrampen von Raketen und verstärken somit noch die vorhandene Unsicherheit und das bestehende Mißtrauen.

2. Der Ehrgeiz der Militärs aller Länder, die immer bestehende Lücke zwischen erreichtem Stand der Waffentechnik und dem, was die Experten für technologisch noch möglich ansehen, zu schließen, war und ist (neben dem gegenseitigen Mißtrauen) eine der wichtigsten Triebkräfte des Rüstungswettlaufs. Als sehr fragwürdig erwies sich der Anspruch auf Überlegenheit bzw. Selbstbezogenheit der Sicherheitspolitik, indem die eigene Rüstung jeweils als defensiv und als Reaktion auf Maßnahmen der Gegenseite gerechtfertigt wurde.

3. Als neue, mit den herkömmlichen Mitteln der Diplomatie und des Völkerrechts kaum zu erfassende Dimension beginnt der Weltraum in die Rüstungen einbezogen zu werden. Seit Beginn der Weltraumnutzung bemühen sich die Supermächte, eine Fähigkeit zum Ausschalten der jeweiligen gegnerischen Satelliten zu entwickeln. Damit ist zu befürchten, daß sich die Satellitenabwehr zu einem Feld neuen Wettrüstens entwickeln wird. Mit dem Aufbau von BMD- (ABM-)Sy-

stemen, der die eigene Seite für einen Gegenschlag unverwundbar macht, wird zudem die auf gegenseitige Zweitschlagskapazität begründete relative Sicherheit wieder in Frage gestellt.[92a]

4. Rüstung verschlingt lebensnotwendige Teile der materiellen Ressourcen und des menschlichen „Know how", welche zur Verbesserung der Lebens- und Arbeitsbedingungen verwendet werden könnten. Es hat sich aber gezeigt, daß insbesondere Rüstungsproduktionskapazitäten, die mit dem beschäftigungspolitischen Arbeitsplatzargument aufgebaut und aufrechterhalten werden, zu einem Hindernis für Rüstungskontrollbemühungen werden können. Außerdem müssen Abrüstungsvorschläge, welche die Rüstungsforschung einschränken wollen, mit dem Widerstand von Teilen der Industrie rechnen, da die Umstellung auf zivile Produktion mit Schwierigkeiten verbunden sein kann.

5. Ein besonderes Problem bietet die nukleare Proliferation, denn im Jahre 2000 werden vermutlich 30 bis 40 Länder in der Lage sein, Atombomben herzustellen. Von der wissenschaftlich-technischen Ausbildungsseite her dürften derzeit Argentinien, Israel, Pakistan, Südafrika und Taiwan hierzu in der Lage sein. In Brasilien wird sich die technische Expertise in den nächsten Jahren beträchtlich verbessern; das gleiche gilt für den Irak. Pakistans Zeitbedarf für den Bau einer Atombombe dürfte lediglich einige Monate betragen. Argentinien, Südkorea und Taiwan werden maximal drei Jahre benötigen; Brasilien wird höchstens fünf, der Irak schätzungsweise vier bis sechs Jahre brauchen, bis sie in der Lage sind, die ersten Sprengsätze zu zünden.

Da die kerntechnischen Anlagen von Ägypten, Israel und Südafrika nicht der Kontrolle der Internationalen Atomenergie-Organisation (IAEA) unterstehen, kann hier nukleares Material ungehindert für militärische Zwecke abgezweigt werden. Der Zugang zu bombenfähigen Material scheint zudem möglich zu sein: Im Jahre 1978 wurden in einer US-Fabrik in Apolla (Pennsylvania) 25 Pfund hochangereicherten Urans vermißt, Anfang September 1980 wurde der Verlust von 25 g Plutonium aus der britischen Wiederaufbereitungsanlage in Windscale bekannt.

Zwar kann man davon ausgehen, daß die erste Bombengeneration, die von den gegenwärtigen Schwellenstaaten (N-Ländern) hergestellt werden kann, in vielen Fällen verhältnismäßig ineffizient und für nahezu alle nuklearen Trägermittel zu schwer sind, sodaß erst noch geeignete Trägersysteme beschafft werden müssen. Auch muß ein regionaler Nuklearkrieg nicht zwangsläufig auf die Ebene eines Supermachtkonflikts übergreifen. Doch ist eine Eskalation auch nicht unwahrscheinlich, zumal es sich um Regionen handelt, die politisch instabil und konfliktträchtig sind.[93]

Andererseits enthält die Geschichte der Abrüstungsverhandlungen seit 1945 auch einige Aspekte für eine optimistischere Beurteilung des Abrüstungsproblems als Teil der Sicherheitspolitik.

1. Die Gefahr eines Krieges und die Schrecken eines mit Nuklearwaffen ausgetragenen Konflikts ist den Menschen aller Länder noch niemals in ihrer Geschichte so einheitlich bewußt gewesen wie heute. Das Engagement zum Frieden ist eine hoffnungsvolle Chance auch für Politiker, die sich keinem militanten und revanchistischen Druck mehr zu beugen brauchen. Nicht zuletzt hat auch die Tatsache, daß die Krisen nicht mehr nur die Unterworfenen kriegführender Staaten mit Vernichtung bedrohen, sondern die Führungsgruppen selbst und die internationale Gesellschaft insgesamt, zu dem Wunsch geführt, die eigentlich unpolitische, unrationale Unberechenbarkeit der heutigen Situation beherrschbar zu machen.

2. Die Nuklearrüstung als Gleichgewicht des Schreckens, als „unheilige Allianz" der beiden Supermächte, hat trotz zahlreicher Spannungen und begrenzter Konflikte bisher einen nuklearen Weltkrieg verhindert. Die Abschreckung hat zumindest während der letzten Jahrzehnte funktioniert, weil sich die beiden Weltmächte an die Spielregeln hielten, die die Theoretiker der Rüstungskontrolle zu systematisieren suchten. Fraglos ist jedoch dieses labile Gleichgewicht auf der Grundlage der Drohpolitik auf die Dauer keine Lösung dieser Frage, weshalb nach Wegen zur Regelung jener strukturellen Fragen gesucht werden muß, in denen die gegenwärtigen Probleme wurzeln.

3. Die Errichtung des „heißen Drahtes", der Nachrichtenverbindung zwischen Washington und Moskau, hat als eine erste Maßnahme gezeigt, wie die Weltmächte einen Atomkrieg aus Versehen oder aufgrund von Mißverständnissen verhindern wollen. Da Vertrauen die Vorbedingung für kooperatives Handeln und für vertragliche Beziehungen bei den internationalen Beziehungen ist, soll Ziel vertrauensbildender Maßnahmen sein, militärische Aktionen, Bewegungen und Manöver besser durchschauen zu können und dadurch der Gefahr von Überraschungsangriffen bzw. der Gefahr von Kriegen aus Versehen oder aufgrund von Mißverständnissen zu begegnen. Der Fall des

Abschusses einer koreanischen Verkehrsmaschine über sowjetischem Gebiet weckt hieran allerdings wieder Zweifel.

4. Das Problem der Militärbasen, das in der bisherigen Geschichte vielfach Anlaß für Spannungen und Kriege war und im Falle Kuba die Welt beinahe in den Atomkrieg führte, ist durch die Langstreckenraketen (ICBM) und Atom-Unterseeboote hinfällig geworden. Zwar hat sich durch die Stationierung von Mittelstreckenraketen in Westeuropa und nunmehr wohl auch in Osteuropa die Situation wieder verschärft. Doch ist zugleich die Diskussion belebt worden, ob es nicht am zweckmäßigsten sei, angesichts der immer mehr verwischenden Unterschiede zwischen den verschiedenen Waffenkategorien und der vagen Grenzen („grauen Zonen") zwischen nuklearen Gefechtsfeldwaffen und globalstrategischen Nuklearwaffen diese Linie einfach geografisch festzulegen. Demzufolge sollen entmilitarisierte und militärisch verdünnte Zonen durch das Verbot von größeren militärischen Bewegungen im Hinterland vertrauensbildend wirken. Eine faktisch nuklearwaffenfreie Zone bilden heute in Europa bereits die fünf nordischen Staaten.

5. Im Zusammenhang damit stehen Überlegungen zur Verbesserung der konventionellen Verteidigungsfähigkeit, die zunehmend die sicherheitspolitische Diskussion beleben. Eine Anhebung der nuklearen Schwelle soll den frühzeitigen Rückgriff auf Atomwaffen vermeidbar machen. Allerdings müssen Verhandlungen im Rahmen der MBFR-Verhandlungen auf eine Reduzierung bestehender konventioneller Kräfte in Hinblick auf ein Gleichgewicht zielen und dürfen nicht etwa zu einer „Nachrüstung" im konventionellen Bereich führen. Der Nuklearschirm der Supermächte durch globalstrategische Systeme soll dabei erhalten bleiben.

6. Nicht zuletzt durch Initiativen der UN-Abrüstungskommission oder durch Unterstützung der Vereinten Nationen sind eine Reihe von Abrüstungskontrollvereinbarungen getroffen worden, die den Frieden ein klein wenig sicherer gemacht haben: der Teststopvertrag von 1963 und der Kernwaffenvertrag von 1968, die Dämme gegen die Verbreitung von Atomwaffen errichteten, die Antarktis- (1959), Weltraum- (1967) und Meeresbodenverträge (1971), die Bereiche abgesteckt haben, in denen keine Massenvernichtungswaffen stationiert werden dürfen, der Vertrag zur Ächtung bakteriologischer Waffen (1972) sowie der Vertrag über die Begrenzung von Systemen zur Ab-

wehr ballistischer Raketen (1972). All diese Verträge haben sich in einer Welt weiterhin vorhandener Konflikte, Aggressionen und teilweise gebrochener Versprechen zu bewähren. Ziel dieser Sicherheitspolitik im Wege der Entspannung ist es, grundlegende verhaltensmäßige Bedingungen zu beseitigen, die die Staaten heute noch daran hindern, größere und bedeutendere Schritte zum Weltfrieden zu unternehmen.

7. Bei Wirtschaftswissenschaftlern in Ost und West hat sich die Einsicht durchgesetzt, daß Rüstungsproduktion kein notwendiges Mittel ist, um in möglichen Wirtschaftskrisen den Menschen Brot und Arbeit zu sichern. Die wirtschaftlichen Lenkungsmittel der Politik sind inzwischen so verfeinert, daß im Falle einer Abrüstung eine Produktionsumstellung verhältnismäßig reibungslos möglich ist, zumal der Wirtschaft im Bereich der Gemeinschaftsaufgaben vielfältige neue Aufgaben gestellt werden. Ein Einsatz der Rüstungsausgaben speziell für Zwecke der globalen Konjunktursteuerung läßt sich zumindest für die Bundesrepublik Deutschland nicht nachweisen.

Anmerkungen

1 Konfliktforschung und Friedensplanung, Stuttgart, Berlin, Köln, Mainz 1971, S. 7 sowie Atomare Abrüstung. Geschichte – Begriffe – Probleme, Berlin 1965
1a US-Arms Control and Disarmament Agency (ACDA), World Military Expenditures and Arms Transfer 1971 - 1980, Washington DC 1983, S. 26; SIPRI-Yearbook 1983, Stockholm 1983, S. 161
2 Das Überleben sichern. Gemeinsame Interessen der Industrie- und Entwicklungsländer. Bericht der Nord-Süd-Kommission, mit einer Einleitung des Vorsitzenden Willy Brandt, Köln 1980, S. 20f
3 Military Balance 1969 - 70, IISS London 1970, S. 55. Kennedy selbst soll erst im Sommer 1961 über den „Bluff" informiert worden sein; s. dazu Roger Hilsman, The New York Review of Books (An Exchange on the Missile Crisis), 13. März 1969
4 David E. Mark, Die Einstellung der Kernwaffenversuche. Probleme und Ergebnisse der bisherigen Verhandlungen, Frankfurt, Berlin 1965 (= Schriften des Forschungsinstituts, Bd. 7)
5 1980 fanden 49 Atomexplosionen statt (20 UdSSR, 14 USA, 11 Frankreich, 3 Großbritannien, 1 China), wodurch sich die Zahl der Atomexplosionen von 1945 - 1980 auf 1271 erhöhte. Davon fanden 82 % nach der Unterzeichnung des Teststopabkommens statt.
6 Otto Kimminich, Völkerrecht im Atomzeitalter – der Atomsperrvertrag und seine Folgen, Freiburg i. Br. 1969, S. 99ff., 179ff.

6a US-Kürzel für die sowjetische Bezeichnung „Pionier". SS = Surface to surface, von Oberfläche zu Oberfläche
7 Mittlerweile umstritten; die Traglast („Wurfgewicht") soll 546 kg betragen; da drei sowjetische Sprengköpfe der 50- bis 75-Kilotonnen-Klasse aber bereits 408 kg schwer sind, fände ein zielgenaues Steuerungssystem kaum noch Platz. Und sogar dann müßte die SS-20 eine Nutzlast von 800 bis 1000 kg haben, was unwahrscheinlich ist.
8 Folgende Denkmodelle werden zur Kritik der Nachrüstungsrechtfertigung angeführt: Entweder sind die USA nicht bereit, zum Schutz westeuropäischer Staaten den Einsatz strategischer Waffen anzudrohen, der zu einem sowjetischen Gegenschlag führen würde. Dann können sie auch nicht mit Mittelstreckenwaffen drohen, denn die Sowjetunion würde den Einsatz von INF mit einem amerikanischen Angriff auf sich gleichsetzen und im Gegenschlag amerikanische Städte angreifen. Demnach sind US-Mittelstreckenraketensysteme für die Bundesrepublik Deutschland sicherheitspolitisch funktions- und wertlos. Oder die USA sind bereit, strategische Waffen zum Schutz Westeuropas einzusetzen. Dann reicht ihr Arsenal von über 10 000 strategischen Sprengköpfen aus, die Sowjetunion von einem Angriff auf die USA und auf Westeuropa abzuschrecken. (Erwin Müller, Aspekte der Risikopolitik, in: Blätter für deutsche und internationale Politik, Heft 10, 1981, S. 1184-1202, hier: S. 1200). Zu dem bereits in den sechziger Jahren auf amerikanischer Seite vorhandenen Zerstörungspotentialen erklärte Senator Kennedy 1972: „Der lange akzeptierte Grad gesicherter Zweitschlagskapazität – 25 % der Bevölkerung und 50 % der Industrie – könnte durch eine Zerstörung der 100 größten Städte der Sowjetunion erreicht werden; dazu genügen zwei einsatzbereite Polaris-Poseidon-U-Boote; sie hätten sogar noch 12 Raketen und 120 Sprengköpfe übrig . . . 50 Minuteman-III-Raketen könnten fast die Hälfte der sowjetischen Industrie zerstören . . . Unsere Abschreckungsmacht ist furchterregend, und die unnötigen Übertötungskapazitäten sind Beweis genug dafür, daß die politischen Entscheidungsträger in diesem Lande kläglich versagt haben in dem Bemühen, eine Antwort auf die Frage zu finden, wieviel genug ist" (92/2 Congress, Senate Foreign Relations Committee, Hearings: Strategic Arms Limitation Agreements, Washington DC 1972, S. 184).
9 Die Poseidon-Projektile mit ihren je 10 Sprengköpfen haben eine maximale Zielabweichung von nur 550 Meter bei gleicher maximaler Reichweite wie die SS-20 (4500 km) und geringerer Explosionskraft je Sprengkopf 50 Kt.
10 „Nuklearstrategisch unterrichtete Leser wissen ohnehin, daß numerische Kernwaffenvergleiche prinzipiell unsinnig sind, da bereits ein höchst begrenztes Potential ausreicht, einen numerisch noch so ‚überlegenen' Gegner auszulöschen . . . Von einem strategischen Denkansatz ausgehend . . . bedarf Abschreckungsstabilität nicht technologisch oder numerisch ‚vergleichbarer' Waffensysteme, sondern eines Potentials, das hinreicht, den Kontrahenten unter allen Bedingungen mit untragbaren Verlusten zu konfrontieren" (Erwin Müller, Aspekte der Risikopolitik. Zur Ideologie der ‚Nachrüstung' und ihren Paradoxien, in: Blätter für

deutsche und internationale Politik, Heft 10, 1981, S. 1184-1202, hier: S. 1193).
11 Josef Joffe, Abschreckung und Abschreckungspolitik, in: Bedrohungsvorstellungen als Faktor der internationalen Politik, Düsseldorf 1971 (= Jahrbuch für Friedens- und Konfliktforschung, Band 1) S. 147
12 Gert Krell und Dieter S. Lutz, Nuklearrüstung im Ost-West-Konflikt. Potentiale, Doktrinen, Rüstungssteuerung, hrsg. v. Institut für Friedensforschung und Sicherheitspolitik an der Universität Hamburg, Band 5, Baden-Baden 1980
13 Jerome Wiesner, Umfassende Systeme der Rüstungsbeschränkung, in: Strategie der Abrüstung, 28 Problemanalysen, hrsg. v. Uwe Nerlich, Gütersloh 1962, S. 231
14 Thomas C. Schelling, Reziproke Maßnahmen zur Stabilisierung der Rüstungen, in: Strategie der Abrüstung, S. 202
15 S.P. Jefimow, Abrüstung und Rüstungskontrolle, in:Meshdunarodnaja shisn, Nr. 2, 1962, S. 3-11, zitiert in: Strategie und Abrüstungspolitik der Sowjetunion, Einleitung von Curt Gasteyger, Frankfurt am Main, Berlin 1964, S. 248
16 W.A. Sorin, P.F. Schachow, A.N. Schewtschenko, Kontrolle als Mittel, in: Strategie und Abrüstungspolitik der Sowjetunion, S. 265 f.
17 Herwig Pickert, Satellitenabwehr, in: Aus Politik und Zeitgeschichte B 41, 1980 vom 11. Oktober 1980, S. 27-37
18 Wolfgang Heisenberg, Strategische Rüstungsentwicklung und Rüstungskontrolle in den USA, in: Aus Politik und Zeitgeschichte B 2, 1984 vom 14. Januar 1984, S. 16-29, hier: S. 28 f.
19 Albert und Roberta Wohlstetter, Krisenmanagement. Das Kubanische Beispiel, in: Krieg und Frieden in der modernen Staatenwelt, Gütersloh 1966, S. 115
20 William C. Potter, Von START zum Ziel. Bedingungen strategischer Rüstungskontrolle, in: Aus Politik und Zeitgeschichte B 28-29/1983 vom 16. Juli 1983, S. 3-14, hier: S. 4
21 Wolfgang Heisenberg, Strategische Rüstungsentwicklung und Rüstungskontrolle in den USA, in: Aus Politik und Zeitgeschichte B 2, 1984 vom 14. Januar 1984, S. 16-29, hier: S. 23
22 Verletzt Moskau den ABM-Sperrvertrag? in: Frankfurter Allgemeine Zeitung vom 24. Januar 1984, S. 5
23 Daniel Deudney, Krieg oder Frieden im Weltraum, in: Europa-Archiv, Heft 18, 1982, S. 553-562, hier: S. 557
24 Wolfgang Mallmann, Mit Laserstrahlen von Raumstationen gegen feindliche Raketen, in: Frankfurter Rundschau vom 6. Oktober 1982, S. 10
24a Frankfurter Allgemeine Zeitung vom 9. April 1984, S. 2
25 René Herrmann, ABM in den achtziger Jahren. Technische Möglichkeiten und strategische Zwänge, in: Aus Politik und Zeitgeschichte B 15 bis 16, 1983 vom 16. April 1983, S. 31-45, hier: S. 34-36
26 Hans Günter Brauch, Vertrauensbildende Maßnahmen – Element einer neuen Rüstungskontroll- und Abrüstungsstrategie für Europa, in: Aus Politik und Zeitgeschichte B 19, 1982 vom 15. Mai 1982, S. 22-38, hier: S. 36

27 ebda., S. 32
27a Sicherheitspolitik. Analysen zur politischen und militärischen Sicherheit, hrsg. v. K.-D. Schwarz, Bad Honnef 1978³, S. 134
28 Joachim Fesefeldt, Die Konferenz über Vertrauensbildung und Abrüstung in Europa (KVAE), in: Aus Politik und Zeitgeschichte B 2, 1984 vom 14. Januar 1984, S. 3-15, hier: S. 13f.
29 Jonathan Alford, Die Aussichten der Stockholmer Konferenz über Abrüstung in Europa, in: Europa-Archiv, Heft 21 vom 10. November 1983, S. 667-674, hier: S. 669
30 ebda., S. 670
31 So General Rogers vor der WEU-Versammlung. Für mehr konventionelle Rüstung in Europa, in: Neue Zürcher Zeitung vom 9. Juni 1983
32 Henry A. Kissinger, Kernwaffen und Auswärtige Politik, München 1959, S. 149 ff.
33 Hermann Volle und Helga Haftendorn, Sicherung vor Überraschungsangriffen im Atomzeitalter. Ausgewählte Dokumente zur Genfer Expertenkonferenz vor 1958 (= Schriften des Forschungsinstituts der Deutschen Gesellschaft für Auswärtige Politik, Bd. 2), Frankfurt am Main und Berlin 1962.
34 Bernard W. Rogers, Glaubwürdige Verteidigung für die NATO: Erfordernisse und Ziele der Sicherheitspolitik, in: Die Atomschwelle heben. Moderne Friedenssicherung für übermorgen, hrsg. v. Peter-Kurt Würzbach, Koblenz 1983, S. 91-105, hier: S. 94
35 Gary L. Hart, Amerikas Beitrag: Militärische Reform, in: Die Atomschwelle heben, S. 81-89, hier: S. 81
36 NATO: Can The Alliance Be Saved? – Report of Senator Sam Nunn to the Committee on Armed Services United States Senate, Mai 1982
37 Wege zur Stärkung der konventionellen Abschreckung in Europa. Vorschläge für die 80er Jahre – Bericht der Lenkungsgruppe der European Security Study, Mai 1983
38 General Kroesen, damaliger Oberbefehlshaber des US-Heeres in Europa, in: Baltimore Sun vom 6. März 1983, zitiert von Karsten D. Voigt, Möglichkeiten und Grenzen einer Konventionalisierung, in: Die Atomschwelle heben, S. 71-80, hier: S. 74
39 Ludwig Schulte, Der Einfluß von Präzisionswaffen auf das strategische Denken, in: Aus Politik und Zeitgeschichte B 2, 1984 vom 14. Januar 1984, S. 30-38, hier: S. 36
40 Wolfgang Altenburg, Militärstrategische Überlegungen zur Sicherheit Mitteleuropas, in: Die Atomschwelle heben, S. 107-134, hier: S. 128
41 Karsten D. Voigt, Möglichkeiten und Grenzen einer Konventionalisierung, in: Die Atomschwelle heben, S. 71-80, hier: S. 76f.
42 Wolfgang Altenburg, Militärstrategische Überlegungen zur Sicherheit Mitteleuropas, in: Die Atomschwelle heben, S. 107-134, hier: S. 129f.
43 Karsten D. Voigt, Das Risiko eines begrenzten Nuklearkrieges in Europa, in: Europa-Archiv, Heft 6, 1982, S. 151-160, hier: S. 155
44 Den frühzeitigen Rückgriff auf Atomwaffen vermeiden. Gedanken zur Weiterentwicklung der Verteidigungsstrategien in West und Ost von Andreas von Bülow, in: Frankfurter Rundschau vom 8.

März 1984, S. 11 und S. 14, hier: S. 11
45 ebda., S. 14
46 Eckhard Lübkemeier, Repolitisierung von Nuklearwaffen, in: Frieden und Sicherheit als Herausforderung. Informationen und Argumente, hrsg. v. d. Bundeszentrale für politische Bildung, Bonn 1983 (Schriftenreihe, Band 202), S. 120-130, hier: S. 125
47 Völkerrecht. Dokumente Teil 1, hrsg. v. Arbeitsgemeinschaft für Völkerrecht beim Institut für Internationale Beziehungen an der Akademie für Staats- und Rechtswissenschaften in der DDR, Köln o.J., S. 75-94
48 Alois Riklin, Neutralität, in: Handwörterbuch Internationale Beziehungen, hrsg. v. Wichard Woyke, Opladen 1977, S. 241
49 Rudolf L. Bindschedler, Neutralität, in: Evangelisches Staatslexikon, Stuttgart, Berlin 1975, Spalte 1628-1630
50 Dieter S. Lutz, Neutralität − (K)eine sicherheitspolitische Alternative für die Bundesrepublik Deutschland? in: Neutralität − Eine Alternative? Zur Militär- und Sicherheitspolitik neutraler Staaten in Europa, hrsg. v. Dieter S. Lutz, Annemarie Große-Jütte, Baden-Baden 1982, S. 7-42, hier: S. 18
51 Rudolf L. Bindschedler, Ständige Neutralität und Neutralismus (Blockfreiheit), in: Völkerrecht und Rechtsphilosophie. Internationale Festschrift für Stephan Verosta zum 70. Geburtstag, Berlin 1980, S. 314
52 Karl Zemanek, „Zeitgemäße" Neutralität? in: Österreichische Zeitschrift für Außenpolitik, 1976, S. 355-367, hier: S. 357
53 ebda., S. 356
54 Text bei G. Maude, The Finish Dilemma. Neutrality in the Shadow of Power, London, New York, Toronto 1976, S. 12
55 K. Brodin, K. Goldmann, Chr. Lange, The Policy of Neutrality: Official Doctrines of Finland and Sweden, in: Cooperation and Conflict, III, 1, 1968, S. 22
56 ebda., S. 19f.
57 Dokumente zur Auswärtigen Politik 1966, S. D 620
58 Volker Matthies, Die Bewegung der Blockfreien − Einige bibliographische Notizen, in: Verfassung und Recht in Übersee, 1982, S. 197-209, hier: S. 198
59 Text in: Archiv der Gegenwart 1961, S. 9182
60 Annemarie Große-Jütte, Rüdiger Jütte, Neutralität und Blockfreiheit in Europa. Sicherheits- und Verteidigungspolitik im Vergleich, in: Aus Politik und Zeitgeschichte B 18, 1983 vom 7. Mai 1983, S. 39-53, hier: S. 50
61 ebda., S. 52
62 Adam Rapacki, Das Problem der Rüstungsbeschränkung und -kontrolle nach der Kuba-Krise, in: Europa-Archiv. Heft 4, 1963, S. 152
63 ebda., S. 149
63a Jürgen Todenhöfer, Eine europäische Atomstreitmacht als zweite Säule, in: Die Welt vom 17. April 1984, S. 6
64 Klaus von Schubert, Bedingungen des Überlebens, in: Aus Politik und Zeitgeschichte B 10/1980 vom 8. März 1980, S. 33
65 Dieter S. Lutz, Neutralität − (K)eine sicherheitspolitische Alternative

für die Bundesrepublik Deutschland? S. 42
66 „Die sowjetische Außenpolitik gegenüber den freiheitlichen Demokratien Westeuropas kann mit einem roten Seestern verglichen werden, der eine Auster umklammert. Der Wille zum Knacken der Auster ist dem Seestern angeboren – wie der Wille der marxistischen Machtarithmetiker im Kreml zur Mehrung ihrer Macht" – so z. B. der Parlamentarische Staatssekretär beim Bundesminister der Verteidigung, Peter Kurt Würzbach (Realistische Friedenspolitik für die 80er Jahre, in: Die Atomschwelle heben, S. 173-189, hier: S. 180).
67 Kurt H. Biedenkopf, Die Akzeptanz einer Friedenssicherung mit Waffen, in: Die Atomschwelle heben, S. 67; s. Zitat S. 74
68 McGeorge Bundy, George F. Kennan, Robert S. McNamara und Gerard Smith, Kernwaffen und das Atlantische Bündnis, in: Europa-Archiv, Heft 7, 1982, S. 183-198, hier: S. 187;
„Landgestützte Raketen ... sind Anziehungspunkte für die nuklearen Raketen des Gegners. Alles, was Feuer auf sich zieht, ist für Staaten mit hoher Bevölkerungsdichte oder kleiner Fläche unerwünscht" – so Helmut Schmidt, Verteidigung oder Vergeltung, Stuttgart 1968^5, S. 108 f
69 Egon Bahr, Gemeinsame Sicherheit. Gedanken zur Entschärfung der nuklearen Konfrontation in Europa, in: Europa-Archiv, Heft 14, 1982, S. 421-430, hier: S. 428 f;
„Ein Atomwaffenverzicht, der lediglich die Gefechtsköpfe verbannt, alle Lager-, Führungs- und Trägermittel unverändert ließe, wäre unglaubwürdig; man brauchte bloß die Sprengköpfe einzufliegen und hätte sogleich denselben Zustand wie zuvor. In einer kernwaffenfreien Zone soll kein Atomkrieg stattfinden, dies ist die politische Forderung, und die militärischen Planer sollten nicht versuchen, durch die Vorbereitung aller für den Einsatz der Sprengköpfe nötigen Infrastrukturen diesen politischen Entschluß zu unterlaufen ... Da es sich um ein die Blöcke integrierendes Konzept handelt, ‚genießt' eine Zone der Rüstungsminderung voll weiterhin den Schutz ihres jeweiligen Bündnisses, besonders auch die Abschreckungsdrohung ..." (Ulrich Albrecht, Disengagement, atomwaffenfreie Zone, Neutralisierung. Alternativen zur gegenwärtigen Sicherheitspolitik der Bundesrepublik, in: Blätter für deutsche und internationale Politik, Heft 6, 1981, S. 659-671, hier: S. 664 und S. 665).
70 ebda., S. 428
71 ebda., S. 423
72 „Bei einem Verzicht auf den Ersteinsatz von Nuklearwaffen könnte der Aggressor sich von dem Risiko befreit glauben, mit der Vorbedachten Nuklaren Eskalation und damit mit dem eigenen Existenzrisiko konfrontiert zu werden ... Einem Aggressor könnte die Regionalisierung eines von ihm begonnenen militärischen Konflikts als möglich erscheinen" – so der Generalinspekteur der Bundeswehr. (Wolfgang Altenburg, Militärische Überlegungen zur Sicherheit Mitteleuropas, in: Die Atomschwelle heben, S. 120).
73 Egon Bahr, Atomare Klassenunterschiede, in: Der Spiegel, Nr. 7, 1984, S. 36-37
74 Kurt H. Biedenkopf, Die Akzeptanz einer Friedenssicherung mit Waf-

fen, in: Die Atomschwelle heben, S. 53-69, hier: S. 67
75 Hans Dietrich Genscher, Verteidigungsfähigkeit und Rüstungskontrolle als Elemente deutscher Friedenspolitik, in: Die Atomschwelle heben, S. 19-39, hier: S. 31
76 ebda., S. 33
77 ebda., S. 36
78 Wolfgang Altenburg, Militärische Überlegungen zur Sicherheit Mitteleuropas, in: Die Atomschwelle heben, S. 107-134, hier: S. 116
79 Falk Bomsdorf, Eine nuklearwaffenfreie Zone im Norden und die UdSSR, in: Außenpolitik, 1. Quartal 1983, S. 45-66, hier: S. 45
80 Der Palme-Bericht. Bericht der Unabhängigen Kommission für Abrüstung und Sicherheit, Berlin, Juni 1982, S. 164 f.
81 Jochen Schmidt, Deutsches Institut für Wirtschaftsforschung, Zur Bedeutung der Staatsausgaben für die Beschäftigung, in: Beiträge zur Strukturforschung, Heft 46, Berlin 1977
82 Herbert Wulf, Rüstungssteuerung durch Umstellung der Rüstungsindustrie auf zivile Produktion, in: Kooperative Rüstungssteuerung. Sicherheitspolitik und Strategische Stabilität, hrsg. v. Wolf Graf von Baudissin und Dieter S. Lutz, Baden-Baden 1981 (= Militär, Rüstung, Sicherheit, Bd. 10), S. 171-187, hier: S. 174
83 Carola Bielfeldt, Militär und Ökonomie, in: Bundeswehr und Gesellschaft. Ein Wörterbuch, hrsg. v. Ralf Zoll, Ekkehard Lippert, Tjarck Rössler, Opladen 1977, S. 208-215, hier: S. 214
84 Herbert Wulf, Rüstungssteuerung durch Umstellung der Rüstungsindustrie auf zivile Produktion, S. 184
85 Jörg Huffschmid (Hrsg.), Arbeitsgruppe Abrüstung: Rüstungs- oder Sozialstaat? Zur wirtschaftlichen und sozialen Notwendigkeit von Abrüstung in der Bundesrepublik. Ein Handbuch, Köln 1982, S. 41
86 Weißbuch 1970. Zur Sicherheit der Bundesrepublik Deutschland und zur Entwicklung der Bundeswehr, hrsg. v. Bundesminister der Verteidigung, Bonn 1970, Ziffer 207.
87 Helga Haftendorn, Militärhilfe und Rüstungsexporte der BRD, Düsseldorf 1971, S. 10 und 12
88 ebda., S. 22
88a Weißbuch zur Sicherheit der Bundesrepublik Deutschland 1983, Bonn 1983, S. 28
89 US Conventional Arms Policy. A Report to the Senate from the Foreign Relations Committee, US Senate, Washington DC 1980; Nach Angaben der ACDA gingen von 1976 bis 1980 von 5 100 Mio. U.S. Dollar Rüstungsexport aus der Bundesrepublik 4 100 Mio. U.S. Dollar in Entwicklungsländer, (80 %). In diesen Zahlen sind vermutlich die Lieferungen von Fertigungsanlagen ebensowenig enthalten wie die Lieferung von Teilen an westeuropäische Länder, die an Entwicklungsländer weiter exportiert wurden.
89a Joachim Krause, Rüstung und Entwicklung in der Dritten Welt, in: Aus Politik und Zeitgeschichte B 18/84 vom 5. Mai 1984, S. 3-14, hier: S 5
90 Hans Rattinger, Rüstungskontrolle in der Dritten Welt, in: Aus Politik und Zeitgeschichte B 32, 1980, vom 9. Aug. 1980, S. 33-45, hier: S. 36

91 Helga Haftendorn, Militärhilfe und Rüstungsexporte der BRD, S. 92
91a Michael Brzoska, Rüstungsexportpolitik in der Bundesrepublik. Die ungeliebte Sonderrolle, in: Aus Politik und Zeitgeschichte B 18/84 vom 5. Mai 1984, S. 15-25, hier: S. 25
92 Jörg Huffschmid, Thesen zur Umstellung von Kriegs- auf Friedensproduktion, in: Von der Kriegs- zur Friedensproduktion. Politische, wirtschaftliche und soziale Probleme, hrsg. v. Eric Burhop und Jörg Huffschmid, Köln 1980, S. 59
92a „... Ein bodengestütztes System zum Schutz militärischer Einrichtungen gegen ballistische Raketen, das technologisch weniger aufwendig wäre als ein perfekter Abwehrschirm im All scheint nun in den Bereich des Machbaren zu rücken... Auch die amerikanische Regierung hält offensichtlich eine... Rüstungskontrollvereinbarung für unerläßlich, um ihr Vorhaben einer parallelen defensiven Aufrüstung und offensiven Abrüstung zum Erfolg zu führen... Käme... die von den USA angestrebte weitreichende politische Kooperation mit der UdSSR zustande, könnte sie sich direkt, d.h. ohne Umweg über eine beiderseitige defensive Aufrüstung, für eine Reduzierung und stabilisierende Umrüstung der Offensivpotentiale... eingesetzt werden". (Eckhard Lübkemeier, Rückblick und Ausblick auf Genf, in: Aus Politik und Zeitgeschichte B 14-15) vom 6. April 1985, S. 15-33, hier: S. 29).
93 Bernd W. Kubbig, Den Begriff „Atomkrieg aus Versehen" weiterfassen. Teil II, in: Frankfurter Rundschau vom 30. April 1984, S. 14

5. Abkürzungen/Glossarium

ABM:	Anti-Ballistic Missile, Abwehrrakete gegen ballistische Flugkörper
Abrüstung:	Reduzierung von Rüstung und Streitkräften. Teil der Bemühungen um Abrüstung ist die Rüstungskontrolle
ADM:	Atomic Demolition Munition, Atomare Sperrmunition, Atomare Sprengladung
ALBM:	Air-Launched Ballistic Missile, Luftgestützter ballistischer Flugkörper
ALCM:	Air-Launched Cruise Missile, Luftgestützter Marschflugkörper
ASM:	Air-to-Surface Missile, Luft-Boden-Flugkörper
AWACS:	Airborne Warning and Control System, Luftgestütztes Frühwarn- und Einsatzführungssystem, von den USA entwickeltes Militärflugzeug mit Radarstationen, das in Höhen bis zu 12 000 m fliegt und Bewegungen auf eine Entfernung bis zu 400 km beobachten kann; die USA unterhielten 1983 drei Staffeln mit 26 Flugzeugen
Backfire:	Moderner sowjetischer Schwenkflügelbomber, Reichweite 4800 km
BM:	Ballistic Missile, Ballistischer Flugkörper
Binäre Systeme:	Chemische Kampfstoffe aus mehreren getrennten und damit ungiftigen Komponenten, die erst im Einsatz zusammengebracht werden und damit ihre giftige Wirkung als Nervenkampfstoff erhalten
CEP:	Circular Error Probable, Abweichradius, Streukreishalbmesser, Angabe der Trefferwahrscheinlichkeit mittels des Durchmessers eines Kreises, in dem 50 % der Treffer einer Waffe liegen
CM:	Cruise Missile, Marschflugkörper
Convertible Weapons:	Konventionelle Gefechtsköpfe oder Bomben,

	die durch Einsetzen einer besonderen nuklearen Komponente zur Nuklearwaffe werden
Countercity:	Hauptziel eines Vernichtungsschlages ist die gegnerische Bevölkerung. Das Konzept erfordert nur eine relativ geringe Anzahl großer nuklearer Gefechtsköpfe, deren Treffergenauigkeit nicht sehr hoch sein muß
Counterforce:	Hauptziel eines Vernichtungsschlages sind die gegnerischen Streitkräfte. Das Konzept zielt auf eine schnelle Entscheidung in einem bewaffneten Konflikt
Countervailing:	Flexibler Einsatz interkontinentaler Nuklear-Waffensysteme mit selektiver Counterforce- und Contervalue-Vernichtungsschläge
Countervalue:	Hauptziel eines Vernichtungsschlages sind die gegnerischen Quellen der Kriegführung wie Industrie, Bevorratung, Transportwesen usw.
Cruise Missile:	Cruise Missile, Marschflugkörper, Aerodynamischer Flugkörper (unbemannt) mit geringer Radarrückstrahlfläche, der in sehr niedrigen Höhen mit programmierter bzw. autonomer Lenkung sein Ziel über große Entfernungen (in Bodennähe mit Schallgeschwindigkeit bis zu 2500 km weit) anfliegt
DCA:	Dual-capable Aircraft, Nuklear und konventionell einsetzbare Flugzeuge

Deterrence (Abschreckung): Verteidigungsdoktrin der NATO, die von der Überlegung ausgeht, daß die Androhung eines Gegenschlages einen potentiellen Gegner von einem Angriff abschreckt

Dislozierung:	Räumliche Verteilung von Truppen und Waffensystemen nach strategischen und taktischen Gesichtspunkten
Echtzeit-Führungs-system:	Führungssystem, in dem u. a. mit Hilfe elektronischer Datenverarbeitung der Entscheidungsprozeß auf einem aktuellen Informationsstand über das augenblickliche Geschehen beruht, während in bisherigen Führungssystemen der einer Entscheidung zugrundeliegende Informationsstand immer der tatsächlichen Lageent-

	wicklung nachhinkte
EP:	Earth Penetrator, Erdeindringungsgefechtskopf
Erstschlagskapazität:	Fähigkeit, das gegnerische strategische Potential auszuschalten, ohne daß der Gegner noch einen wesentlichen Teil dieses Potentials einsetzen kann; für das strategische Gleichgewicht destabilisierend
ERW:	Enhanced Radiation Weapon, Neutronenwaffe, Fusionswaffe mit einem Fissionszünder, deren Wirkung auf den Ausstoß schneller Neutronen optimiert ist, um Kollateralschäden durch thermische Strahlung und Druckwelle zu minimieren, wie sie bei reinen Fissionswaffen gleicher KT-Stärke entstehen
Eskalation:	Instrumentarium zur stufenweisen Verschärfung eines Konfliktes
Eurostrategische Waffen:	Nuklearwaffen, die unterhalb der Schwelle der in den SALT-Verhandlungen einbezogenen Offensivwaffen liegen (kontinentalstrategische Nuklearwaffen oder Nicht-SALT-Waffensysteme)
FBS:	Forward Based System, Vorne dislozierte Waffensysteme; in Europa stationierte nukleare Systeme, die von der Sowjetunion als strategische Systeme betrachtet werden
Fission:	Kernspaltung
Flexible Response:	Offizielles strategisches Konzept der NATO seit 1967, das eine angemessene und glaubwürdige (aber nicht vorhersehbare und kalkulierbare) Antwort auf eine Aggression ermöglichen soll
FOB:	Fractional Orbital Bombardment System, Flugkörper mit partieller Umlaufbahn
Fusion:	Kernverschmelzung als Prinzip der Wasserstoffbombe; Fusionswaffen benötigen zur Zündung einen Fissionssprengsatz
Gefechtsfeldwaffen:	Nukleare Counterforce-Waffen von verhältnismäßig geringer Zerstörungswirkung bzw. Sprengkraft mit einer Reichweite bis zu 140 km (englisch: Battlefield TNF)

GLCM:	Ground-Launched Cruise Missile, Landgestützter Marschflugkörper
ICBM:	Intercontinental Ballistic Missile, Interkontinentalrakete
INF:	Intermediate Range Nuclear Forces, nukleare Mittelstreckenwaffen
IRBM:	Intermediate-Range Ballistic Missile, Ballistischer Flugkörper mittlerer Reichweite von 2400 bis 6400 km; der deutsche Begriff der Mittelstreckenrakete umfaßt sowohl die IRBM als auch die MRBM
Kollateralschäden:	Unerwünschte, über die rein militärische Zielsetzung hinausgehende Nebenwirkung einer Waffe
KT:	Kilotonne, Maßeinheit für nukleare Sprengsätze; 1 KT entspricht der Wirkung von 1000 Tonnen des herkömmlichen Sprengstoffes TNT
KSZE:	Konferenz über Sicherheit und Zusammenarbeit in Europa; 1975 wurde in Helsinki die Schlußakte unterzeichnet; Folgekonferenzen: Belgrad (1977/78), Madrid (1980/81)
LRTNF:	Longe Range Theatre Nuclear Forces, Nuklearkräfte in und für Europa großer Reichweite
MBFR:	Mutual Balanced Force Reductions, Beiderseitige ausgewogene Truppenreduzierungen; seit 1973 verhandeln in Wien 7 Mitgliedstaaten des Warschauer Paktes und 12 Mitgliedsländer der NATO über Truppenverminderungen in Mitteleuropa
MARV:	Manoeuvrable Re-entry Vehicle; Weiterentwicklung von ICBM-Mehrfachgefechtsköpfen, bei denen die verschiedenen Gefechtsköpfe einer ICBM einzeln lenkbar sind
MIRV:	Multiple Independently-targetable Re-entry Vehicle, Unabhängig zielprogrammierbarer Mehrfach-Wiedereintrittsflugkörper; die Gefechtsköpfe einer ICBM werden zur Bekämpfung mehrerer Ziele programmiert und eingesetzt
MRBM:	Medium Range Ballistic Missile, Mittelstrek-

	kenrakete mit einer Reichweite von 800 bis 2400 km
MRCM:	Medium Range Cruise Missile, Mittelstrecken-Marschflugkörper
MRV:	Multiple Re-entry Vehicle, Nicht unabhängig zielprogrammierbarer Mehrfach-Wiedereintrittsflugkörper, bei dem die einzelnen Gefechtsköpfe eines MRV gegen jeweils nur einen Zielkomplex gerichtet werden können
MT:	Megatonne, Maßeinheit für nukleare Sprengsätze; 1 MT entspricht 1000000 Tonnen des herkömmlichen Sprengstoffes TNT
MX:	Missile Experimental, Versuchsrakete, amerikanische Interkontinentalrakete mit 10 unabhängig voneinander lenkbaren Atomsprengköpfen (jeweils 500 Kilotonnen Sprengkraft), geplant ist die Aufstellung von insgesamt 100 MX, die in den Silos der älteren Minuteman III-Raketen aufbewahrt werden sollen
PGM:	Precision Guided Munition, Präzisionsgelenkte Munition, die mit Hilfe eingebauter Sensoren und Lenksysteme zur Bekämpfung von Punktzielen eingesetzt werden; die Zerstörungswahrscheinlichkeit ist bis zu 100 mal größer als bei ungelenkter Munition
Pershing:	Pershing 1 seit 1964 in Europa eingesetztes Raketensystem mit rund 720 km Reichweite und einem nuklearen Sprengkopf; Pershing 2 XR: Ende 1978 beschlossenes System größerer Reichweite (bis zu 1800 km)
RV:	Re-entry Vehicle, Wiedereintrittsflugkörper
SALT:	Strategic Arms Limitation Talks, Gespräche über die Begrenzung strategischer Waffen; Salt 1: 1972 Einigung der beiden Großmächte auf Obergrenzen für ihre nuklear-strategischen Offensiv-Waffen; Salt 2: 1979 Vereinbarung über weitergehende Rüstungsbegrenzungen (nicht in Kraft getreten)
SAM:	Surface-to-Air Missile, Boden-Luft-Flugkörper

SLBM: Submarine-Launched Ballistic Missile (U-Boot-gestützte ballistische Rakete, Sea-Launched Ballistic Missile) Seegestützte ballistische Rakete

SLCM: Submarine-Launched Cruise Missile (U-Boot-gestützter Marschflugkörper), Sea-Launched Cruise Missile (Seegestützter Marschflugkörper)

SRBM: Short Range Ballistic Missile, Ballistische Kurzstreckenrakete bis zu 800 km Reichweite

SS-20: Seit 1976 von der Sowjetunion eingeführte Mittelstreckenrakete bis zu 5000 km Reichweite mit drei Sprengköpfen, einer Treffgenauigkeit auf rund 300 m, mit Nachladefähigkeit, mobil und Antrieb durch festen und nicht flüssigen Treibstoff ohne Auftanken

SSBN: Ballistic Missile Submarine Nuclear, Atom-U-Boot mit ballistischen Raketen

SSM: Surface-to-Surface Missile, Boden-Boden-Rakete

START: Strategic Arms Reduction Talks, Sowjetisch-amerikanische Gespräche über Reduzierung strategischer Nuklearwaffen

TNF: Theatre Nuclear Forces, Nuklearkräfte für Europa bzw. Kriegsschauplatzgebundene Nuklearwaffen, umfassen
Short Range TNF (SRTNF):
TNF kurzer Reichweite (bis zu 150 km Reichweite, nukleare Sperrmittel, nukleare Rohr- und Raketen-Artillerie),
Medium Range TNF (MRTNF):
TNF mittlerer Reichweite (von 150 bis 1000 km Reichweite, nuklearfähige land- und seegestützte taktische Flugzeuge, Raketen),
Long Range TNF (LRTNF):
TNF großer Reichweite (über 1000 km Reichweite, Mittelstreckenbomber, schwere Jagdbomber und Mittelstreckenraketen).

TNT: Trinitrotoluol

TNW:	Tactical Nuclear Weapons, Taktische Nuklearwaffen
Zweitschlagkapazität:	Fähigkeit, den Einsatz des gegnerischen strategischen Potentials zu überstehen und danach noch das eigene strategische Potential „zur Vergeltung" einsetzen zu können

6. Literatur

Horst Afheldt: Defensive Verteidigung Rowohlt. Taschenbuch Verlag, Reinbek 1983. 158 S., br., 6,80 DM.
Horst Afheldt: Verteidigung und Frieden. Politik mit militärischen Mitteln. Mit einem Vorwort von Carl Friedrich von Weizsäcker. Redaktionelle Mitarbeit Ruth Grosse. Bibliographie und Sachregister Elisabeth Schedone. Carl Hanser Verlag, München 1976; 345 S., DM 34,–.
Ulrich Albrecht: Rüstungskonversionsforschung. Eine Literaturstudie mit Forschungsempfehlungen (= Studien zur Abrüstungsplanung), Nomos-Verlagsgesellschaft, Baden-Baden 1979; 139 S., DM 19,–.
Franz Alt: Frieden ist möglich. Die Politik der Bergpredigt. R. Piper & Co. Verlag München 1983. 119 S., br., 8,80 DM.
Günther Anders, Die atomare Drohung, Radikale Überlegungen, Verlag C.H. Beck, München 1983, 224 Seiten, 19,80 DM.
Günter Baadte, Armin Boyens, Ortwin Buchbender (Hrsg.): Frieden stiften. Die Christen zur Abrüstung. Eine Dokumentation. Verlag C.H. Beck, München, 1984, 220 S., 14,80 DM.
Wolf Graf von Baudissin/Dieter S. Lutz (Hrsg.): Kooperative Rüstungssteuerung. Sicherheitspolitik und Strategische Stabilität. Nomos Verlagsgesellschaft, Baden-Baden 1981, 245 S., Kt., 19,80 DM.
Heinz-Jürgen Beuter: Von SALT zu START. Ein System antagonistischer Rüstungssteuerung, Nomos Verlagsgesellschaft, Baden-Baden 1982; 336 Seiten, 49,– DM.
Philippe Blanchard, Reinhard Koselleck, Ludwig Streit: Taktische Kernwaffen. Die fragmentierte Abschreckung, Suhrkamp, Frankfurt 1984; 220 Seiten, 14,– DM.
Franz Böckle, Gert Krell (Hrsg.): Politik und Ethik der Abschreckung. Theologische und sozialwissenschaftliche Beiträge zur Problematik der Nuklearrüstung, Verlag Chr. Kaiser, Grünewald, 1984, 300 Seiten, 36,– DM.
Günther Boodte, Armin Boyens, Ortwin Buchbender (Hrsg.): Frieden stiften oder Christen zur Abrüstung. Eine Dokumentation, Verlag C.H. Beck, München 1984, 244 Seiten, 16,80 DM.
Hans Günter Brauch, Rolf-Dieter Müller, Chemische Kriegführung – Chemi-

sche Abrüstung. Dokumente und Kommentare, Berlin-Verlag, Berlin-West 1984, 400 S., 39,– DM.
Hans Günter Brauch, Angriff aus dem All. Der Rüstungswettlauf im Weltraum, J.H.W. Dietz, Berlin, Bonn 1984, 108 Seiten, 24,– DM.
Hans Günter Brauch (Hrsg.), Kernwaffen und Rüstungskontrolle. Ein interdisziplinäres Studienbuch, Westdeutscher Verlag, Opladen, Wiesbaden 1984, 511 Seiten, 39,80 DM.
Hans Günter Brauch, Der chemische Alptraum oder gibt es einen C-Waffen-Krieg in Europa? Verlag J.H.W. Dietz, Bonn 1984, 176 Seiten, 14,80 DM.
Günter Brakelmann / Eberhard Müller (Hrsg.): Abschaffung des Krieges. Beiträge zu einer realistischen Friedenspolitik. Gütersloher Verlagshaus Gerd Mohn, Gütersloher Taschenbücher Siebenstern 1983; 159 Seiten, DM 9,80.
Wilhelm Bruns, Christian Krause, Eckhard Lückemeier: Sicherheit durch Abrüstung. Orientierende Beiträge zum Imperativ unserer Zeit, Verlag Neue Gesellschaft, Bonn 1984, 168 Seiten, 12,80 DM.
Bundesministerium der Verteidigung (Hrsg.): Kräftevergleich NATO und Warschauer Pakt. Amtliche Übersetzung des NATO-Dokumentes aus dem Englischen. Selbstverlag, Bonn 1982; 67 S., kostenlos
Heinz Danzmayr: Die Allianz der Gegensätze. Sicherheitspolitik zwischen Gewalt und Gewaltverzicht, Herold, 1984, 208 Seiten, 28,– DM.
Der Palme-Bericht. Bericht der Unabhängigen Kommission für Abrüstung und Sicherheit. Severin und Siedler Verlag, Berlin 1982; 224 S., DM 16,80.
Die Einhegung sowjetischer Macht. Kontrolliertes militärisches Gleichgewicht als Bedingung europäischer Sicherheit, Nomos, Baden-Baden 1983, 500 S., geb. 39,– DM.
Joseph D. Douglass Jr.: Sowjetische Militärstrategie in Europa, Verlag für Wehrwissenschaften, München 1983; 250 Seiten, Paperback, DM 29,80.
Theodor Ebert: Soziale Verteidigung. Bd. 1: Historische Erfahrungen und Grundzüge der Strategie. Bd. 2: Formen und Bedingungen des zivilen Widerstandes. Waldkircher Verlagsgesellschaft, Waldkirchen 1982 und 1983, 2. Auflage; je 200 Seiten, pro Bd. DM 8,90.
Eckehart Ehrenberg: Der deutsche Rüstungsexport. Beurteilung und Perspektiven. Verlag Bernard & Graefe, Koblenz 1981; 126 Seiten, kart., 12,80 DM.
European Security Study – Steering Group (ESECS) (Hrsg.): Wege zur Stärkung der konventionellen Abschreckung in Europa: Vorschläge für die 80er Jahre. Bericht der Lenkungsgruppe, Nomos Verlagsgesellschaft, Baden-Baden 1983; 56 Seiten, 7,– DM.
Erhard Forndran: Abrüstung und Rüstungskontrolle, Colloquium Verlag, Berlin 1981, 94 S., 9,80 DM.
Erhard Forndran / Paul J. Friedrich (Hrsg.): Rüstungskontrolle und Sicherheit in Europa. (Schriften des Forschungsinstituts der Deutschen Gesellschaft für Auswärtige Politik). Verlag Europa-Union, Bonn 1979; 374 S., DM 28,–.
Erhard Forndran und Gerd Krell (Hrsg.): Kernwaffen im Ost-West-Vergleich. Zur Beurteilung militärischer Potentiale und Fähigkeiten, Nomos Verlagsgesellschaft, Baden-Baden 1983; 526 Seiten, 58,– DM.
Frieden ohne Utopie, hrsg. v. *Klaus Hornung,* Sinus-Verlag, Krefeld 1983, 184 Seiten, 18,90 DM.
Peter Gosztony: Die Rote Armee. Machtfaktor der Weltpolitik. Wilhelm Gold-

mann Verlag, München 1983, 398 S., br., 9,80 DM.

Norbert Glatzel/Ernst Josef Nagel (Hrsg.): Frieden in Sicherheit — Zur Weiterentwicklung der katholischen Friedensethik. Verlag Herder, Freiburg 1982; 288 S., DM 45,—

Karl-Heinz Hahslach, Manfred Opel: Lexikon Grauzone. Stichworte, Dokumente und Fachbegriffe, Gütersloh 1981 (Reihe Bernard & Graefe aktuell Bd. 19); 111 S., kart., 12,80 DM.

Norbert Hannig: Abschreckung durch konventionelle Waffen. Das David-Goliath-Prinzip, Berlin-Verlag, Berlin 1984; 183 Seiten, 24,— DM.

Hirtenworte zu Krieg und Frieden. Die Texte der katholischen Bischöfe der Bundesrepublik Deutschland, der Deutschen Demokratischen Republik, der Niederlande, Österreichs, der Schweiz, Ungarns und der Vereinigten Staaten von Amerika, Kiepenheuer & Witsch, Köln 1983, 372 Seiten, DM 14,80.

Hubertus Hoffmann: Atomkrieg — Atomfrieden. Technik, Strategie, Abrüstung. Mit einem Geleitwort von General a. D. Johannes Steinhoff. Verlag Bernard & Graefe, München 1980; 240 S., 58,— DM.

Jörg Huffschmid (Hrsg.): Rüstungs- oder Sozialstaat? Zur wirtschaftlichen und sozialen Notwendigkeit von Abrüstung in der Bundesrepublik. Ein Handbuch, Pahl-Rugenstein-Verlag, Köln 1981; 286 S., 14,80 DM.

Michael Kidron und *Dan Smith:* Die Aufrüstung der Welt. Ein politischer Atlas. Kriege und Waffen seit 1945, Reinbek 1983; Rowohlt Taschenbuchverlag (rororo aktuell), 64 Bl.

Wilhelm Korff (Hrsg.): Den Frieden sichern. Patmos Verlag Düsseldorf 1982; 143 Seiten, 18,80 DM.

Gert Krell/Hans-Joachim Schmidt: Der Rüstungswettlauf in Europa. Mittelstreckensysteme, konventionelle Waffen, Rüstungskontrolle. Campus Verlag, Frankfurt 1982; 202 S., 34,— DM.

Gert Krell: Plädoyer für Rüstungskontrolle, Hessische Stiftung Friedens- und Konfliktforschung, Frankfurt/Main 1981; 132 S., 6,80 DM.

Bernd W. Kubbig: Gleichgewicht oder Überlegenheit. Amerikanische Rüstungspolitik und das Scheitern von SALT II, Campus-Verlag, Frankfurt 1984; 288 Seiten, 29,50 DM.

Jochen Löser, Ulrike Schilling, Neutralität für Mitteleuropa. Das Ende der Blöcke, C. Bertelsmann Verlag, Gütersloh 1984, 208 S., 24,80 DM.

Dieter S. Lutz und Annemarie Große-Jütte (Hrsg.): Neutralität — Eine Alternative? Zur Militär- und Sicherheitspolitik neutraler Staaten in Europa, Nomos Verlagsgesellschaft, Baden-Baden 1982; 279 S., 19,80 DM.

Dieter S. Lutz und Erwin Müller (Hrsg.): Vertrauensbildende Maßnahmen. Zur Theorie und Praxis einer sicherheitspolitischen Strategie, Nomos Verlagsgesellschaft, Baden-Baden 1982; 239 S., 19,— DM.

Dieter S. Lutz: Weltkrieg wider Willen? Eine Kräftevergleichsanalyse der Nuklearwaffen in und für Europa. Rowohlt-Verlag, Reinbek 1981, 378 S., 10,80 DM.

Ernst Lutz, Lexikon der Sicherheitspolitik, Verlag C.H. Beck, München 1980, 345 Seiten, 24,— DM.

Alfred Mechtersheimer und Peter Barth (Hrsg.): Den Atomkrieg führbar und gewinnbar machen? Dokumente zur Nachrüstung, Band 2. Rowohlt Taschenbuch Verlag, Reinbek 1983; 315 S., 9,80 DM.

Alfred Mechtersheimer: Rüstung und Frieden. Der Widersinn der Sicherheitspolitik. Wirtschaftsverlag Langen-Müller/Herbig, München 1982, 295 S., 32,– DM.
Erwin Müller (Hrsg.): Dilemma Sicherheit. Beiträge zur Diskussion über militärische Alternativkonzepte, Nomos-Verlagsgesellschaft, Baden-Baden 1984 (Militär, Rüstung, Sicherheit 24), 326 S., 49,– DM.
Ingo von Münch, Martin Klingst: Abrüstung, Nachrüstung, Friedenssicherung; Dtv-Band 5536, Stuttgart 1983; 185 S., 9,80 DM.
Reinhard Mutz (Hrsg.): Die Wiener Verhandlungen über Truppenreduzierungen in Mitteleuropa (MBFR). Chronik, Glossar, Dokumentation, Bibliographie 1973-1982; Nomos Verlagsgesellschaft, Baden-Baden 1983; 444 S., 39,– DM.
Uwe Nerlich (Hrsg.): unter Mitwirkung von Falk Bomsdorf: Sowjetische Macht und westliche Verhandlungspolitik im Wandel militärischer Kräfteverhältnisse, Nomos Verlagsgesellschaft, Baden-Baden 1983; 632 S., 39,– DM.
H. J. Neumann: Kernwaffen in Europa – Das Handbuch für die aktuelle Debatte. Osang-Verlag, Bonn 1982; 152 S., 9,80 DM.
Günter Paul: Aufmarsch im Weltraum. Die Kriege der Zukunft werden im Weltraum entschieden. Keil Verlag, Bonn 1980; 266 S., 32,50 DM.
Volker Rittberger (Hrsg.): Neue Wege der Abrüstungsplanung. Nomos Verlagsgesellschaft, Baden-Baden 1981; 333 S., Kt., 69,– DM.
Hermann Röhrs: Frieden – eine pädagogische Aufgabe. Idee und Realität der Friedenspädagogik; Westermann-Verlag, Braunschweig 1983, 397 S., 29,80 DM
Peter Seidel: Die Diskussion um den Doppelbeschluß – Eine Zwischenbilanz. (Reihe ,,Bernard & Graefe aktuell" Band 34). Verlag Bernard & Graefe, München 1982; 184 S., 26,50 DM.
Günther Schmid: Sicherheitspolitik und Friedensbewegung. Der Konflikt um die ,,Nachrüstung"; Günter Olzog-Verlag, München 1983 (3. Aufl.), = Akademiebeiträge zur Lehrerbildung, 103 S., 16,80 DM.
Ulrich Schmidhäuser: Entfeindung. Radius Verlag Stuttgart 1983; 89 S., 12,80 DM.
Klaus von Schubert (Hrsg.): Heidelberger Friedensmemorandum; Rowohlt Taschenbuch Verlag, Reinbek 1983; 92 S., 4,80 DM.
Klaus Dieter Schwarz (Hrsg.): Sicherheitspolitik. Analysen zur politischen und militärischen Sicherheit, Osang-Verlag, Bad Honnef-Erpel, 1978; 673 S., 68,– DM.
Urs Schwarz: Zwischen Frieden und Krieg. Econ Verlag GmbH, Düsseldorf und Wien 1981, 172 S., geb., 24,– DM.
Reiner Steinweg (Red.): Die neue Friedensbewegung. Analysen aus der Friedensforschung. (,,Friedensanalysen", Band 16). Suhrkamp Verlag, Frankfurt 1982; 495 S., 16,– DM.
K.-Peter Stratmann: Nato-Strategie in der Krise? Militärische Optionen von NATO und Warschauer Pakt in Mitteleuropa. Nomos Verlag, Baden-Baden 1981; 267 S., 29,– DM.
Streitkräfte 1982/83. Die ,,Military Balance" des Internationalen Instituts für Strategische Studien, London. Bernard & Graefe Verlag, München 1983; 349 S., 28,50 DM.
Wege zur Stärkung der konventionellen Abschreckung in Europa. Vorschläge

für die 80er Jahre. Bericht der Lenkungsgruppe, Nomos Verlagsgesellschaft, Baden-Baden 1983; 56 S., 7,– DM.
Die *UNO-Studie:* Kernwaffen, Verlag C.H. Beck, München 1982, 255 Seiten, 17,80 DM.
Karsten Voigt: Wege zur Abrüstung. Eichborn Verlag, Frankfurt/Main 1981. 143 S., Kt., 18,– DM.
Michael Walzer: Gibt es den gerechten Krieg? Klett-Cotta Verlag, Stuttgart 1982; 500 Seiten, 48,– DM.
Carl Friedrich von Weizsäcker: Der bedrohte Friede. Carl Hanser Verlag, München, Wien 1981, 648 S., geb., 39,80 DM.
Weltraum ohne Waffen, hrsg. v. *Rainer Labusch,* Eckart Maus, Wolfgang Send, C. Bertelsmann Verlag, Gütersloh 1984, 288 S., 26,– DM.
Leon Wieseltier: Frieden durch Abschreckung. Strategische Überlegungen zur Verhinderung eines Atomkrieges; Goldmann-Verlag, München 1984; 7,80 DM.
Andrew Wilson: Das Abrüstungshandbuch. Analysen, Zusammenhänge, Hintergründe. Aus dem Englischen von Rüdiger Lentz, Hoffmann und Campe Verlag, Hamburg 1984, 300 S., 29,80 DM.
Dieter Wolf, Hubertus Hoose und Manfred Dauses: Die Militarisierung des Weltraums. Rüstungswettlauf in der vierten Dimension, Verlag Bernard & Graefe, Koblenz 1983; 219 S., 28,50 DM.
Dieter Wolf, Hubertus Hoose, Manfred Dauses: Gefahr aus dem Weltraum. Politische, militärische, technische und rechtliche Aspekte der Weltraumnutzung. Osang Verlag, Bonn 1979; 201 S., kart., 32,– DM.
Peter-Kurt Würzbach (Hrsg.): Die Atomschwelle heben. Moderne Friedenssicherung für übermorgen. Bernard & Graefe Verlag, Koblenz 1983; 196 S., 48,– DM.
David S. Yost: Die Zukunft atomarer Rüstungskontrolle in Europa. Von SALT zu START und INF. Geleitwort von Uwe Nerlich. Bernard & Graefe Verlag, Koblenz 1984; 180 S., 28,50 DM.

7. REGISTER

Abschreckung 47, 49, 50, 82, 83, 99, 107, 111, 112, 116, 124, 143, 145-148, 177, 184, 188, 189
Abwehrsysteme (ABM) 57, 58, 99-102, 104, 142, 175, 187
Arbeitsplätze → Beschäftigung, rüstungsabhängige
Atomwaffen 14, 16, 24, 35, 39, 44-46, 49, 50, 76, 88, 112, 115-117, 131, 135, 136, 144-146, 176-178, 187, 192
Ausrüstung-/Ausbildungshilfe, militärische 162, 164

Beschäftigung, rüstungsabhängige 151, 155, 158, 171
Blockfreiheit 15, 122-124

Dänemark 141, 147
Disengagement 134-138, 142
Dritte Welt 16, 40, 55, 164-172, 185

Entspannung 11, 12, 15, 23, 55, 56, 90, 122, 142, 179
Entwicklungsländer → Dritte Welt
Erpreßbarkeit 44, 47, 146
Erstschlagskapazität 49, 58, 83, 84, 93, 99, 103, 113, 189
Eskalation 46, 91, 107, 110, 115, 143, 177, 184, 189

FBS → Vorne stationierte Systeme
Finnland 121, 125, 126, 128, 148
Flexible Response 43, 49, 107, 115, 117, 189
Frankreich 27, 31-33, 47, 49-54, 71, 77, 81, 143, 158, 169, 170

Gefechtsköpfe → Sprengkraft
Gegenschlag → Zweitschlagskapazität
Geiselfunktion → Erpreßbarkeit
Gewaltverzicht 20, 96, 110
Griechenland 45, 138, 165
Großbritannien 30, 32-34, 47, 49, 52, 71, 135, 142, 143, 145, 158, 169, 170

INF-Verhandlungen 14, 71, 73, 180
Israel 165, 168, 172, 173, 176
Jugoslawien 122, 123, 125, 126, 128, 148. 169

Kernwaffenfreie Zone 11, 15, 18, 48, 50, 124, 129, 134, 136, 142, 143, 147, 178, 184
Kernwaffenversuche 48, 50-52, 55, 60, 130
Kontrolle 15, 44, 47, 53, 93-95, 103, 118, 175
Konventionelle Waffen 23, 44, 50, 63, 112, 113, 115, 141
Kosten der Rüstungen 29, 40, 57, 60, 126, 128, 150, 152, 160, 168, 171-174, 179
KSZE-Verhandlungen 14, 24, 51, 63, 73, 74, 106, 107
KVAE-Verhandlungen 73, 75, 109, 110

Massive Vergeltung 38, 43, 46, 49, 98, 100, 113, 142, 193
MBFR-Verhandlungen 14, 24, 51, 58-60, 63, 70, 85, 108, 178
Militärausgaben → Kosten der Rüstungen
Militärhilfe → Rüstungsexport
Militärpotentiale → Rüstungspotentiale
Militärtechnologie → Waffentechnologie
Mittelstreckenraketen 11, 43, 46, 70, 71, 73, 76, 77, 87-90, 92, 147, 178, 180, 192,
Mißtrauen 12, 13, 15, 34, 93, 94, 98, 105, 106, 131, 175

Nachrüstung 12, 71, 85, 87, 178
Nationale Frage → Teilung Deutschlands
Neutralisierung 15, 138, 140, 141
Neutralismus-Modelle 123, 137, 140
Neutralität 15, 118-123

Neutronenwaffe 12, 66, 68, 69, 115, 189
Norwegen 91, 141, 147
Nukleare Schwelle 68, 111, 114, 116, 117, 148, 178
Nuklearwaffen → Atomwaffen

Österreich 28, 120, 125, 126, 128, 148

Patt, nukleares 46, 51, 57, 98, 165, 172

Reichweite von Raketen 17, 36, 48, 65, 80. 87, 180, 187, 189-190, 191, 192
Rüstungsausgaben → Kosten der Rüstungen
Rüstungsexport 16, 126, 161-166, 170, 171, 185
Rüstungspotentiale → Strategische Rüstungspotentiale, Konventionelle Waffen
Rüstungswettlauf 12, 14, 16, 57, 60, 68, 92, 175

SALT-Verhandlungen 14, 24, 53, 57, 63-71, 85, 87, 90, 95, 100, 102, 18 9 191
Satelliten 48, 53, 60, 62, 95, 98, 102, 103, 114, 136, 175
Schweden 122, 125, 126, 128, 148, 160
Schweiz 119, 125, 126, 128, 148, 160

Sprengkraft 35, 38, 39, 53, 60, 77-81, 83, 98-101, 104, 136, 184, 188-191
START-Verhandlungen 14, 24, 72, 73
Strategische Rüstungspotentiale 15, 23, 63, 180

Technologische Entwicklung → Waffentechnologien
Teilung Deutschlands 137, 138, 140
Treffgenauigkeit 39, 77, 84, 87, 88, 93, 99, 103, 113, 187, 188

Überraschungsangriff 46, 48-50, 63, 98, 103, 108, 110-112, 114, 116, 131, 177

Verifikation → Kontrolle
Verteidigungsausgaben → Kosten der Rüstungen
Vertrauensbildende Maßnahmen 22, 24, 63, 98, 106-108, 131, 148, 177
Verwundbarkeit 46, 47, 49
Vorne stationierte Systeme (FBS) 57, 85, 89, 189

Waffenhandel → Rüstungsexport
Waffentechnologien 12, 15, 17, 35, 43, 105, 111, 113, 142, 168
Weltram(waffen) 24, 50, 53, 70, 96, 101, 104, 131, 136, 175, 178
Zweitschlagkapazität 49, 83, 99, 101, 112, 176, 180, 188, 193

Immer wiederkehrende Begriffe wurden nicht in das Register aufgenommen, z. B. Abrüstung, Rüstung, Rüstungskontrolle und Sicherheit sowie die Länder-Bezeichnungen Bundesrepublik Deutschland, USA und Sowjetunion.

8. Dokumente

Genfer Protokoll vom 17.06.1925

Das Genfer Protokoll über das Verbot der Verwendung von erstickenden, giftigen oder ähnlichen Gasen sowie von bakteriologischen Mitteln im Krieg vom 17. Juni 1925, das vom Deutschen Reich am 25. April 1929 ohne Vorbehalte ratifiziert wurde (RGBl 1929 Teil II, S. 173 ff.), steht für die Bundesrepublik Deutschland in Geltung. Es gilt nach universeller Rechtsauffassung als Völkergewohnheitsrecht. Seine wesentlichen Bestimmungen lauten:

In der Erwägung, daß die Verwendung von erstickenden, giftigen oder gleichartigen Gasen sowie allen ähnlichen Flüssigkeiten, Stoffen oder Verfahrensarten im Kriege mit Recht in der allgemeinen Meinung der zivilisierten Welt verurteilt worden ist (. . .) erklären die unterzeichneten Bevollmächtigten im Namen ihrer Regierungen:

Die Hohen Vertragschließenden Parteien erkennen, soweit sie nicht schon Verträge geschlossen haben, die diese Verwendung untersagen, dieses Verbot an. Sie sind damit einverstanden, daß dieses Verbot auch auf die bakteriologischen Kriegsmittel ausgedehnt wird, und kommen überein, sich untereinander an die Bestimmungen dieser Erklärungen gebunden zu betrachten.

Vortrag von George F. Kennan im BBC, November 1957

Man wird mich fragen, wie ich mir die Zukunft Deutschlands vorstelle, wenn nicht als Vollmitglied der NATO; ob ich für deutsche Neutralität bin oder für Entmilitarisierung Deutschlands oder für einen gesamteuropäischen Sicherheitspakt.

Auch das sind Fragen für die Planer. Die Kombinationsmöglichkeiten sind reich, man muß sie ganz genau prüfen – und die Alternativen. Kein Außenstehender kann entscheiden, was am besten wäre. Ich kann nur sagen, mir scheint es prinzipiell weitaus vorzuziehen, die russischen Truppen aus Mittel- und Osteuropa wegzubringen, als eine neue deutsche Armee aufzustellen, die ihnen widerstehen kann, solange sie da sind. Und was einen europäischen Sicherheitspakt betrifft – ich bin kein Freund von Sicherheitspakten, und als Historiker habe ich nie begriffen, warum andere Leute noch immer so viel von ihnen halten; aber ich wüßte nicht, warum eine solche Umstellung unbedingt an die Wurzeln der Beziehungen innerhalb der NATO greifen sollte. Es kann nicht oft genug betont werden, daß die wahre Stärke der NATO nicht in den schriftlichen Verpflichtungen liegt, mit denen sie unterbaut ist; ihre Stärke liegt – und das wird unter allen Umständen so bleiben – in der Erkenntnis der Signatarstaaten, daß ihre tiefsten Interessen als Glieder der geistigen und kulturellen Gemeinschaft des Westens die gleichen sind. Sobald diese Erkenntnis vorherrscht, wird die NATO als politischer Faktor nicht schwächer dastehen, wenn sie durch andere Abmachungen über Deutschland ergänzt oder gewandelt wird. (...)

Rede des polnischen Außenministers Adam Rapacki vor der UN-Vollversammlung vom 2.10.1957*

Jeder Monat, den der Rüstungswettlauf weiter andauert, ist in jeder Hinsicht viel zu kostspielig für die Völker der Welt.
Wir sind jetzt Zeuge einer Umgestaltung der Streitkräfte der Großmächte. Konventionelle Rüstungen werden durch Kernwaffen ersetzt. Es besteht eine wachsende Gefahr, daß auch andere Länder Kernwaffen bekommen werden. Wenn mit taktischen Kernwaffen ausgerüstete Armeen einander gegenüberstehen, ist die Gefahr größer, daß sogar in lokalen Konflikten diese Massenvernichtungswaffen angewendet werden.
Dies ist ein weiterer Grund, warum wir glauben, daß der Vorschlag der Sowjetunion, der darauf abzielt, daß die Großmächte sich vorläufig bereit erklären sollten, Kernwaffen für einen Zeitraum von mindestens 5 Jahren nicht anzuwenden, ein Schritt in die richtige Richtung ist, wenn wir schon zu diesem Zeitpunkt kein Abkommen über ein dauerndes und vollständiges Verbot der Anwendung aller Kernwaffen erreichen können. Die polnische Delegation wird jeden Versuch unterstützen, der uns näher an die grundsätzliche Lösung dieses Problems heranbringen könnte.

Wir verstehen das rechtmäßige Streben des deutschen Volkes nach Wiedervereinigung, und wir unterstützen es im besten Interesse ganz Europas. Das Beispiel unserer Beziehungen zur Deutschen Demokratischen Republik zeigt, daß das polnische Volk in der Lage ist, gutnachbarliche Beziehungen zum deutschen Volk zu unterhalten. Wir wissen auch, daß ein großer Teil der öffentlichen Meinung in der Bundesrepublik Deutschland gute Beziehungen zu Polen befür-

*) Die in dieser Rede formulierte Konzeption wurde als „Rapacki-Plan" bekannt.

wortet. Der Prozeß der Wiedervereinigung Deutschlands zu einem friedliebenden, demokratischen Staat kann sich jedoch nur in einer Atmosphäre vollziehen, die durch ein Nachlassen der internationalen Spannung, durch Abrüstung, durch ein wachsendes Sicherheitsgefühl seitens der Nachbarn Deutschlands und durch eine Annäherung und Verständigung zwischen den beiden deutschen Staaten gekennzeichnet ist. Er kann nicht gedeihen in einer Atmosphäre der Spannung, der revanchistischen Forderungen nach Waffen und gewiß nicht im Geiste gewisser Erklärungen, die praktisch die Absorption der Deutschen Demokratischen Republik durch die Bundesrepublik Deutschland und die Nordatlantikpakt-Organisation empfehlen.

Die bestehenden Spannungen werden durch revisionistische Ansprüche bezüglich unserer Westgrenze verstärkt. Diese Grenze ist endgültig und unverletzlich, und sie ist kein Handelsobjekt. Jeder Staatsmann, der realistisch denkt, wird dies gewiß erkennen. Es würde den Diplomaten der Länder, die freundschaftliche Beziehungen mit Polen unterhalten wollen, guttun, daraus die geeigneten Schlüsse zu ziehen.

Wir sind gegen die Teilung Europas in zwei gegeneinander gerichtete militärische Blöcke. Unsere Ansichten in bezug auf den Nordatlantikpakt sind wohlbekannt. Jeder polnische Bürger beurteilt die NATO in erster Linie nach ihrer Politik in der deutschen Frage. Angesichts der Gefahr, welche die Aufrüstung Westdeutschlands innerhalb der NATO für unser Land und die anderen europäischen Länder bedeutet, sahen Polen und seine Verbündeten sich gezwungen, den Warschauer Vertrag abzuschließen, der die Sicherheit unseres Landes bis zu dem Zeitpunkt gewährleistet, in dem ein wirkungsvolles System der kollektiven Sicherheit an Stelle der gegenwärtigen Spaltung in Europa errichtet worden ist.

Wir wünschen ein solches System und wollen seine Errichtung mit allem, was in unserer Macht steht, unterstützen. Bis ein System der kollektiven Sicherheit in Europa geschaffen sein wird, werden wir auch Teillösungen unterstützen, die auf dieses Ziel hinwirken. Wir werden sie unterstützen, gleichgültig, ob sie Teil eines größeren Planes oder Gegenstand separater Abkommen sind. Demzufolge waren wir der Meinung und sind noch der Meinung, daß es nützlich wäre, Zonen begrenzter und kontrollierter Rüstung in Europa zu errichten. Bis jetzt ist noch kein Fortschritt in dieser Richtung erzielt worden. Im Gegenteil, es bestehen Pläne, die westdeutsche Armee mit Kernwaffen auszurüsten. Wenn diese Pläne ausgeführt werden, führen sie unweigerlich zur Verschärfung der internationalen Spannung und zwingen die Staaten, die sich bedroht fühlen, ihre eigenen Schlußfolgerungen für die Stärkung ihrer Sicherheit zu ziehen. Wir sollten es nicht zulassen, daß dieser Zustand weiter andauert. Wir wollen einen solchen Zustand verhindern helfen. Daher möchte ich im Namen meiner Regierung folgende Erklärung abgeben: Im Interesse der Sicherheit Polens und einer Entspannung in Europa und nach Konsultation der anderen Partner des Warschauer Vertrags erklärt die Regierung der Volksrepublik Polen: Falls die beiden deutschen Staaten übereinkommen, ein Verbot der Herstellung und Lagerung von Kernwaffen auf ihren Territorien in Kraft zu setzen, ist die Volksrepublik Polen bereit, ein solches Verbot gleichzeitig auch in ihrem Gebiet einzuführen.

Quelle: Europa-Archiv, Januar 1958, Seite 10482 ff. Zitiert nach: United Nations, General Assembly Official Records, Twelfth Session, 697th Plenary Meeting.

Antarktis-Vertrag

1. Dezember 1959

Artikel I
1. Die Antarktis wird nur zu friedlichen Zwecken genutzt. Es werden namentlich jegliche Maßnahmen militärischen Charakters verboten, wie die Anlegung von Militärstützpunkten und Befestigungen, die Abhaltung militärischer Manöver sowie Versuche mit jedweden Waffen.
2. Durch diesen Vertrag wird die Verwendung militärischen Personals oder militärischer Ausrüstungsgegenstände zu wissenschaftlichen Forschungen oder zu beliebigen anderen friedlichen Zwecken nicht behindert.

Artikel II
Die freie wissenschaftliche Forschung in der Antarktis und die darauf abgestellte Zusammenarbeit, wie sie während des Internationalen Geophysikalischen Jahres betrieben wurden, werden nach Maßgabe dieses Vertrages weitergeführt.

Artikel III
1. Zur Verstärkung der internationalen Zusammenarbeit bei der wissenschaftlichen Forschung in der Antarktis gemäß Artikel II dieses Vertrages kommen die Vertragsparteien überein, soweit irgend möglich
a) Mitteilungen über die wissenschaftlichen Programme in der Antarktis auszutauschen, um den bestmöglichen Einsatz der Mittel und den Erfolg der Arbeiten zu gewährleisten;
b) wissenschaftliches Personal zwischen Expeditionen und Stationen in diesem Raum auszutauschen;
c) die in der Antarktis gemachten Beobachtungen und erzielten wissenschaftlichen Ergebnisse, die frei verfügbar sein sollen, auszutauschen.
2. In Anwendung dieser Bestimmungen wird die Zusammenarbeit in den Arbeitsbeziehungen mit den Spezialorganisationen der Vereinten Nationen und den anderen internationalen Organisationen, für die die Antarktis von besonderem wissenschaftlichen oder technischen Interesse ist, mit allen Mitteln gefördert.

Artikel V
1. In der Antarktis sind jede Kernexplosion und jede Ablagerung radioaktiver Abfälle verboten.
2. Werden internationale Abkommen über die Verwendung der Kernenergie, einschließlich der Kernexplosionen und der Ablagerung radio-

aktiver Abfälle, geschlossen, an denen alle Vertragsparteien teilnehmen, deren Vertreter zur Teilnahme an den in Artikel IX vorgesehenen Tagungen befugt sind, so finden die Bestimmungen dieser Abkommen in der Antarktis Anwendung.

Artikel VI
Dieser Vertrag findet Anwendung auf den Raum südlich des 60. Grades südlicher Breite, einschließlich aller Schelfeisflächen; er berührt oder beeinträchtigt jedoch nicht die jedem Staat durch das Völkerrecht zuerkannten Rechte oder die Ausübung dieser Rechte betreffend die Teile der hohen See, die sich innerhalb des so abgegrenzten Raumes befinden.

Artikel XI
1. Bei Streitigkeiten zwischen zwei oder mehr Vertragsparteien über die Auslegung oder Anwendung dieses Vertrages werden sich diese Vertragsparteien konsultieren, um die Streitigkeiten durch Verhandlungen, Untersuchungen, Vermittlung, Schlichtung, Schiedsspruch, gerichtliche Beilegung oder jedes andere friedliche Mittel ihrer Wahl beizulegen.
2. Jede derartige Streitigkeit, die nicht auf diese Weise beigelegt werden kann, ist, in jedem Fall mit Zustimmung aller beteiligten Parteien, dem Internationalen Gerichtshof zur Beilegung zu unterbreiten; die Unmöglichkeit, ein Einvernehmen über eine derartige Anrufung des Gerichtshofes zu erzielen, entbindet jedoch die beteiligten Parteien keinesfalls von der Verpflichtung, die Beilegung der Streitigkeit weiterhin mit allen in Absatz 1 erwähnten friedlichen Mitteln anzustreben.

Artikel XII
1. a) Dieser Vertrag kann jederzeit mit Zustimmung aller Vertragsparteien, deren Vertreter zur Teilnahme an den in Artikel IX vorgesehenen Tagungen befugt sind, geändert oder ergänzt werden. Eine solche Änderung oder Ergänzung tritt in Kraft, sobald die Depositarregierung von allen diesen Vertragsparteien die Mitteilung über ihre Ratifikation erhalten hat.
b) In der Folge tritt eine solche Änderung oder Ergänzung für jede andere Vertragspartei in Kraft, sobald die Mitteilung über die Ratifikation durch diese Partei bei der Depositarregierung eingegangen ist. Jede Vertragspartei, deren Mitteilung nicht binnen zwei Jahren nach Inkrafttreten der Änderung oder Ergänzung gemäß Absatz 1 a) eingegangen ist, gilt nach Ablauf dieser Frist nicht mehr als Partei dieses Vertrages.
2. a) Stellt nach Ablauf von 30 Jahren nach Inkrafttreten dieses Vertrages eine der Vertragsparteien, deren Vertreter zur Teilnahme an den

in Artikel IX vorgesehenen Tagungen befugt sind, durch eine an die Depositarregierung gerichtete Mitteilung einen entsprechenden Antrag, so wird so bald wie möglich eine Konferenz aller Vertragsparteien zur Überprüfung der Wirksamkeit des Vertrages einberufen.
b) Jede Änderung oder Ergänzung dieses Vertrages, die auf einer solchen Konferenz von der Mehrheit der auf ihr vertretenen Vertragsparteien, einschließlich der Mehrheit der Vertragsparteien, deren Vertreter zur Teilnahme an den in Artikel IX vorgesehenen Tagungen befugt sind, gebilligt worden ist, wird nach Abschluß der Konferenz von der Depositarregierung allen Vertragsparteien mitgeteilt und tritt nach Maßgabe des Absatzes 1 in Kraft.
c) Ist eine solche Änderung oder Ergänzung nicht gemäß Absatz 1 a) binnen zwei Jahren nach dem Tage, an dem alle Vertragsparteien davon verständigt sind, in Kraft getreten, so kann jede Vertragspartei jederzeit nach Ablauf dieser Frist der Depositarregierung notifizieren, daß sie nicht mehr Partei dieses Vertrages ist; dieser Rücktritt wird zwei Jahre nach Eingang der Notifizierung bei der Depositarregierung wirksam.

Vertrag über das Verbot der Kernwaffenversuche in der Atmosphäre, im kosmischen Raum und unter Wasser

5. August 1963

Artikel I

1. Jeder Partner dieses Vertrages verpflichtet sich, experimentelle Kernwaffenexplosionen jeder Art und andere Kernexplosionen jeder Art in jedwedem Raum, der sich unter seiner Jurisdiktion oder Kontrolle befindet, zu verbieten, zu verhindern und nicht vorzunehmen:
a) in der Atmosphäre; über sie hinaus, einschließlich des kosmischen Raums; unter Wasser, einschließlich der Territorialgewässer und des offenen Meeres; und
b) in jedem anderen Medium, wenn eine solche Explosion radioaktive Niederschläge außerhalb der territorialen Grenzen der Staaten hervorruft, unter deren Jurisdiktion oder Kontrolle eine solche Explosion vorgenommen wird. Dabei wird ins Auge gefaßt, daß die Bestimmungen dieses Unterpunktes dem Abschluß eines Vertrages keinen Abbruch tun dürfen, der zu einem ständigen Verbot aller experimentellen Kernexplosionen einschließlich aller derartigen Explosionen unter der Erde führt,

dessen Abschluß die Vertragspartner, wie sie dies in der Präambel zu diesem Vertrag erklärt haben, anstreben werden.

2. Jeder Partner dieses Vertrages verpflichtet sich ferner, sich der Ermunterung, Anregung oder irgendwelcher Beteiligung an beliebigen experimentellen Kernwaffenexplosionen und anderen Kernexplosionen, wo auch immer dies sei, zu enthalten, welche in irgendeinem der Medien durchgeführt würden, die in Absatz 1 dieses Artikels genannt sind, oder welche die in diesem Absatz 1 angeführten Folgen haben würden.

Artikel IV
Dieser Vertrag ist unbefristet.
Jeder Partner dieses Vertrages hat in Ausübung seiner staatlichen Souveränität das Recht, aus dem Vertrag auszuscheiden, wenn er zu der Auffassung gelangt, daß die mit dem Inhalt dieses Vertrags verbundenen außerordentlichen Umstände die höchsten Interessen seines Landes gefährdet haben. Von einem solchen Ausscheiden muß er alle anderen Vertragspartner 3 Monate vorher in Kenntnis setzen.

Artikel V
Dieser Vertrag, dessen russischer und englischer Text gleichermaßen authentisch sind, wird in den Archiven der Depositar-Regierungen hinterlegt. Ordnungsgemäß beglaubigte Kopien dieses Vertrags werden von den Depositar-Regierungen an die Regierungen der Signatarstaaten und der diesem Vertrag beigetretenen Staaten übersandt.

Vertrag über die Nichtweiterverbreitung von Kernwaffen

1. Juli 1968

Artikel I
Jeder kernwaffenbesitzende Vertragspartner verpflichtet sich, niemandem — wer es auch sei — Kernwaffen oder andere nukleare Sprengvorrichtungen direkt oder indirekt zu übergeben und einen nichtkernwaffenbesitzenden Staat in keiner Weise zu unterstützen, zu ermutigen oder dazu zu veranlassen, Kernwaffen oder andere nukleare Sprengvorrichtungen herzustellen oder anderweitig zu erwerben sowie die Kontrolle über solche Waffen oder Sprengvorrichtungen zu erlangen.

Artikel II
Jeder nichtkernwaffenbesitzende Vertragspartner verpflichtet sich, von niemandem — wer es auch sei — Kernwaffen oder andere nukleare Sprengvorrichtungen sowie die Kontrolle über solche Waffen oder Sprengvorrichtungen direkt oder indirekt anzunehmen, keine Kernwaffen oder andere nukleare Sprengvorrichtungen zu produzieren oder anderweitig zu erwerben sowie keinerlei Hilfe bei der Produktion von Kernwaffen oder anderen nuklearen Sprengvorrichtungen zu suchen oder anzunehmen.

Artikel III
1. Jeder nichtkernwaffenbesitzende Vertragspartner verpflichtet sich, Garantien zu übernehmen, wie sie in einem Abkommen niedergelegt sind, über das Verhandlungen geführt werden und das mit der Internationalen Atomenergieagentur entsprechend dem Statut der Internationalen Atomenergieagentur und ihrem Garantiesystem ausschließlich mit dem Ziel abgeschlossen werden wird, die Erfüllung seiner Verpflichtungen zu überprüfen, die er entsprechend dem Vertrag dahingehend übernommen hat, nicht zuzulassen, daß Kernenergie aus friedlichen Anwendungsgebieten für Kernwaffen oder für andere nukleare Sprengvorrichtungen verwendet wird. Die in diesem Artikel geforderten Garantieverfahren sind in bezug auf Ausgangsstoffe oder spezielles spaltbares Material anzuwenden, unabhängig davon, ob dies in irgendeiner Hauptkernenergieanlage hergestellt, bearbeitet oder benutzt wird oder sich außerhalb einer solchen Anlage befindet. Die in diesem Artikel geforderten Garantien sind auf alle Ausgangsstoffe und das gesamte spezielle spaltbare Material in der gesamten Tätigkeit auf dem Gebiet der friedlichen Nutzung der Kernenergie, die innerhalb des Territoriums eines solchen Staates, unter seiner Jurisdiktion oder überall sonst unter seiner Kontrolle erfolgt, anzuwenden.
2. Jeder Vertragspartner verpflichtet sich,
a) Ausgangs- oder spezielles spaltbares Material oder
b) Ausrüstungen oder Material, das speziell zur Bearbeitung, Verwendung oder Herstellung von speziellem spaltbarem Material bestimmt oder vorbereitet ist,
an keinen nichtkernwaffenbesitzenden Staat für friedliche Zwecke zu übergeben, wenn sich auf dieses Ausgangs- oder spezielle spaltbare Material nicht die in diesem Artikel geforderten Garantien erstrecken.

Artikel X
1. Jeder Vertragspartner hat in Ausübung seiner staatlichen Souveränität das Recht, aus dem Vertrag auszuscheiden, wenn er zu der Auffas-

sung gelangt, daß außerordentliche Umstände, die mit dem Inhalt dieses Vertrages im Zusammenhang stehen, die höchsten Interessen seines Landes gefährden.
Von einem solchen Ausscheiden muß er alle Vertragspartner und den Sicherheitsrat der Vereinten Nationen drei Monate zuvor in Kenntnis setzen. Eine solche Mitteilung muß eine Erklärung über die außerordentlichen Umstände, die er als bedrohlich für seine höchsten Interessen ansieht, enthalten.
2. 25 Jahre nach Inkrafttreten des Vertrages ist eine Konferenz einzuberufen, um zu befinden, ob der Vertrag weiterhin unbefristet bleiben oder seine Geltungsdauer um eine zusätzliche bestimmte Periode oder Zeiträume verlängert werden soll. Dieser Beschluß ist durch die Mehrheit der Vertragspartner zu fassen.

Vereinbarung zwischen der UdSSR und den USA über Maßnahmen zur Verringerung der Gefahr des Ausbruchs eines Kernwaffenkrieges

30. September 1971

Artikel 1
Jede Partei verpflichtet sich, ihre gegebenen organisatorischen und technischen Maßregeln so weiter auszubauen und zu vervollkommnen, wie sie es für notwendig befindet, um sich vor einem zufälligen oder unerlaubten Einsatz von unter ihrer Kontrolle stehenden Kernwaffen zu schützen.

Artikel 2
Die Parteien verpflichten sich, einander sofort zu verständigen, wenn es zu einem zufälligen, nicht sanktionierten oder einem anderen nicht definierten Zwischenfall kommt, der möglicherweise mit einer Kernwaffenexplosion verbunden ist und die Gefahr heraufbeschwören könnte, einen Kernwaffenkrieg auszulösen. Sollte sich ein derartiger Zwischenfall ereignen, dann wird die Partei, um deren Kernwaffe es sich handelt, unverzüglich alles tun, diese Waffe mit den erforderlichen Mitteln unschädlich zu machen oder sie zu vernichten, ohne daß sie Schaden verursacht.

Artikel 3
Die Parteien verpflichten sich, im Falle der Entdeckung nicht identifizierter Objekte durch Raketenwarnsysteme oder bei Anzeichen der Störung dieser Systeme oder ähnlicher Nachrichteneinrichtungen einander unverzüglich zu unterrichten, wenn diese Erscheinungen die Gefahr des Ausbruchs eines Kernwaffenkrieges zwischen den beiden Ländern heraufbeschwören können.

Artikel 4
Jede Partei verpflichtet sich, die andere Partei im voraus über jeden geplanten Raketenstart in Kenntnis zu setzen, wenn bei diesen Starts ihr nationales Territorium überschritten wird und sie in Richtung des Territoriums der anderen Partei verlaufen.

Artikel 5
Für andere Fälle nicht definierter nuklearer Ereignisse verpflichtet sich jede Partei zu einem Verhalten, das von der anderen Partei möglichst wenig falsch ausgelegt werden kann. In einer derartigen Situation kann jede Partei die andere informieren oder um Aufklärung ersuchen, wenn das ihrer Meinung nach durch die Interessen der Abwendung der Gefahr des Ausbruchs eines Kernwaffenkrieges gerechtfertigt ist.

Artikel 6
Zur Übermittlung dringender Informationen, Mitteilungen und Anfragen nach Informationen in Situationen, die eine unverzügliche Klarstellung erfordern, machen die Parteien in erster Linie von der zwischen den Regierungen der Union der Sozialistischen Sowjetrepubliken und der Vereinigten Staaten von Amerika bestehenden direkten Nachrichtenverbindung Gebrauch.
Zur Übermittlung anderer Informationen, Mitteilungen und Anfragen nach Informationen können die Parteien nach eigenem Ermessen und in Abhängigkeit vom Dringlichkeitsgrad beliebige Verbindungswege benutzen, dazu zählen auch diplomatische Kanäle.

Artikel 7
Die Parteien verpflichten sich, nach gegenseitiger Vereinbarung Konsultationen zu führen, um Fragen zu erörtern, die mit der Durchführung der Bestimmungen dieser Vereinbarung verbunden sind, sowie um mögliche Abänderungen zu erörtern, die auf die weitere Verwirklichung der Ziele dieser Vereinbarung gerichtet sind.

Artikel 8
Diese Vereinbarung ist unbefristet.

Artikel 9
Die vorliegende Vereinbarung tritt mit ihrer Unterzeichnung in Kraft.

Vertrag über friedliche Nutzung des Weltraums;

(...)

ART. I: Die Erforschung und Nutzung des Weltraumes, einschließlich des Mondes und anderer Himmelskörper, wird zum Vorteil und im Interesse aller Länder ohne Ansehen ihres wirtschaftlichen und wissenschaftlichen Entwicklungsstandes durchgeführt und ist eine Domäne der gesamten Menschheit. / Der Weltraum, einschließlich des Mondes und anderer Himmelskörper, steht bei freiem Zugang zu allen Gebieten von Himmelskörpern allen Staaten ohne jedwede Diskriminierung auf der Basis der Gleichberechtigung ind in Übereinstimmung mit dem internationalen Recht für Zwecke der Erforschung und Nutzung offen. / Es besteht Freiheit der wissenschaftlichen Forschung im Weltraum, einschließlich des Mondes und anderer Himmelskörper; bei dieser Forschung sollen die Staaten die internationale Zusammenarbeit erleichtern und fördern.

ART. IV: Die Signatarstaaten des Vertrags verpflichten sich, keine Objekte auf eine Umlaufbahn um die Erde zu bringen, die Kernwaffen oder irgendwelche anderen Massenvernichtungswaffen tragen, und keine derartigen Waffen auf Himmelskörpern oder anderweitig im Weltraum zu stationieren. / Der Mond und andere Himmelskörper werden von allen Signatarstaaten des Vertrages ausschließlich zu friedlichen Zwecken benutzt. Die Errichtung militärischer Stützpunkte, Anlagen und Befestigungen, das Erproben von Waffen – gleich welcher Art – und die Durchführung militärischer Manöver auf Himmelskörpern sind verboten. Die Verwendung von Militärpersonal für die wissenschaftliche Forschung oder andere friedliche Zwecke wird nicht untersagt. Ebensowenig wird die Benutzung jedweder für die friedliche Erforschung des Mondes und anderer Himmelskörper notwendigen Ausrüstungen oder Anlagen untersagt.

ART. V: Die Signatarstaaten des Vertrages betrachten Astronauten als Repräsentanten der Menschheit im Weltraum und gewähren ihnen bei Unfall, Not oder einer Notlandung auf dem Territorium eines anderen vertragschließenden Staates oder auf hoher See jede mögliche Hilfe. Wenn Raumschiffbesatzungen eine Notlandung vornehmen, müssen sie sicher und unverzüglich in das Land zurückgeführt werden, in dem ihr Raumfahrzeug registriert ist. / Bei der Durchführung von Unternehmen im Weltraum und auf Himmelskörpern unterstützen die Astronauten eines Partnerstaates die Astronauten anderer Partnerstaaten auf jede erdenkliche Weise. / Die Signatarstaaten des Vertrages informieren sofort die anderen Partnermächte oder den Generalsekretär der Vereinten Nationen über von ihnen im Weltraum einschließlich des Mondes und anderer Himmelskörper entdeckte Phänomene jedweder Art, die eine Gefahr für Leben oder Gesundheit von Astronauten darstellen können.

ART. VII: Jeder Signatarstaat des Vertrages, der den Start eines Objekts in den Weltraum, zum Mond und auf andere Himmelskörper vornimmt oder organisiert, und jeder Partnerstaat, von dessen Territorium oder Anlagen aus das Objekt gestartet wird, trägt internationale Verantwortung für den Schaden, der durch ein solches Objekt oder dessen Bestandteile einem anderen Partnerstaat oder seinen natürlichen oder juristischen Personen auf der Erde, im Luftraum oder im Weltraum samt Mond oder anderen Himmelskörpern zugefügt wird.
ART. VIII: Ein Signatarstaat des Vertrages, bei dem ein in den Weltraum gestartetes Objekt registriert ist, behält die Jurisdiktion und Kontrolle über dieses Objekt und über jegliches dazugehörende Personal während der Zeit, in der es sich im Weltraum oder auf einem Himmelskörper befindet. Die Eigentumsrechte an Objekten, die in den Weltraum aufgelassen wurden, einschließlich der auf einem Himmelskörper gelandeten oder zusammengebauten Objekte, sowie an ihren Bestandteilen werden von der Tatsache ihres Aufenthalts im Weltraum oder auf einem Himmelskörper oder von ihrer Rückkehr zur Erde nicht berührt. Solche Objekte oder deren Bestandteile, die außerhalb der Grenzen des Partnerstaats, bei dem sie registriert sind, aufgefunden werden, müssen dem betreffenden Partnerstaat zurückgegeben werden, wobei dieser auf Verlangen vor der Rückgabe Erkennungsdaten beizubringen hat.
ART. IX: Bei der Erforschung und Benutzung des Weltraums, einschließlich des Mondes und anderer Himmelskörper, sollen sich die Vertragspartner von dem Prinzip der Zusammenarbeit und gegenseitigen Unterstützung leiten lassen und ihre gesamte Tätigkeit im Weltraum, einschließlich des Mondes und anderer Himmelskörper, mit gebührender Rücksichtnahme auf die entsprechenden Interessen aller anderen Partnerstaaten ausüben. Die Partnerländer führen Untersuchungen im Weltraum einschließlich des Mondes und anderer Himmelskörper, sowie Forschungsobjekte in der Weise durch, daß dort jede schädliche Kontamination vermieden wird. Umgekehrt treffen sie, wo immer nötig, geeignete Maßnahmen, um schädliche Veränderungen in der irdischen Umwelt als Folge des Einschleppens extraterrestrischer Materie zu verhindern. / Wenn ein Partnerland des Vertrages Grund zu der Annahme hat, daß ein von ihm oder seinen Staatsbürgern geplantes Unternehmen oder Experiment im Weltraum, einschließlich des Mondes und anderer Himmelskörper, Tätigkeiten anderer Vertragspartner bei der friedlichen Erforschung und Nutzung des Weltraums, einschließlich des Mondes und anderer Himmelskörper, ernstlich stören könnte, so muß es entsprechende internationale Konsultationen abhalten, bevor es ein solches Unternehmen oder Experiment fortführt. Ein Vertragspartner, der Grund zur Annahme hat, daß ein von einem anderen Vertragspartner geplantes Unternehmen oder Experiment im Weltraum, einschließlich des Mondes und anderer Himmelskörper, sich unter Umständen auf Projekte der friedlichen Erforschung und Nutzung des Weltraums samt Mond und anderen Himmelskörpern schädlich auswirkt, kann Konsultationen über das Unternehmen oder Experiment verlangen.
ART. XIII: Die Bestimmungen dieses Vertrages gelten für die Unternehmungen der Signatarstaaten des Vertrages bei der Erforschung und Benutzung des Weltraums, einschließlich des Mondes und anderer Himmelskörper, gleichgültig, ob solche Unternehmungen von einem einzelnen Partnerstaat oder gemeinsam mit anderen Staaten, beziehungsweise im Rahmen der Programme

internationaler zwischenstaatlicher Organisationen, durchgeführt werden. /
Treten in Verbindung mit Unternehmungen, die internationale zwischenstaatliche Organisationen bei der Erforschung und Benutzung des Weltraums, einschließlich des Mondes und anderer Himmelskörper, durchführen, in der Praxis irgendwelche Fragen auf, so sind diese von den Signatarstaaten des Vertrages entweder mit der zuständigen internationalen Organisation oder mit einem oder mehreren Mitgliedstaaten der betreffenden internationalen Organisation zu klären, die dem Vertrag beigetreten sind.

Quelle: Archiv der Gegenwart vom 20. Dezember 1966, S. 12 888 ff.

Konvention über das Verbot der Entwicklung, Herstellung und Lagerung von bakteriologischen (biologischen) und Toxin-Waffen und über ihre Vernichtung

10. April 1972

Artikel I
Jeder Teilnehmerstaat der vorliegenden Konvention verpflichtet sich:
1. mikrobiologische oder andere biologische Stoffe oder Toxine gleich welchen Ursprungs oder welcher Herstellungsart, die nach Art und Menge nicht für prophylaktische, schützende oder andere friedliche Verwendungszwecke bestimmt sein können,
2. Waffen, Ausrüstungen oder Trägermittel, die für den Einsatz solcher Stoffe oder Toxine zu feindseligen Zwecken oder in bewaffneten Auseinandersetzungen bestimmt sind,
zu keiner Zeit und unter keinen Umständen zu entwickeln, herzustellen, zu lagern oder anderweitig zu erwerben oder zu behalten.

Artikel II
Jeder Teilnehmerstaat der vorliegenden Konvention verpflichtet sich, so bald wie möglich, jedoch nicht später als neun Monate nach dem Inkrafttreten der Konvention alle in seinem Besitz oder seiner Jurisdiktion oder Verfügungsgewalt befindlichen Stoffe, Toxine, Waffen, Ausrüstungen und Trägermittel, wie sie in Artikel I der Konvention genannt sind, zu vernichten oder friedlichen Zwecken zuzuführen. Bei der Durchführung der Bestimmungen dieses Artikels sind alle notwendigen Sicherheitsvorkehrungen zum Schutz der Bevölkerung und der Umwelt zu treffen.

Artikel III
Jeder Teilnehmerstaat der vorliegenden Konvention verpflichtet sich, keine der in Artikel I der Konvention genannten Stoffe, Toxine, Waffen, Ausrüstungen oder Trägermittel direkt oder indirekt an irgendeinen Empfänger weiterzugeben und in keiner Weise einen Staat, eine Staatengruppe oder internationale Organisationen zu unterstützen, zu ermutigen oder zu veranlassen, diese herzustellen oder anderweitig zu erwerben.

Artikel IV
Jeder Teilnehmerstaat der vorliegenden Konvention hat entsprechend seinem verfassungsmäßigen Verfahren die notwendigen Maßnahmen zum Verbot und zur Verhinderung der Entwicklung, Herstellung, Lagerung, des Erwerbs und der Einbehaltung der in Artikel I der Konvention genannten Stoffe, Toxine, Waffen, Ausrüstungen und Trägermittel innerhalb des Territoriums dieses Staates, unter seiner Jurisdiktion oder unter seiner Verfügungsgewalt, wo immer dies auch sei, zu ergreifen.

Artikel X
2. Die vorliegende Konvention wird so verwirklicht, daß die Behinderung der ökonomischen oder technischen Entwicklung der Teilnehmerstaaten der Konvention oder der internationalen Zusammenarbeit auf dem Gebiet der friedlichen bakteriologischen (biologischen) Tätigkeit, einschließlich des internationalen Austausches von bakteriologischen (biologischen) Stoffen und Toxinen sowie von Ausrüstungen für die Bearbeitung, Verwendung oder Herstellung von bakteriologischen (biologischen) Stoffen und Toxinen zu friedlichen Zwecken entsprechend den Bestimmungen der Konvention, vermieden wird.

Artikel XII
Fünf Jahre nach Inkrafttreten der vorliegenden Konvention oder früher, wenn die Mehrheit der Teilnehmer der Konvention durch Einbringung eines entsprechenden Vorschlages bei den Depositarregierungen darum ersucht, wird in Genf (Schweiz) eine Konferenz der Teilnehmerstaaten der Konvention zur Überprüfung der Wirksamkeit dieser Konvention einberufen, um zu sichern, daß die Ziele der Präambel und die Bestimmungen der Konvention, einschließlich der Bestimmungen über Verhandlungen über chemische Waffen, verwirklicht werden. Bei dieser Überprüfung sind alle neuen wissenschaftlich-technischen Entwicklungen, die sich auf die Konvention beziehen, in Betracht zu ziehen.

Vertrag über das Verbot der Stationierung von Kernwaffen und anderen Massenvernichtungswaffen auf dem Meeresgrund und Ozeanboden und in deren Untergrund

11. Februar 1971

Artikel I
1. Die Teilnehmerstaaten dieses Vertrages verpflichten sich, auf dem Meeresgrund und Ozeanboden und in deren Untergrund außerhalb der äußeren Grenze der Meeresgrundzone, wie sie in Artikel II definiert ist, keine Kernwaffen oder irgendwelche anderen Arten von Massenvernichtungswaffen sowie keine spezifisch für die Lagerung, Erprobung oder Nutzung solcher Waffen bestimmte Bauten, Abschußvorrichtungen oder andere Einrichtungen zu errichten oder zu stationieren.
2. Die Verpflichtungen gemäß Punkt 1 dieses Artikels gelten auch für die Meeresgrundzone, auf die im gleichen Punkt Bezug genommen wird, mit der Ausnahme, daß sie sich innerhalb dieser Meeresgrundzone nicht auf den Küstenstaat oder den Meeresgrund unterhalb seiner Hoheitsgewässer erstrecken.
3. Die Teilnehmerstaaten dieses Vertrages verpflichten sich, keinen Staat zu unterstützen, zu ermutigen oder zu veranlassen, in Punkt 1 dieses Artikels genannte Handlungen zu begehen sowie in keiner anderen Weise an solchen Handlungen teilzunehmen.

Artikel II
Zum Zwecke dieses Vertrages fällt die äußere Grenze der in Artikel I genannten Meeresgrundzone mit der äußeren 12-Meilen-Grenze der Zone, die in Teil II der am 29. April 1958 in Genf unterzeichneten Konvention über das Küstenmeer und die Ergänzungszone erwähnt ist, zusammen und wird gemäß den Festlegungen des Abschnitts II, Teil I dieser Konvention und in Übereinstimmung mit dem Völkerrecht gemessen.

Artikel VI
Jeder Teilnehmerstaat kann Änderungen zu diesem Vertrag vorschlagen. Die Änderungen treten für jeden Teilnehmerstaat, der diesen Änderungen zustimmt, in Kraft, nachdem sie von der Mehrheit der Teilnehmerstaaten des Vertrages akzeptiert worden sind, und danach für jeden anderen Teilnehmerstaat an dem Tage, an dem er ihnen zustimmt.

Artikel VII
Fünf Jahre nach dem Inkrafttreten dieses Vertrages findet in Genf (Schweiz) eine Konferenz der Teilnehmer des Vertrages statt, um die Wirkungsweise dieses Vertrages zu überprüfen und um die Gewißheit zu haben, daß die in der Präambel enthaltenen Ziele und die Bestimmungen des Vertrages verwirklicht werden. Bei dieser Überprüfung sind alle hierfür wesentlichen technischen Errungenschaften zu berücksichtigen. Diese Überprüfungskonferenz entscheidet entsprechend den Ansichten der Mehrheit der anwesenden Teilnehmer, ob und wann eine zusätzliche Überprüfungskonferenz einberufen werden soll.

Artikel VIII
Jeder Teilnehmerstaat dieses Vertrages hat in Wahrnehmung seiner nationalen Souveränität das Recht, aus diesem Vertrag auszutreten, wenn er entscheidet, daß außergewöhnliche Umstände, die mit dem Inhalt dieses Vertrages im Zusammenhang stehen, die höchsten Interessen seines Landes gefährden. Er gibt drei Monate im voraus allen anderen Teilnehmerstaaten des Vertrages und dem Sicherheitsrat der Vereinten Nationen diesen Austritt bekannt. Diese Mitteilung muß eine Darstellung der außergewöhnlichen Umstände enthalten, die seiner Meinung nach seine höchsten Interessen gefährden.

Artikel IX
Die Bestimmungen dieses Vertrages berühren in keiner Weise die Verpflichtungen, die von den Teilnehmerstaaten des Vertrages im Rahmen internationaler Abkommen über die Bildung von kernwaffenfreien Zonen übernommen werden.

Vertrag zwischen der UdSSR und den USA über eine Einschränkung der Raketenabwehrsysteme

26. Mai 1972

Artikel I
1. Jede der Seiten verpflichtet sich, die Raketenabwehrsysteme einzuschränken und andere Maßnahmen entsprechend den Bestimmungen dieses Vertrages einzuleiten.
2. Jede der Seiten verpflichtet sich, die Raketenabwehrsysteme des Ter-

ritoriums ihres Landes nicht auszubauen und nicht die Grundlage für eine solche Verteidigung zu schaffen sowie das Raketensystem eines einzelnen Gebietes nicht auszubauen, außer wie im Artikel III dieses Vertrages vorgesehen.

Artikel II

1. Entsprechend diesem Vertrag ist ein Raketenabwehrsystem ein System für die Bekämpfung strategischer ballistischer Raketen oder ihrer Elemente auf Flugbahnen, das gegenwärtig besteht aus:
a) Gegenraketen, die Abfangraketen sind, geschaffen und entwickelt für die Ausführung von Funktionen im Raketenabwehrsystem, oder des Typs, der für die Raketenabwehr erprobt ist;
b) Startrampen für Gegenraketen, die Startrampen sind, die für den Start von Gegenraketen geschaffen und entwickelt sind;
c) Funkmeßstationen der Raketenabwehr, die Funkmeßstationen sind, geschaffen und entwickelt für die Ausführung von Funktionen im Raketenabwehrsystem, oder des Typs, der für die Raketenabwehr erprobt ist.
2. Zu den Komponenten des Raketenabwehrsystems, die im Punkt 1 dieses Vertrages aufgezählt sind, gehören:
a) in Gefechtsstärke befindliche;
b) in Bau befindliche;
c) in der Erprobung befindliche;
d) in Generalüberholung, in laufender Instandsetzung oder im Umbau befindliche; oder
e) konservierte.

Artikel III

Jede der Seiten verpflichtet sich, keine Raketenabwehrsysteme oder Komponenten davon zu schaffen, mit der Ausnahme, daß
a) innerhalb eines Gebietes, wo ein Raketenabwehrsystem besteht, mit einem Radius von 150 Kilometern mit dem Zentrum, das sich in der Hauptstadt der jeweiligen Seite befindet, die Seite schaffen kann: (1) nicht mehr als 100 Startrampen für Gegenraketen und nicht mehr als 100 Gegenraketen in Startstellungen und (2) Funkmeßstationen der Raketenabwehr in nicht mehr als sechs Funkmeßkomplexen der Raketenabwehr, wobei die Fläche jedes Komplexes die Form eines Kreises mit einem Durchmesser von nicht mehr als drei Kilometern hat; und
b) innerhalb eines Gebietes, wo ein Raketenabwehrsystem besteht, mit einem Radius von 150 Kilometern, in dem Startsilos für interkontinentale ballistische Raketen liegen, die Seite schaffen kann: (1) nicht mehr als 100 Startrampen für Gegenraketen und nicht mehr als 100 Gegenraketen in Startstellungen, (2) zwei große Funkmeßstationen der Rake-

tenabwehr mit Phasengitter, die ihrem Potential nach vergleichbar sind mit analogen Funkmeßstationen der Raketenabwehr, die sich am Tag der Unterzeichnung des Vertrages in Gefechtsstärke oder im Bau im Gebiet des Raketenabwehrsystems befinden, in dem die Startsilos der interkontinentalen ballistischen Raketen gelegen sind, und (3) nicht mehr als 18 Funkmeßstationen der Raketenabwehr, von denen jede ein geringeres Potential hat als das Potential der kleineren der beiden erwähnten großen Funkmeßstationen der Raketenabwehr mit Phasengitter.

Artikel IV
Die in Artikel III vorgesehenen Einschränkungen beziehen sich nicht auf die Raketenabwehrsysteme oder deren Komponenten, die für die Entwicklung und Erprobung verwendet werden und sich innerhalb der bestehenden oder zusätzlich vereinbarten Versuchsgebiete befinden. Jede der Seiten darf auf den Versuchsgebieten insgesamt nicht mehr als 15 Startrampen für Gegenraketen haben.

Artikel V
1. Jede der Seiten verpflichtet sich, keine Rakentenabwehrsysteme oder deren Bestandteile auf See, in der Luft, im Kosmos oder bewegliche Systeme zu Lande zu schaffen, zu erproben und zu unterhalten.
2. Jede der Seiten verpflichtet sich, keine Startrampen für Gegenraketen zu schaffen, zu erproben und zu unterhalten, von denen mehr als eine Gegenrakete gleichzeitig gestartet werden kann, die bestehenden Startanlagen nicht dahingehend zu modifizieren, daß sie dazu geeignet wären, sowie keine automatischen oder halbautomatischen oder andere analoge Schnelladegeräte von Startanlagen für Gegenraketen zu schaffen, zu erproben und zu unterhalten.

Artikel VI
Zur Hebung der Effektivität der Einschränkungen der Raketenabwehrsysteme und ihrer Bestandteile, die in diesem Vertrag vorgesehen sind, verpflichtet sich jede der Seiten:
a) keinen Raketen, Startrampen und Funkmeßstationen, die nicht entsprechend Gegenraketen, Startrampen für Gegenraketen und Funkmeßstation der Raketenabwehr sind, die Eigenschaft zu geben, strategische ballistische Raketen oder Elemente davon im Flug abzuwehren, und sie nicht für Raketenabwehrzwecke zu erproben; und
b) künftig keine Funkmeßstationen zur Frühwarnung vor Angriffen mit strategischen ballistischen Raketen einzurichten, es sei denn, sie befänden sich an der Peripherie ihres nationalen Territoriums und seien nach außen orientiert.

Artikel VII
Unter Wahrung der Bestimmungen dieses Vertrages können Raketenabwehrsysteme oder ihre Komponenten modernisiert und ausgetauscht werden.

Artikel VIII
Die Raketenabwehrsysteme oder ihre Komponenten, die über die von diesem Vertrag festgelegten Stückzahlen hinausgehen oder außerhalb der in dem Vertrag bezeichneten Gebiete liegen, sowie die von diesem Vertrag verbotenen Raketenabwehrsysteme oder deren Komponenten müssen in Übereinstimmung mit den vereinbarten Verfahren innerhalb möglichst kurzer zu vereinbarender Zeit zerstört oder demontiert werden.

Artikel IX
Zur Sicherung der Lebensfähigkeit und Effektivität dieses Vertrages verpflichtet sich jede der Seiten, keine durch diesen Vertrag eingeschränkten Raketenabwehrsysteme oder deren Komponenten anderen Staaten zu überlassen und sie nicht außerhalb ihres nationalen Territoriums zu stationieren.

Artikel XII
1. Um die Einhaltung der Bestimmungen dieses Vertrages zu gewährleisten, benutzt jede der Seiten die ihr zur Verfügung stehenden nationalen technischen Kontrollmittel in der Weise, wie dies den allgemein anerkannten Prinzipien des Völkerrechts entspricht.
2. Jede der Seiten verpflichtet sich, die nationalen technischen Kontrollmittel der anderen Seite, die entsprechend Punkt 1 dieses Artikels ihre Funktionen ausüben, nicht zu behindern.
3. Jede der Seiten verpflichtet sich, keine vorsätzlichen Tarnungsmaßnahmen anzuwenden, die die Kontrolle der Einhaltung der Bestimmungen dieses Vertrages durch die nationalen technischen Mittel erschweren. Diese Verpflichtung bedarf keiner Änderungen im bestehenden Modus der Bau-, Montage- und Instandhaltungsarbeiten sowie Umbauarbeiten.

Artikel XIV
1. Jede der Seiten kann Zusätze zu dem Vertrag vorschlagen. Die vereinbarten Zusätze treten entsprechend dem Verfahren in Kraft, das das Inkrafttreten dieses Vertrages regelt.
2. Fünf Jahre nach Inkrafttreten dieses Vertrages und danach weiter in fünfjährigen Abständen werden die Seiten den vorliegenden Vertrag gemeinsam überprüfen.

Zeitweiliges Abkommen zwischen der UdSSR und den USA über einige Maßnahmen auf dem Gebiet der Begrenzung der strategischen Offensivwaffen

26. Mai 1972

Artikel I
Die Seiten verpflichten sich, vom 1. Juli 1972 an keine zusätzlichen stationären landgestützten Startrampen für interkontinentale ballistische Raketen zu errichten.

Artikel II
Die Seiten verpflichten sich, Startrampen für leichte, landgestützte interkontinentale ballistische Raketen sowie landgestützte interkontinentale ballistische Raketen alter Typen, die bis 1964 eingerichtet wurden, nicht in Startanlagen für schwere, landgestützte interkontinentale ballistische Raketen umzurüsten, die nach diesem Zeitpunkt entwickelt wurden.

Artikel III
Die Seiten verpflichten sich, die Startanlagen ballistischer Raketen von Unterseebooten sowie die Zahl der mit ballistischen Raketen bestückten modernen Unterseeboote, die zum Zeitpunkt der Unterzeichnung des vorliegenden Abkommens einsatzbereit sind oder sich im Bau befinden, einzuschränken und es bei den zusätzlich gebauten Startanlagen und Unterseebooten in einer für beide Seiten festgelegten Größenordnung als Äquivalent einer gleichen Anzahl von Startanlagen für interkontinentale ballistische Raketen alter Typen, die bis 1964 entwickelt wurden, oder von Startanlagen alter Unterseeboote zu belassen.

Artikel IV
Unter Beachtung der Bestimmungen des vorliegenden Zeitweiligen Abkommens können eine Modernisierung und eine Auswechselung der strategischen, offensiven ballistischen Raketen und Startanlagen, auf die sich dieses Zeitweilige Abkommen erstreckt, durchgeführt werden.

Vertrag zwischen der UdSSR und den USA über die Einschränkung der unterirdischen Kernwaffenversuche

3. Juli 1974

Artikel I
1. Jede der Seiten verpflichtet sich, ab 31. März 1976 jegliche unterirdischen Kernwaffenversuche mit einer Stärke von mehr als 150 Kilotonnen an jedem Ort, der unter ihrer Jurisdiktion oder Kontrolle steht, zu verbieten, zu verhindern und nicht vorzunehmen.
2. Jede der Seiten wird ihre unterirdischen Kernwaffenversuche auf eine minimale Anzahl beschränken.
3. Die Seiten werden die Verhandlungen fortsetzen, um eine Lösung des Problems der Einstellung aller unterirdischen Kernwaffenversuche zu erreichen.

Artikel II
1. Um sich Gewißheit zu verschaffen, daß die Bestimmungen dieses Vertrages eingehalten werden, benutzt jede der Seiten die ihr zur Verfügung stehenden nationalen technischen Kontrollmittel in einer den allgemein anerkannten Prinzipien des Völkerrechts entsprechenden Weise.
2. Jede der Seiten verpflichtet sich, die nationalen technischen Kontrollmittel der anderen Seite, die ihre Funktionen entsprechend Punkt 1 dieses Artikels ausüben, nicht zu stören.
3. Um die Verwirklichung der Ziele und Bestimmungen dieses Vertrages zu fördern, werden die Seiten, falls erforderlich, einander konsultieren, einander befragen und bei solchen Anfragen entsprechende Informationen erteilen.

Artikel III
Die Bestimmungen dieses Vertrages erstrecken sich nicht auf die von den Seiten zu friedlichen Zwecken vorgenommenen unterirdischen Kernexplosionen. Unterirdische Kernexplosionen zu friedlichen Zwecken werden durch ein Abkommen geregelt, über das die Seiten Verhandlungen führen werden und das so schnell wie möglich abgeschlossen werden wird.

Artikel IV
Dieser Vertrag unterliegt der Ratifizierung entsprechend den verfassungsmäßigen Verfahren jeder der Seiten. Dieser Vertrag tritt am Tage des Austausches der Ratifikationsurkunden in Kraft.

Artikel V
1. Dieser Vertrag wird fünf Jahre in Kraft bleiben. Falls er nicht vor Ablauf dieser Frist durch eine Vereinbarung zur Verwirklichung der in Punkt 3 Artikel I dieses Vertrages definierten Ziele ersetzt wird, so wird er um jeweils ein weiteres Jahrfünft verlängert, wenn nicht eine der Seiten die andere spätestens sechs Monate vor Ablauf der Gültigkeitsdauer des Vertrages von der Beendigung seiner Gültigkeit in Kenntnis setzt. Vor Ablauf dieser Frist können die Seiten erforderlichenfalls Konsultationen abhalten, um eine das Wesen dieses Vertrages betreffende Situation zu erörtern sowie eventuelle Änderungen am Wortlaut des Vertrages vorzunehmen.
2. Jede der Seiten hat in Wahrnehmung ihrer staatlichen Souveränität das Recht, aus diesem Vertrag auszutreten, wenn sie der Auffassung ist, daß mit seinem Inhalt zusammenhängende außerordentliche Umstände ihre höchsten Interessen gefährden. Sie informiert die andere Seite sechs Monate vor dem Ausscheiden aus diesem Vertrag über die von ihr getroffene Entscheidung. Eine solche Mitteilung muß eine Erklärung über die außerordentlichen Umstände enthalten, die die informierende Seite als ihre höchsten Interessen gefährdend betrachtet.

Schlußakte der Konferenz über Sicherheit und Zusammenarbeit in Europa vom 1. August 1975* (Auszug)

1.

a) Erklärung über die Prinzipien, die die Beziehungen der Teilnehmerstaaten leiten

(. . .)

I. Souveräne Gleichheit, Achtung der der Souveränität innewohnenden Rechte

II. Enthaltung von der Androhung oder Anwendung von Gewalt

III. Unverletzlichkeit der Grenzen

IV. Territoriale Integrität der Staaten

V. Friedliche Regelung von Streitfällen

VI. Nichteinmischung in innere Angelegenheiten

VII. Achtung der Menschenrechte und Grundfreiheiten, einschließlich der Gedanken-, Gewissens-, Religions- oder Überzeugungsfreiheit

---

* Aus: Bulletin, hrsg. vom Presse- und Informationsamt der Bundesregierung, Nr. 102/S. 965, 15. August 1975.

VIII. Gleichberechtigung und Selbstbestimmungsrecht der Völker

IX. Zusammenarbeit zwischen den Staaten

X. Erfüllung völkerrechtlicher Verpflichtungen nach Treu und Glauben

b) Fragen der Verwirklichung einiger der vorstehenden Prinzipien

i) Die Teilnehmerstaaten,

Unter Bekräftigung, daß sie die Enthaltung von der Androhung oder Anwendung von Gewalt achten werden und ihre Wirkung verleihen werden, und von der Notwendigkeit überzeugt, diese zu einer wirksamen Norm des internationalen Lebens zu machen.

Werden in ihren Beziehungen zueinander unter anderem die folgenden Bestimmungen, die in Übereinstimmung mit der Erklärung über die Prinzipien, die die Beziehungen der Teilnehmerstaaten leiten, stehen, achten und anwenden:

— Auf alle Arten und in jeder Form, die sie für angemessen halten, der Pflicht, sich der Androhung oder Anwendung von Gewalt in ihren Beziehungen zueinander zu enthalten, Wirkung und Ausdruck zu verleihen;
— Sich jedes mit den Zielen und Grundsätzen der Charta der Vereinten Nationen und den Bestimmungen der Erklärung über die Prinzipien, die die Beziehungen der Teilnehmerstaaten leiten, nicht zu vereinbarenden Einsatzes bewaffneter Kräfte gegen einen anderen Teilnehmerstaat zu enthalten, insbesondere der Invasion oder des Angriffs auf sein Territorium;
— Sich jeglicher Gewaltmanifestation zu enthalten, die den Zweck hat, einen anderen Teilnehmerstaat zum Verzicht auf die volle Ausübung seiner souveränen Rechte zu bewegen;
— Sich jeder wirtschaftlichen Zwangsmaßnahme zu enthalten, die darauf gerichtet ist, ihrem eigenen Interesse die Ausübung der Rechte eines anderen Teilnehmerstaates, die dessen Souveränität innewohnen, unterzuordnen und sich damit Vorteile irgendwelcher Art zu verschaffen;
— Wirksame Maßnahmen zu ergreifen, die durch ihren Umfang und durch ihre Natur Schritte darstellen, um schließlich eine allgemeine und vollständige Abrüstung unter strenger und wirksamer internationaler Kontrolle zu erreichen;
— Im Einklang mit ihrer Pflicht, sich der Propaganda sowohl für Angriffskriege als auch für jegliche mit den Zielen der Vereinten Nationen und mit der Erklärung über die Prinzipien, die die Beziehungen der Teilnehmerstaaten leiten, unvereinbaren Androhung oder Anwendung von Gewalt gegen einen anderen Teilnehmerstaat zu enthalten, mit allen Mitteln, die ein jeder von ihnen für angemessen hält, ein Klima des Vertrauens und der Achtung zwischen den Völkern zu fördern;
— Alle Anstrengungen zu unternehmen, um ausschließlich mit friedlichen Mitteln jeglichen Streitfall zwischen ihnen zu regeln, dessen Fortdauer geeignet ist, die Erhaltung des internationalen Friedens und der internationalen Sicherheit in Europa zu gefährden, und eine Lösung vor allem durch die friedlichen Mittel zu suchen, die in Artikel 33 der Charta der Vereinten Nationen aufgeführt sind;

- Sich jeder Handlung zu enthalten, die eine friedliche Regelung von Streitfällen zwischen den Teilnehmerstaaten behindern könnte.

ii) Die Teilnehmerstaaten,

Unter Bekräftigung ihrer Entschlossenheit, ihre Streitfälle in der Weise zu regeln, wie es im Prinzip der friedlichen Regelung von Streitfällen dargelegt ist;

In der Überzeugung, daß die friedliche Regelung von Streitfällen den Verzicht auf die Androhung oder Anwendung von Gewalt ergänzt, die beide wesentliche, wenn auch nicht die einzigen Faktoren für die Erhaltung und Festlegung des Friedens und der Sicherheit sind;

In dem Wunsche, die Methoden, die ihnen für die friedliche Regelung von Streitfällen zur Verfügung stehen, zu verstärken und zu verbessern;

1. Sind entschlossen, die Prüfung und Ausarbeitung einer allgemein annehmbaren Methode der friedlichen Regelung von Streitfällen mit dem Ziel fortzuführen, bestehende Methoden zu ergänzen, und zu diesem Zweck die Arbeit auf Grund des von der Schweiz im Verlauf der zweiten Phase der Konferenz über Sicherheit und Zusammenarbeit in Europa vorgelegten „Entwurfes für einen Vertrag über ein europäisches System der friedlichen Beilegung von Streitigkeiten" sowie anderer Vorschläge, die sich darauf beziehen und auf die Ausarbeitung einer solchen Methode gerichtet sind, fortzusetzen.
2. Beschließen, daß auf Einladung der Schweiz ein Expertentreffen aller Teilnehmerstaaten einberufen wird, um den in vorstehendem Punkt 1 beschriebenen Auftrag im Rahmen der Konferenzfolgen, festgelegt in Kapitel „Folgen der Konferenz", und nach deren Verfahrensregeln zu erfüllen.
3. Dieses Expertentreffen wird nach dem Treffen der von den Außenministern der Teilnehmerstaaten benannten Vertreter, das gemäß Kapitel „Folgen der Konferenz" für 1977 angesetzt ist, stattfinden; die Arbeitsergebnisse dieses Expertentreffens werden den Regierungen vorgelegt.

2. Dokumente über vertrauensbildende Maßnahmen und bestimmte Aspekte der Sicherheit und Abrüstung

Vorherige Ankündigung von größeren militärischen Manövern

Sie werden ihre größeren militärischen Manöver allen anderen Teilnehmerstaaten auf üblichem diplomatischem Wege in Übereinstimmung mit folgenden Bestimmungen ankündigen:

Ankündigungen werden gegeben von größeren militärischen Manövern von Landstreitkräften in einer Gesamtstärke von mehr als 25.000, an denen diese selbständig oder kombiniert mit etwaigen Teilen von Luft- oder Seestreitkräften teilnehmen (in diesem Zusammenhang schließt der Begriff „Landstreitkräfte" amphibische und Luftlandekräfte ein). Im Falle selbständiger Manöver von amphibischen oder Luftlandekräften oder kombinierter Manöver, in die sie einbezogen sind, werden diese Kräfte in diese Gesamtstärke eingeschlossen. Des weiteren können, im Falle kombinierter Manöver, bei welchen die oben angegebene Gesamtstärke nicht erreicht wird, in die jedoch Landstreitkräfte zusammen mit einer bedeutenden Zahl entweder emphibischer oder Luftlandekräfte, oder beider, einbezogen sind, diese Manöver ebenfalls angekündigt werden.

Ankündigungen werden gegeben von größeren militärischen Manövern, die auf dem Territorium, in Europa, eines jeden Teilnehmerstaates sowie, falls anwendbar, im angrenzenden Seegebiet und Luftraum stattfinden.

Im Falle eines Teilnehmerstaates, dessen Territorium sich über Europa hinaus erstreckt, müssen vorherige Ankündigungen nur von Manövern gegeben werden, die in einem Gebiet innerhalb von 250 Kilometern von seiner Grenze stattfinden, die einem anderen europäischen Teilnehmerstaat gegenüberliegt oder die er mit ihm teilt, der Teilnehmerstaat muß jedoch keine Ankündigung in den Fällen geben, in denen dieses Gebiet auch der Grenze des Teilnehmerstaates benachbart ist, die einem nicht-europäischen nichtteilnehmendem Staat gegenüberliegt oder die er mit ihm teilt.

Die Ankündigung wird 21 Tage oder mehr vor Beginn des Manövers gegeben oder, wenn ein Manöver kurzfristig angesetzt wird, so frühzeitig wie möglich vor dem Datum seines Beginnes.

Die Ankündigung wird Angaben über die Benennung, soweit vorhanden, den allgemeinen Zweck die an dem Manöver beteiligten Staaten, die Art oder Arten und die zahlenmäßige Stärke der eingesetzten Streitkräfte, das Gebiet und den geschätzten zeitlichen Rahmen seiner Durchführung enthalten. Die Teilnehmerstaaten werden ebenso, wenn möglich, zusätzliche einschlägige Angaben zur Verfügung stellen, insbesondere solche, die sich auf die Komponenten der eingesetzten Streitkräfte und den Zeitraum ihrer Beteiligung beziehen.

Vorherige Ankündigung anderer militärischer Manöver

Die Teilnehmerstaaten erkennen an, daß sie darüber hinaus zur Stärkung des Vertrauens und zur Erhöhung der Sicherheit und Stabilität beizutragen vermögen und zu diesem Zweck anderen Teilnehmerstaaten, mit besonderer Berücksichtigung derer nahe dem Gebiet solcher Manöver, auch kleinere militärische Manöver ankündigen können.

Zum gleichen Zweck erkennen die Teilnehmerstaaten ebenfalls an, daß sie auch andere militärische Manöver, die sie durchführen, ankündigen können.

Austausch von Beobachtern

Die Teilnehmerstaaten werden, freiwillig und auf bilateraler Grundlage, im Geiste der Gegenseitigkeit und des guten Willens allen Teilnehmerstaaten gegenüber, andere Teilnehmerstaaten einladen, Beobachter zur Teilnahme an militärischen Manövern zu entsenden.

Der einladende Staat wird in jedem einzelnen Fall die Anzahl der Beobachter, die Verfahren und Bedingungen ihrer Teilnahme bestimmen und sonstige Informationen geben, die er für nützlich halten mag. Er wird angemessene Vorsorge treffen und Gastfreundschaft gewähren.

Die Einladung wird auf üblichem diplomatischem Wege soweit im voraus ergehen, wie dies passend und möglich ist.

Vorherige Ankündigung größerer militärischer Bewegungen

In Übereinstimmung mit den Schlußempfehlungen der Helsinki-Konsultationen haben die Teilnehmerstaaten die Frage der vorherigen Ankündigung größerer militärischer Bewegungen als einer Maßnahme zur Stärkung des Vertrauens geprüft.

Dementsprechend erkennen die Teilnehmerstaaten an, daß sie nach eigenem Ermessen und mit dem Ziel, zur Vertrauensbildung beizutragen, ihre größeren militärischen Bewegungen ankündigen können.

Im gleichen Geiste werden die an der Konferenz über Sicherheit und Zusammenarbeit in Europa teilnehmenden Staaten der Frage der vorherigen Ankündigung größerer militärischer Bewegungen weitere Überlegungen widmen, wobei sie insbesondere die aus der Durchführung der in diesem Dokument festgelegten Maßnahmen gewonnen Erfahrungen berücksichtigen.

Andere vertrauensbildende Maßnahmen

Die Teilnehmerstaaten erkennen an, daß es andere Mittel gibt, durch die ihre gemeinsamen Ziele gefördert werden können.

Insbesondere werden sie unter gebührender Berücksichtigung der Gegenseitigkeit und mit dem Ziel eines besseren gegenseitigen Verständnisses den Austausch auf Einladung zwischen ihrem militärischen Personal einschließlich Besuchen von Militärdelegationen, fördern.

II

Fragen im Zusammenhang mit der Abrüstung

Die Teilnehmerstaaten anerkennen ihrer aller Interesse an Bemühungen zur Verminderung der militärischen Konfrontation und zur Förderung der Abrüstung, die darauf gerichtet sind, die politische Entspannung in Europa zu ergänzen und ihre Sicherheit zu stärken. Sie sind von der Notwendigkeit überzeugt, auf diesen Gebieten wirksame Maßnahmen zu ergreifen, die durch ihren Umfang und ihre Natur Schritte darstellen, um schließlich eine allgemeine und vollständige Abrüstung unter strenger und wirksamer internationaler Kontrolle zu erreichen und die zur Festigung des Friedens und der Sicherheit in der ganzen Welt führen sollen.

III

Allgemeine Erwägungen

Mandat für die Konferenz über Vertrauens- und Sicherheitsbildende Maßnahmen und Abrüstung in Europa (KVAE) aus dem abschließenden Dokument des Madrider KSZE-Folgetreffens vom 6.9.1983

Am 6.9.1983 ist in Madrid das Abschließende Dokument des Madrider KSZE-Folgetreffens, das am 11.11.1980 begonnen hat und am 9.9.1983 beendet worden ist, verabschiedet worden. Es enthält das Mandat für die Konferenz über Vertrauens- und Sicherheitsbildende Maßnahmen und Abrüstung in Europa (KVAE).

1. Das Ziel der Konferenz ist es, als substantieller und integraler Bestandteil des durch die Konferenz über Sicherheit und Zusammenarbeit in Europa eingeleiteten multilateralen Prozesses unter Teilnahme aller Unterzeichnerstaaten der Schlußakte etappenweise neue, wirksame und konkrete Schritte zu unternehmen, die darauf gerichtet sind, Fortschritte bei der Festigung des Vertrauens und der Sicherheit und bei der Verwirklichung der Abrüstung zu erzielen, um der Pflicht der Staaten, sich der Androhung oder Anwendung von Gewalt in ihren gegenseitigen Beziehungen zu enthalten, Wirkung und Ausdruck zu verleihen.

2. Die Konferenz wird somit einen Prozeß einleiten, dessen erste Phase der Verhandlung und Annahme eines Satzes einander ergänzender Vertrauens- und Sicherheitsbildender Maßnahmen gewidmet sein wird, die darauf gerichtet sind, die Gefahr einer militärischen Konfrontation in Europa zu vermindern.

3. Die erste Phase der Konferenz wird am 17. Januar 1984 in Stockholm abgehalten.

GG Art. 20 II, 24 I, 59 II 1 (Verfassungsmäßigkeit der Zustimmung zur Aufstellung neuer Mittelstreckenraketen)

1. a) Art. 59 II 1 GG ist im Lichte des Art. 20 II GG auszulegen. Eine Erweiterung der dem Bundestag durch Art. 59 II 1 GG eingeräumten Mitwirkungsbefugnisse bei der staatlichen Willensbildung im Bereich der auswärtigen Beziehungen über den Kreis der dort genannten völkerrechtlichen Akte hinaus stellte einen Einbruch in zentrale Gestaltungsbereiche der Exekutive dar und liefe dem vom Grundgesetz normierten Gefüge der Verteilung von Macht, Verantwortung und Kontrolle zuwider.

b) Art. 59 II 1 GG kann nicht entnommen werden, daß immer dann, wenn ein Handeln der Bundesregierung im völkerrechtlichen Verkehr die politischen Beziehungen der Bundesrepublik Deutschland regelt oder Gegenstände der Bundesgesetzgebung betrifft, die Form eines der gesetzgeberischen Zustimmung oder Mitwirkung bedürftigen völkerrechtlichen Vertrages gewählt werden müßte.

2. a) Art. 24 I GG setzt nicht voraus, daß die Übertragung deutscher Hoheitsrechte auf eine zwischenstaatliche Einrichtung unwiderruflich ist.

b) Art. 24 I GG läßt sich nicht entnehmen, daß eine Übertragung von Hoheitsrechten immer nur dann vorliegt, wenn einer zwischenstaatlichen Einrichtung die Befugnis zu einem unmittelbaren Durchgriff auf einzelne eingeräumt wird.

c) Art. 24 I GG hindert nicht, im Rahmen eines Verteidigungsbündnisses Hoheitsgebiet der Bundesrepublik Deutschland zur Stationierung verbündeter Streitkräfte zur Verfügung zu stellen und dem Verteidigungszweck des Bündnisses dienliche Entscheidungsstrukturen für den Einsatz dieser Streitkräfte zuzulassen, um den Schutz der Bundesrepublik Deutschland vor Angriffen zu gewährleisten und damit der Integrität ihrer Verfassungsordnung wie ihrer Souveränität zu dienen.

3. Einschätzungen und Wertungen außen- und verteidigungspolitischer Art obliegen der Bundesregierung. Das Grundgesetz zieht der Beurteilungsmacht, die der Bundesregierung insoweit zusteht, nur die Grenze offensichtlicher Willkür. Innerhalb dieser äußersten Grenze hat das BVerfG nicht nachzuprüfen, ob die Einschätzungen oder Wertungen der Bundesregierung zutreffend oder unzutreffend sind, da es insoweit rechtlicher Maßstäbe ermangelt; sie sind politisch zu beantworten.

4. Art. 59 II 1 GG und Art. 24 I GG enthalten für die von ihnen erfaßten Sachbereiche eine abschließende Regelung, neben der sich Gesetzgebungsbefugnisse des Bundestages nicht selbständig aus dem Demokratieprinzip oder aus der Bedeutung und Tragweite einer Entscheidung für das Staatsganze ergeben. Unter der demokratisch-parlamentarischen Herrschaftsordnung des Grundgesetzes ist auch die Regierung institutionell, funktionell und personell demokratisch legitimiert und nicht von vornherein auf die Vornahme politisch weniger bedeutsamer Akte beschränkt.

BVerfG, Urt. v. 18.12.1984 – 2 BvE 13/83

Sondervotum des Richters Mahrenholz

Nach meiner Auffassung bedurfte die Zustimmung der Bundesregierung zur Stationierung der Pershing- und Cruise Missiles-Raketen sowohl nach Art. 24 I GG als auch nach Art. 59 II 1 GG eines Gesetzes.

Zur Verdeutlichung dessen, was in diesem Zusammenhang unter anderem aufzuklären gewesen wäre, mag eine – stark verkürzte – Schilderung zweier Problembereiche dienen:

a) Die Fähigkeit der neuen Raketen, mit ihnen militärische sogenannte gehärtete Ziele präzise und unter Begrenzung des Nebenschadens zu treffen, könnte die Schwelle für den Ersteinsatz von Kernwaffen senken. Denn die heute im Kriegsfalle vor allem erstrebte Ausschaltung der Kommando-, Kontroll- und Kommunikationsstrukturen träfe den Gegner an seiner empfindlichsten Stelle, ließe sich mithin als kriegsverkürzend ansehen und schonte schon insoweit eine schwer absehbare Zahl von Menschenleben. Das sind genug Gründe, die offizielle Bezeichnung der Ziele dieser Raketen als zeitlich vordringliche Ziele – als *„time urgent targets"* (US-Verteidigungsminister *Weinberger* nach dem von der Ast. zitierten Jahresbericht 1984 an den Kongreß) – ernstzunehmen. Andererseits folge auf diesen Einsatz, sollte er der Ersteinsatz von Atomwaffen *(first use)* sein, der Gegenschlag des Adressaten mit großer Wahrscheinlichkeit. Vielleicht aus diesem Grunde hat schon der Verteidigungsminister Präsident *Carters, Brown*, in seinem Jahresbericht 1980 an den Kongreß erklärt, diese Raketen brächten das Risiko einer Eskalation auf ein höheres Konfliktniveau mit sich (Europa-Archiv 1980, D 449).

Sodann könnte schon mit der Stationierung der neuen Waffen eine zusätzliche Gefährdung der Bundesrepublik verbunden sein, weil sie in besonderem Maße zum Präventivschlag herausfordern kann (vgl. z. B. *C. F. v. Weizsäcker*, Der bedrohte Frieden, Politische Aufsätze, 1983, S. 508 f., 511, 527).

Das Problem der Aufstellung der Raketen könnte sich in prinzipieller Betrachtung als Teil eines Prozesses darstellen, in dem jede Nachrüstung als Vorrüstung der gegnerischen Nachrüstung anzusehen ist. So ist auch die tatsächliche Entwicklung nach Verwirklichung des Nachrüstungsbeschlusses der NATO verlaufen. Im Verlauf dieses Prozesses würde die technologisch immer vollkommenere Rüstung immer schwerer beherrschbar — was inzwischen „vertrauensbildende Maßnahmen" notwendig macht —, ihre Einsatzmöglichkeit aber immer zweckentsprechender und genauer („selektiver") und also verführerischer. Nach dem Vortrag der Ast. hat daher in den Vereinigten Staaten ein Prozeß des Umdenkens zu einer neuen Strategie begonnen, die mindestens in Abschwächung der Abschreckungsdoktrin eine militärische Überlegenheit des Westens für erforderlich hält, um einen Krieg auch führen und gewinnen zu können *(counterforce)*. In politischer Betrachtungsweise könnte aber ein Krieg, den die Verantwortlichen als gewinnbar ansehen, eher Wirklichkeit werden.

b) Auch das Thema des „Krieges aus Versehen" hätte das *BVerfG* als Aspekt für eine mögliche gesetzgeberische Kompetenz zur Erteilung der Zustimmung zur Aufstellung der Raketen würdigen müssen. Nach dem auf offiziellen amerikanischen Quellen beruhenden Vortrag der Ast. hat es bereits rund 150 technisch bedingte Fehlalarme gegeben, darunter einen, der die maßgebenden Offiziere der NATO-Streitmacht mehr als sechs Minuten daran zweifeln ließ, ob ein sowjetischer Angriff begonnen habe. Dabei geht es nicht um die Frage, ob einer rechnergesteuerten Automatik die letzte Entscheidung über den Einsatz von Kernwaffen überlassen wird, sondern nach meinem Urteil eher darum, ob der über den Einsatz der Waffen Entscheidende angesichts von Raketen, die wie die Pershing II in Minutenschnelle die vorgesehene Mittelstreckendistanz überwinden, überhaupt eine Alternative zu der durch die übermittelten Daten erforderten Entscheidung hat. Auf die Möglichkeit eines „unbeabsichtigten oder durch einen ‚Betriebsunfall' ausgelösten Ausbruch von Feindseligkeiten" weist auch US-Verteidigungsminister *Weinberger* hin (Jahresbericht an den Kongreß 1983; Europa-Archiv 1983, Dokumente, D 439).

c) Hätte die Prüfung einen oder mehrere Hinweise dafür ergeben, daß der durch die modernen Waffen angestrebte höhere Schutz notwendigerweise zugleich auch mit einer ernst zu nehmenden Steigerung des Kriegsrisikos verbunden ist, hätte der Gesetzgeber die Entscheidung über die Zustimmung treffen müssen.

MIX
Papier aus verantwortungsvollen Quellen
Paper from responsible sources
FSC® C105338

If you have any concerns about our products,
you can contact us on
ProductSafety@springernature.com

In case Publisher is established outside the EU,
the EU authorized representative is:
**Springer Nature Customer Service Center GmbH
Europaplatz 3, 69115 Heidelberg, Germany**

Printed by Libri Plureos GmbH
in Hamburg, Germany